A Proteção do Patrimônio Cultural Brasileiro pelo Direito Civil

A Proteção do Patrimônio Cultural Brasileiro pelo Direito Civil

2020

Eduardo Tomasevicius Filho

A PROTEÇÃO DO PATRIMÔNIO CULTURAL BRASILEIRO PELO DIREITO CIVIL
© Almedina, 2020

AUTOR: Eduardo Tomasevicius Filho

DIRETOR ALMEDINA BRASIL: Rodrigo Mentz
EDITORA JURÍDICA: Manuella Santos de Castro
EDITOR DE DESENVOLVIMENTO: Aurélio Cesar Nogueira
ASSISTENTES EDITORIAIS: Isabela Leite e Marília Bellio

DIAGRAMAÇÃO: Cláudia Lorena
DESIGN DE CAPA: FBA

ISBN: 9786556270913
Outubro, 2020

Dados Internacionais de Catalogação na Publicação (CIP)
(Câmara Brasileira do Livro, SP, Brasil)

Tomasevicius Filho, Eduardo
A proteção do patrimônio cultural brasileiro pelo
direito civil / Eduardo Tomasevicius Filho. --
1. ed. -- São Paulo : Almedina, 2020.
Bibliografia
ISBN 978-65-5627-091-3

1. Direito civil 2. Direito civil - Brasil
3. Patrimônio (Direito) 4. Patrimônio (Direito) -
Brasil 5. Patrimônio cultural - Brasil I. Título.

20-42136 CDU-347.81

Índices para catálogo sistemático:

1. Patrimônio cultural : Direito civil 347.81

Maria Alice Ferreira - Bibliotecária - CRB-8/7964

Este livro segue as regras do novo Acordo Ortográfico da Língua Portuguesa (1990).

Todos os direitos reservados. Nenhuma parte deste livro, protegido por copyright, pode ser reproduzida, armazenada ou transmitida de alguma forma ou por algum meio, seja eletrônico ou mecânico, inclusive fotocópia, gravação ou qualquer sistema de armazenagem de informações, sem a permissão expressa e por escrito da editora.

EDITORA: Almedina Brasil
Rua José Maria Lisboa, 860, Conj.131 e 132, Jardim Paulista | 01423-001 São Paulo | Brasil
editora@almedina.com.br
www.almedina.com.br

À Janaina

AGRADECIMENTOS

Às Bibliotecas da Faculdade de Direito da Universidade de São Paulo e das Faculdades Integradas "Campos Salles", pela disponibilidade de acesso aos materiais usados nesse trabalho.

SUMÁRIO

Agradecimentos 7
Introdução 13

Parte I – Referencial teórico 27
CAPÍTULO 1
CONCEITOS PRELIMINARES 29
1. Cultura 29
2. História 35
    2.1. Origens do termo e pontos de inflexão 35
    2.2. A historiografia no século XX: a revolução no conceito de história 38
3. Memória coletiva 42
4. Bem cultural e patrimônio cultural 50

CAPÍTULO 2
A HISTÓRIA DA PROTEÇÃO DO PATRIMÔNIO
CULTURAL NA EUROPA 59
1. Antiguidade 59
    1.1. A pilhagem e as coisas sagradas 59
    1.2. A acusação de Cícero contra Gaius Verres 63
    1.3. Usos políticos da memória da Antiguidade: a "damnatio memoriae" 66
2. Roma em ruínas e a sua reconstrução pelos Papas 69
3. Deve-se fazer tábula rasa do passado?
    A Revolução Francesa e o vandalismo 76

4. O passado entre o progresso e a revolução industrial — 87
5. O patrimônio no século XX — 95
6. As cartas patrimoniais — 101
7. A legislação relativa à proteção do patrimônio na Europa — 105
  7.1. França — 106
  7.2. Itália — 109
  7.3. Espanha — 112
  7.4. Portugal — 117

CAPÍTULO 3
A HISTÓRIA DA PROTEÇÃO DO PATRIMÔNIO
CULTURAL NO BRASIL — 129
1. A construção da identidade brasileira — 129
2. A institucionalização da proteção do patrimônio cultural — 135
  2.1. Projetos de lei e leis para a proteção
      do patrimônio (1922-1937) — 135
  2.2. O Decreto-lei n.º 25, de 1937 — 140
3. A legislação correlata e a jurisprudência (1961-1988) — 145
4. A Constituição Federal de 1988 — 148
5. Leis e decretos posteriores à Constituição Federal de 1988 — 153

Parte II – Análise jurídico-normativa — 157
CAPÍTULO 4
O DIREITO DE PROPRIEDADE — 159
1. Idade Antiga — 159
  1.1. A atribuição do que é de cada um. O meu esse — 160
  1.2. O que não era de ninguém: a relação dos romanos
      com os "bens culturais" — 164
2. Idade Média — 167
3. Idade Moderna — 172
  3.1. Os internacionalistas: Francisco de Vitoria e Hugo Grotius — 172
  3.2. Os contratualistas: Hobbes, Locke, Pufendorf e Rousseau — 174
  3.3. Em direção ao Código Civil francês: Pothier e os
      Trabalhos Preparatórios — 179
4. A formação do conceito de direito de propriedade no Brasil — 184
5. Reflexões contemporâneas sobre a propriedade privada — 188

CAPÍTULO 5
A FUNÇÃO SOCIAL DA PROPRIEDADE — 191
1. As críticas ao direito de propriedade — 191
2. A formulação do conceito de função social — 196
3. A função social da propriedade no direito positivo — 200
4. A função social da propriedade na doutrina — 206
5. A função social da propriedade no conceito de propriedade — 210

CAPÍTULO 6
A FUNÇÃO SOCIAL DA PROPRIEDADE DOS BENS CULTURAIS — 215
1. Como um bem se torna cultural? — 215
   1.1. Primeiro processo: os interesses envolvidos na proteção de um bem cultural — 216
   1.2. Segundo processo: a formalização do reconhecimento do bem cultural — 220
2. A função social da propriedade dos bens culturais — 226
3. Necessidade de atualização da classificação dos bens no Código Civil — 229
4. Continuação: a natureza jurídica dos bens culturais — 233
5. Efeitos da função social da propriedade dos bens culturais — 237
   5.1. Inalterabilidade do bem cultural — 237
   5.2. Conservação do bem — 241
   5.3. Não destruição do bem — 245
   5.4. Preservação do conjunto arquitetônico — 248

Conclusão — 255
Referências — 263

INTRODUÇÃO

O tema deste livro – originalmente escrito como tese para o concurso de livre-docência em direito civil apresentada perante a Faculdade de Direito da Universidade de São Paulo em 2016, e ora publicado com as críticas e sugestões feitas pela ínclita banca examinadora - é a disciplina jurídica do patrimônio cultural material brasileiro pelo direito civil, tendo como recorte temático os bens imóveis. É um desafio o enfrentamento dessa questão por meio deste ramo do direito, uma vez que essa proteção se dá, tradicionalmente, em nosso País, pelo tombamento, instituto jurídico associado ao direito administrativo, no capítulo relacionado à intervenção do Estado na propriedade privada, regulado em nível federal pelo Decreto-lei n.º 25, de 30 de novembro de 1937, ao qual se somam leis estaduais e municipais promulgadas dentro das competências legislativas dos arts. 24, IV, e 30, IX, da Constituição Federal.

O tombamento, por um lado, é festejado como o principal instrumento de proteção dos bens culturais contra os atos do proprietário que lhes causam danos. Declara-se o valor histórico, artístico ou arquitetônico por lei, processo administrativo e procede-se ao seu "congelamento" para fins de preservação. Também acontece de o Ministério Público, por meio de ações civis públicas nos termos do art. 1º, I, III, IV, VI, VII e VIII da Lei n.º 7.347, de 24 de julho de 1985, processar judicialmente o proprietário, com o intuito de impedir a demolição do imóvel, a reconstrução do que foi demolido ou a restauração do que se encontra em ruínas, conforme o caso.

Por outro lado, a palavra "tombamento" causa arrepios a proprietários de imóveis, porque veem nesse ato o esvaziamento do direito de propriedade. Como esses bens protegidos geralmente são antigos, a discussão sobre sua proteção também passa pela reflexão acerca de a quem pertence o passado ou quem será o seu curador. Críticas são dirigidas a esse instituto jurídico, dando-se a entender que o que se "tombou" foi a própria disciplina jurídica do tombamento e, se o Estado deseja proteger determinado bem cultural, que faça a desapropriação, em vez de onerar o proprietário particular em homenagem a valores culturais.

Desse modo, a proteção pelo direito público pode ser não apenas insuficiente, mas, quiçá, deficiente. As soluções existentes para o conflito de interesses entre o proprietário em face da coletividade por meio do tombamento nem sempre são as melhores possíveis. A razão é simples: o interesse na proteção do patrimônio cultural costuma ser incompatível com o interesse do proprietário. Quando simplesmente se impõe a supremacia do interesse público, tem-se resistência. Em muitos casos, observam-se os efeitos contrários daqueles desejados: os imóveis não são conservados, deterioram-se, caem em ruínas ou permanecem inutilizados por longo tempo, afetando negativamente a paisagem urbana. Perde-se a possibilidade de usá-los na sua destinação original, nem são reciclados para que tenham uso com nova finalidade. Ademais, existem dificuldades em transformar o conjunto dos bens imóveis tombados em um museu a céu aberto.

Na revisão bibliográfica acerca do tema, observa-se que o referencial é o direito público, cujas ideias centrais estão consubstanciadas nos manuais de direito administrativo e ambiental, assim como em monografias elaboradas em programas de pós-graduação stricto sensu. Preliminarmente, importa afirmar que desse referencial procurei me afastar, pelo fato de que se pretendeu realizar esse estudo a partir do direito civil. Em síntese das lições de Hely Lopes Meirelles, Maria Sylvia Zanella Di Pietro, Celso Antônio Bandeira de Mello e Diogo de Figueiredo Dias Neto, infere-se que o tombamento decorre do domínio eminente sobre os bens existentes no território. O Estado, no exercício do poder de polícia, pode limitar o exercício do direito de propriedade dos particulares em nome do interesse público. Esse poder somente encontra limites na Constituição por ser exteriorização da soberania estatal,[1] ou porque o Estado reconhece o domínio privado dos particulares. O bem tombado continua com seu proprietário, mas seu uso é limitado e condicionado ao atendimento do interesse público. Nos últimos tempos, atenuou-se esse entendimento da supremacia do interesse público sobre o interesse particular; parte desses autores não segue mais essa opinião. Em edições recentes de seus manuais, eles afirmaram ser mera intervenção administrativa na propriedade privada,[2] restrição parcial imposta pelo Poder Público,[3] ou ação administrativa para correção do uso antissocial da propriedade, para que se assegure, inclusive, melhor cumprimento de sua função social.[4]

Esses mesmos autores sustentam que os bens culturais preservados devem ter perene conservação, em razão dos valores neles encarnados.[5] A proteção decorreria da declaração pelo Poder Público, por meio de seus órgãos administrativos, de que tais bens têm valor histórico, artístico, paisagístico, arquitetônico, cultural ou científico, e, por isso, devem ser inscritos nos livros próprios.[6] Faz-se a distinção entre tombamento voluntário e compulsório e discute-se se o ato administrativo do tombamento é vinculado ou discricionário. Em geral, considera-se discricionário, porque o Poder Público tem que proteger diversos bens,[7] o que exige a observância de critérios de conveniência e oportunidade. Sustenta-se que a natureza jurídica do tombamento é a servidão administrativa, na qual o Estado impõe seu poder em face do proprietário para

---

[1] MEIRELLES, Hely Lopes; ALEIXO, Délcio Balestero; BURLE FILHO, José Emmanuel. **Direito Administrativo Brasileiro**. 39. ed. São Paulo: Malheiros, 2013. p. 583.

[2] MELLO, Celso Antônio Bandeira de. **Curso de Direito Administrativo**. 31. ed. São Paulo: Malheiros, 2014. p. 928.

[3] DI PIETRO, Maria Sylvia Zanella. **Direito Administrativo**. 27. ed. São Paulo: Atlas, 2014. p. 147.

[4] MOREIRA NETO, Diogo de Figueiredo. **Curso de Direito Administrativo. Parte Introdutória. Parte Geral. Parte Especial**. 12. ed. Rio de Janeiro: Forense, 2002. p. 359.

[5] MELLO, Celso Antônio Bandeira de. Id. p. 928.

[6] MEIRELLES, Hely Lopes; ALEIXO, Délcio Balestero; BURLE FILHO, José Emmanuel. Id. p. 647.

[7] DI PIETRO, Maria Sylvia Zanella. Id. p. 154.

que este suporte o uso da coisa em nome do interesse público. Porém, os autores têm revisto esse posicionamento, destacando que o tombamento é categoria própria, em vez de qualificar sua natureza jurídica como limitação ao direito de propriedade ou pela já referida servidão administrativa, porque inexistiriam obrigações de fazer nestas últimas, enquanto o tombamento impõe prestações dessa natureza. Tampouco haveria coisa dominante ou afetação da coisa para prestação de serviço público.[8] Seria indevida a indenização quando o tombamento é realizado de forma genérica por força de lei[9] e defende-se a desapropriação ou o pagamento de indenização pela perda da utilidade econômica do bem tombado, quando os seus efeitos inviabilizam o exercício do direito de propriedade, por gerarem despesas extraordinárias ao proprietário.[10]

No direito ambiental, o desenvolvimento desse ramo do direito trouxe como temas centrais a proteção do meio ambiente natural, como a fauna, a flora e o combate à poluição, antigamente protegidos pelo tombamento de área florestal e, no que concerne às imissões pelo direito civil, por meio do direito de vizinhança. A tutela dos bens que compõem o patrimônio cultural está relacionada à proteção do denominado meio ambiente cultural, com fundamento no art. 225 da Constituição Federal. Em geral, os principais autores seguem entendimento dos administrativistas quanto ao conceito de tombamento, fazendo referência à opinião deles, embora tragam discussões específicas sobre a possiblidade de fazê-lo pela lei[11] ou pela via judicial,[12] bem como o cabimento de indenização quando somente um imóvel específico for tombado, sendo "pouco representativa, defeituosa ou até mesmo discriminatória e ilógica" a decisão de tombar-se um imóvel em detrimento de outro da

---

[8] MELLO, Celso Antônio Bandeira de. Id. p. 929; DI PIETRO, Maria Sylvia Zanella. Id. p. 155.

[9] MELLO, Celso Antônio Bandeira de. Id. p. 926.

[10] MEIRELLES, Hely Lopes; ALEIXO, Délcio Balestero; BURLE FILHO, José Emmanuel. Id. p. 651; DI PIETRO, Maria Sylvia Zanella. Id. p. 147.

[11] MACHADO, Paulo Affonso Leme. **Direito Ambiental Brasileiro**. 10. ed. São Paulo: Malheiros, 2002. p. 877; MILARÉ, Edis. **Direito do Ambiente**. 9. ed. São Paulo: Revista dos Tribunais, 2014. p. 584.

[12] MILARÉ, Edis. Id. p. 585.

mesma natureza,[13] sem dever de indenizar quando a limitação for geral.[14] A participação dos cidadãos dá-se pelo acesso aos órgãos de proteção do patrimônio cultural ou por meio de ação popular.[15] Aponta-se a inadequação do tombamento de área florestal,[16] porque seria contrassenso que a supervisão e controle de proteção dessa área estejam a cargo do órgão de proteção do patrimônio.[17]

Autores de trabalhos monográficos sobre o tema partem do art. 216 da Constituição Federal como fundamento legal da matéria, ao lado do Decreto-lei nº. 25, de 1937.[18] Coloca-se o tombamento como a identificação e registro pela Administração Pública de bens da cultura brasileira, submetendo-os a "regime jurídico especial, derrogatório e exorbitante do direito comum".[19] Do mesmo modo que os ambientalistas, tais autores apresentam as opiniões dos principais administrativistas brasileiros acerca dos aspectos gerais da matéria, seguindo-se o mesmo entendimento, em especial, no tocante à natureza vinculante[20] ou discricionária do ato administrativo,[21] o cabimento de indenização quando os efeitos do tombamento afetam os poderes do proprietário.[22] Ao mencionar-se

---

[13] MACHADO, Paulo Affonso Leme. Id. p. 861.

[14] MACHADO, Paulo Affonso Leme. Id. p. 893-894; MILARÉ, Edis. Id. p. 579.

[15] MACHADO, Paulo Affonso Leme. Id. p. 920; MILARÉ, Edis. Id. p. 589.

[16] MEIRELLES, Hely Lopes; ALEIXO, Délcio Balestero; BURLE FILHO, José Emmanuel. Id. p. 649.

[17] ANTUNES, Paulo de Bessa. **Direito Ambiental**. 16. ed. São Paulo: Atlas, 2014. p. 1251.

[18] MALUF, Carlos Alberto Dabus. **Limitações ao Direito de Propriedade**. São Paulo: Saraiva, 1997. p. 109; SILVA, José Afonso da. **Ordenação Constitucional da Cultura**. São Paulo: Malheiros, 2001.

[19] NOIA, Fernanda da Cruz. **Efeitos do tombamento sobre a propriedade privada**. 2006. Dissertação (Mestrado em Direito do Estado) - Universidade de São Paulo. Faculdade de Direito. São Paulo. 2006. p. 9.

[20] MALUF, Adriana Caldas do Rego Freitas Dabus. **Limitações Urbanas ao Direito de Propriedade**. São Paulo: Atlas, 2010. p. 198.

[21] PIRES, Maria Coeli Simões. **Da proteção ao patrimônio cultural. O tombamento como principal instituto**. Belo Horizonte: Del Rey, 1994. p. 117-120; TELLES, Antonio A. Queiroz. **Tombamento e seu regime jurídico**. São Paulo: Revista dos Tribunais, 1992. p. 74.

[22] PIRES, Maria Coeli Simões. Id. p. 260; MALUF, Carlos Alberto Dabus. Id. p. 113; MALUF, Adriana Caldas do Rego Freitas Dabus. Id. p. 204.

a natureza jurídica do tombamento, as opiniões dividem-se entre ato administrativo,[23] modalidade própria de limitação ao direito de propriedade[24] e servidão administrativa.[25] Foram apresentadas como alternativas à proteção as leis de zoneamento e as transferências de potencial de construção.[26]

Ainda existem trabalhos sobre o tema a partir do direito constitucional, que refletem as ideias típicas desse ramo do direito público, entre as quais a valorização da teoria dos princípios e as regras de solução de conflitos entre esses tipos de normas jurídicas, em especial, pela regra da proporcionalidade, ou ainda a existência de uma "constituição cultural", por influência da doutrina portuguesa. Percebe-se a relevância atribuída ao conceito "constitucional" de patrimônio cultural,[27] assim como para a função social da propriedade,[28] prevista na Constituição Federal, ou a função social do patrimônio cultural, reconhecida como direito fundamental[29] de terceira ou quarta geração.[30] Já se manifestam nesses trabalhos o desconforto decorrente das soluções tradicionais para o problema, como pelo reconhecimento de uma insuficiência do conceito de patrimônio,[31] a dificuldade de estabelecimento da natureza

---

[23] CASTRO, Sandra Rabello de. **O Estado da preservação de bens culturais: o tombamento**. Rio de Janeiro: Renovar, 1991. p. 136.

[24] SILVA, José Afonso da. Id. p. 160; NOIA, Fernanda da Cruz. Id. p. 79; TELLES, Antonio A. Queiroz. Id. p. 42; MALUF, Adriana Caldas do Rego Freitas Dabus. Id. p. 182.

[25] PIRES, Maria Coeli Simões. Id. p. 132.

[26] NOIA, Fernanda da Cruz. Id. p. 93; MALUF, Adriana Caldas do Rego Freitas Dabus. Id. p. 224.

[27] PAIVA, Carlos Magno de Souza. **O regime jurídico do bem cultural edificado no Brasil**. Ouro Preto: UFOP, 2010. p. 29.

[28] RODRIGUES, Francisco Luciano Lima. **Direito ao patrimônio cultural e à propriedade privada. Uma análise sobre o direito à propriedade do bem com valor cultural frente ao interesse público no Estado Democrático de Direito**. 2003.Tese (Doutorado). Programa de Pós-Graduação em Direito, Universidade Federal de Pernambuco, Recife, 2003. p. 16.

[29] RODRIGUES, Francisco Luciano Lima. Id. p. 136; PAIVA, Carlos Magno de Souza. Id. p, 43.

[30] PAIVA, Carlos Magno de Souza. Id. p, 46.

[31] RODRIGUES, Francisco Luciano Lima. Id. p. 25.

jurídica dos bens culturais[32] e a relação entre proteção do patrimônio cultural e desapropriação, tanto na forma indireta, como efeito da limitação do direito de propriedade, como remédio para o problema.[33] A solução apontada, todavia, ainda consistiria na prevalência do interesse público em detrimento do interesse particular,[34] ou, mais recentemente, pela gestão democrática do patrimônio cultural, somada à necessidade de colaboração da sociedade nessa proteção, que é uma atenuação da visão estatal do encaminhamento da solução para essa questão.[35]

Como visto, na maior parte dos trabalhos, constata-se que a disciplina jurídica do tema no Brasil ainda conserva forte conteúdo de uma visão antiga do direito administrativo, advinda do período compreendido entre as décadas de 1930 a 1980, segundo a qual prevalece o interesse público em detrimento do interesse particular; o Estado, por meio de seus atos, decide, verticalmente, que determinado bem merece proteção, cabendo ao proprietário suportar limitações, servidões ou encargos *sui generis*, que afetam o direito de propriedade, fundadas, não raramente, em discutíveis valores que não necessariamente são dignos de proteção.

A legislação europeia também traz o problema do equilíbrio entre o interesse da sociedade na preservação do patrimônio cultural e o interesse do particular. Exceção a esse fato seria Portugal, cuja legislação atual procurou conciliar os interesses do proprietário com os da sociedade e do Estado, embora as legislações portuguesas anteriores fossem similares a de seus vizinhos. Contudo, devido às contingências históricas, econômicas e sociais dos países do "Velho Continente", os problemas são distintos e as soluções, consequentemente, são diversas das que se têm no Brasil. Em primeiro lugar, parte considerável do patrimônio cultural material imóvel é de propriedade do Estado. Em segundo lugar, o financiamento de reformas, restaurações e manutenções. Na Europa, existem recursos para apoio estatal na proteção dos bens que

---

[32] RODRIGUES, Francisco Luciano Lima. Id. p. 46.
[33] PAIVA, Carlos Magno de Souza. Id. p. 77-95.
[34] RODRIGUES, Francisco Luciano Lima. Id. p. 15 e 197.
[35] PAIVA, Carlos Magno de Souza. Id. p. 38 e 56.

permanecem sob o domínio dos particulares, inclusive, com o custeio da reforma pelo erário e a previsão de desapropriação. Tais soluções, no Brasil, dificilmente seriam adotadas, porque, diante das muitas necessidades sociais a serem atendidas, não há recursos disponíveis para a aquisição de imóveis dos particulares para fins de proteção do patrimônio cultural, além da polêmica relativa à aplicação da Lei n.º 8.313, de 23 de dezembro de 1991. Havia vozes contrárias à própria existência do Ministério da Cultura no Brasil,[36] e, em janeiro de 2019, extinguiu-se tal ministério, transformando-o em secretaria vinculada ao Ministério da Cidadania,[37] a qual foi transferida em novembro de 2019 para o Ministério do Turismo,[38] o que revela disputas acerca do controle da cultura no Brasil e a própria visão governamental sobre o tema.

Tendo em vista essas dificuldades, defender-se-á nessa obra que, no século XXI, em um contexto de democracia, pluralismo axiológico e multiculturalismo, a proteção aos bens culturais materiais no Brasil pode ser realizada de forma horizontal, pelo proprietário do imóvel, com harmonia entre o interesse deste e a coletividade, ou entre o proprietário e o Estado, aplicando-se a legislação existente, como já é tendência em Portugal a partir de sua atual lei de 2001. Como dizia Aloísio Magalhães, antigo diretor do Instituto do Patrimônio Histórico e Artístico Nacional – IPHAN:

[36] PEREIRA, Neli. Ter Ministério da Cultura é fruto de mentalidade patriarcal, burocrática e centralizadora, diz ex-diretor do MASP. Entrevista com Teixeira Coelho. **BBC Brasil em São Paulo**. São Paulo, 20 mai.2016. Disponível em: https://www.bbc.com/portuguese/brasil-36328218 . Acesso em: 21 mai.2016.

[37] BRASIL. Decreto n.º 9.674, de 2 de janeiro de 2019. Aprova a Estrutura Regimental e o Quadro Demonstrativo dos Cargos em Comissão e das Funções de Confiança do Ministério da Cidadania, remaneja cargos em comissão e funções de confiança, transforma cargos em comissão do Grupo-Direção e Assessoramento Superiores - DAS e Funções Comissionadas do Poder Executivo - FCPE e substitui cargos em comissão do Grupo-Direção e Assessoramento Superiores - DAS por Funções Comissionadas do Poder Executivo – FCPE. Disponível em: http://www.planalto.gov.br/ccivil_03/_ato2019-2022/2019/decreto/D9674.htm. Acesso em: 2 mai.2020.

[38] BRASIL. Decreto n.º 10.107, de 6 de novembro de 2019. Transfere a Secretaria Especial de Cultura do Ministério da Cidadania para o Ministério do Turismo. Disponível em: http://www.planalto.gov.br/ccivil_03/_ato2019-2022/2019/decreto/D10107.htm . Acesso em: 2 mai. 2020.

Eu acho que nós, do sistema patrimonial, não devemos assumir a atitude terrível que, a meu ver, deveria ser evitada a qualquer custo: a de sermos uma estrutura policialesca. Não pode fazer! Não tem o direito de fazer! Não mexa na sua janela! Não faça mais um quarto! Diminua a sua família! Isto em nome de um Patrimônio. Parece-me uma coisa absolutamente fora de propósito.[39]

Sem dúvida, a completa proteção requer a educação patrimonial, a qual gira em binário com a ideia de legislar sobre patrimônio cultural. Afinal, melhor do que punir, é educar. O bem cultural precisa estar inserido na comunidade devido à sua importância e ser usado para que continue conservado.[40] Isso consiste em um trabalho de longo prazo, cujos efeitos são perceptíveis somente pelas futuras gerações, assim como o que temos é produto do trabalho heroico dos que nos antecederam. Porém, tem-se um agravante no Brasil, em comparação com a Europa: lá existe um vasto patrimônio cultural, os principais exemplos já estão no domínio do Estado e esse patrimônio cultural é fonte de recursos para a economia por meio do turismo. Aqui, o patrimônio é menor, nem tudo está no domínio do Estado e essa escassez traz maior risco de desaparecimento do que restou. Além disso, o que se vê é o desinteresse, o abandono e a ruína, porque o proprietário se sente penalizado por ter seu imóvel tombado.

A motivação para a realização dessa pesquisa deu-se no início do curso de doutorado em direito civil na Faculdade de Direito da Universidade de São Paulo a partir de um primeiro interesse sobre o modo pelo qual se realiza a proteção do patrimônio cultural por meio do direito internacional, com a elaboração de trabalho final apresentado à disciplina "Intervenção do Estado na Propriedade Privada", ministrada em 2003 pela Profa. Tit. Maria Sylvia Zanella Di Pietro, o qual foi publicado em 2004.[41] O interesse pelo tema da função social também surgiu

---

[39] MAGALHÃES, Aloísio. **E Triunfo?: a questão dos bens culturais no Brasil.** Rio de Janeiro: Nova Fronteira; Fundação Roberto Marinho, 1997. p. 93.

[40] MAGALHÃES, Aloísio. Id. p. 125-189.

[41] TOMASEVICIUS FILHO, Eduardo. O tombamento no direito administrativo e internacional. **Revista de Informação Legislativa.** Brasília. v.41. n.163. p.231-47. jul./set. 2004

naquela época, pela pesquisa da função social da empresa – que não foi positivada no Código Civil de 2002[42] – e da função social do contrato, positivada no art. 421 do Código Civil.[43] Posteriormente, na escrita da dissertação de mestrado defendida na Faculdade de Filosofia, Letras e Ciências Humanas da Universidade de São Paulo[44], teve-se contato com o referencial teórico relativo à história e à memória coletiva, que me levou a pensar sobre possíveis relações acerca do modo como conceitos de outras áreas poderiam impactar no direito de propriedade. Por fim, ao constatar diariamente os problemas relativos à ocupação territorial na cidade de São Paulo, surgiu a ideia de estudar o tema para compreensão de como se tem e como se terá que lidar com o patrimônio cultural imobiliário nos próximos anos e de que modo o direito civil poderia contribuir com essa matéria. Livro decisivo para a tomada de decisão sobre iniciar essa pesquisa foi "E Triunfo", de Aloisio Magalhães, acima citado, que me chamou a atenção sobre a possibilidade de revisão dessa matéria pelo ponto de vista do particular.

Por isso, o objetivo desse trabalho é oferecer, como contribuição ao tema pelo direito civil, a análise desse problema por meio da função social da propriedade, instituto que promove a harmonização do interesse privado com o interesse público, de modo que esta proteção esteja mais adequada aos fins sociais do direito, mediante a calibração dos elementos que compõem o direito de propriedade, pela redução de direitos, privilégios, poderes e imunidades, como também, em contrapartida, pelo aumento dos deveres, incapacidades, responsabilidades e até mesmo de outras imunidades e direitos. Defendo a tese de que, uma vez reconhecido um bem como cultural, passando a integrar o patrimô-

---

[42] TOMASEVICIUS FILHO, Eduardo. A função social da empresa. **Revista dos Tribunais**. São Paulo. v.92. n.810. p.33-50. abr. 2003.

[43] TOMASEVICIUS FILHO, Eduardo. A função social do contrato: conceito e critérios de aplicação. **Revista de Informação Legislativa**. Brasília. v.42. n.168. p.197-213. out./dez. 2005

[44] TOMASEVICIUS FILHO, Eduardo. **Entre a memória coletiva e a história de "cola e tesoura"**: as intrigas e os malogros nos relatos sobre a fábrica de ferro de São João de Ipanema. 2012. Dissertação (Mestrado em História Social) - Faculdade de Filosofia, Letras e Ciências Humanas, Universidade de São Paulo, São Paulo, 2012. doi:10.11606/D.8.2012.tde-15032013-113218.

nio cultural, a configuração do direito de propriedade é ajustada para que se cumpra o que dele se espera, devido à sua função social. Nesse sentido, a proteção do patrimônio cultural pelo direito civil consiste na análise do tema por meio de um instituto de direito civil: o próprio direito de propriedade. Considerando-se a visão de função social da propriedade como rearranjo do conteúdo do direito de propriedade, estudaram-se as transformações de seu conteúdo pelo reconhecimento de um bem como cultural.

Devido ao recorte temático desse trabalho, deu-se ênfase ao estudo da proteção dos imóveis, deixando-se de lado os bens culturais móveis, como quadros, esculturas e demais objetos de cultura material, por merecerem estudo específico. Também não se estudou a proteção do patrimônio cultural imaterial, protegida no Brasil por meio do Decreto n.º 3.551, de 4 de agosto de 2000, porque bens imateriais não são apropriáveis nem são objeto do direito de propriedade. Eventuais conflitos relacionados neste caso não implicam limitações ou deveres a seus titulares, que, no caso, são, em geral, comunidades e povos.

Este livro é dividido em duas partes. Na primeira parte, encontra-se o referencial teórico do tema necessário à compreensão do tema. No capítulo 1, são revisados e analisados os conceitos fundamentais para a compreensão do assunto – cultura, história, memória coletiva, bem cultural e patrimônio cultural –, inclusive para que se possa ter ciência e consciência dos motivos que levam a tal preservação, de modo a identificar se a proteção almejada é a de um bem do patrimônio histórico ou a de um "lugar de memória" ("Lieux de Mémoire").

No capítulo 2, apresenta-se breve história da preservação dos bens culturais na Europa, na qual se destacam episódios importantes que contribuíram para a consolidação de ideias sobre a matéria, entre os quais aquele narrado por Cícero em 70 a.C., o renascimento do século XV em Roma, os atos de vandalismo durante a Revolução Francesa e a consolidação das ideias sobre patrimônio histórico e sua preservação em termos individualizados no século XIX, além daqueles dentro do contexto do urbanismo ao longo do século XX. Nessa parte também se apresenta a legislação de quatro países: França, Itália, Espanha e Portugal.

No capítulo 3, prossegue-se com a história da proteção do patrimônio cultural no Brasil, o que exigiu a explicação do trabalho de construção da identidade brasileira no século XIX e da luta pela estruturação administrativa, regulação jurídica do tombamento e discussões sobre cultura durante a Assembleia Nacional Constituinte (1986-1988).

Na segunda parte, fez-se a análise normativo-institucional do tema. No capítulo 4, encontra-se o estudo histórico sobre propriedade, no qual se tomou o cuidado para escapar de anacronismos, abstendo-se da pretensão de encontrar o conceito contemporâneo de propriedade em épocas remotas. Por ser uma categoria jurídica fundamental do direito, a tendência natural é a de buscar fatos e elementos que permitem a identificação da gênese desse instituto jurídico, conforme o caso, por indução ou por dedução, com o intuito de justificar tanto uma possível a-historicidade do conceito como uma "evolução histórica". Usou-se como chave de interpretação a ideia de relação de pertinência entre pessoa e coisa, independentemente do *nomen iuris* que ao fato se tenha dado. Entendeu-se ser mais pertinente essa abordagem do que o levantamento de opiniões manualísticas sobre o direito de propriedade e dos poderes a ela inerentes, pelo fato de elas serem baseadas nas discussões sobre o Código Civil francês. Para tanto, fez-se consulta direta aos principais autores mencionados pela doutrina, cujos trabalhos são considerados marcos teóricos sobre o direito de propriedade. A intenção desse capítulo é, no fundo, tentar desconstruir o pré-conceito existente em relação a esse instituto jurídico, comumente tachado de expressão máxima do individualismo – o que, na nossa opinião, não é correto, embora tal ideia esteja consolidada no direito –, sendo esta a razão pela qual deveria ceder ao interesse público em matéria de proteção do patrimônio cultural.

No capítulo 5, discute-se a função social da propriedade. Retoma-se o seu significado e estrutura, mediante o resgate das ideias seminais e trabalhos importantes sobre o tema, como os de Karl Renner e Leon Duguit, além do levantamento das opiniões dos juristas brasileiros sobre esse conceito. Ademais, analisou-se a estrutura da função social da propriedade de acordo com os conceitos propostos em 1913 por Wesley Newcomb Hohfeld, posteriormente usados por outros juristas, como Alf Ross, de modo a evidenciar de que maneira esta se coaduna com o conceito de propriedade.

No capítulo 6, estuda-se a função social da propriedade dos bens culturais, o que exigiu reflexão preliminar sobre novas classificações sobre bens, a natureza jurídica e o reconhecimento do bem como cultural. Realizou-se o levantamento de aproximadamente duzentos acórdãos sobre o tema para mapeamento das principais questões, mas foram selecionados e incluídos apenas os mais relevantes, entre os quais aqueles em que um único imóvel afeta o conjunto arquitetônico ou urbanístico de uma cidade devido à pertinência temática com este assunto.

PARTE I
REFERENCIAL TEÓRICO

CAPÍTULO 1
Conceitos Preliminares

O conflito de interesses existente em matéria de proteção do patrimônio cultural material imóvel decorre da pretensão do proprietário que deseja usá-lo, fruir e dispor deste de acordo com o que melhor que convier, e a pretensão da coletividade, exercida pelo Estado, que deseja ter o privilégio de poder visualizar esse bem material e vê-lo conservado. Porém, colocações costumam ser feitas com base em conceitos definidos superficialmente, construídos pelo senso comum, acerca dos quais não se tem a devida clareza e com os quais se pretende a redução dos privilégios, poderes e direitos do proprietário. Torna-se imprescindível, logo de início, apresentar revisão desses conceitos usualmente mencionados como justificativa para o exercício dessas pretensões. Dessa forma, serão analisados os conceitos de cultura, história, memória, bem, bem cultural e patrimônio cultural.

1. Cultura
O primeiro conceito que demanda revisão é o de cultura, uma vez que o interesse a ser tutelado é o patrimônio cultural.

Com efeito, a primeira acepção do termo "cultura" é aquela relacionada ao desenvolvimento pessoal. Do ponto de vista etimológico, o termo "cultura" tem origem no latim *colere*, que significa "cultivar", "habitar", "tomar conta", "criar" e "preservar". De acordo com Hannah Arendt, Cícero já teria usado o termo *excolere animum* no sentido de cultivo do espírito, em oposição à fabricação de objetos.[45] A cultura proporcionaria a melhoria da pessoa, uma espécie de refinamento quanto ao seu modo de ser e de pensar, por adquirir gosto e sensibilidade para o belo. Werner Jaeger associou o termo "cultura" à palavra "paideia", que era a formação do homem grego, como também o produto da obra criadora grega para os demais povos da Antiguidade. De acordo com este autor, "sem a concepção grega da cultura não teria existido a 'Antiguidade' como unidade histórica, nem o 'mundo da cultura' ocidental".[46] Em uma perspectiva contemporânea, a qual leva em consideração o estruturalismo, a cultura promove o desenvolvimento do ser humano, inclusive condicionando-o no âmbito dos instintos, entre os quais, o instinto sexual.[47] Seria, ademais, a superação do determinismo e a afirmação do espírito, ou uma questão de autossuperação e de autorrealização.[48] Miguel Reale definiu, nessa perspectiva, a "cultura pessoal", como "acervo de conhecimentos e de convicções que consubstanciam as suas experiências e condicionam as suas atitudes, ou, mais amplamente, o seu comportamento como ser situado na sociedade e no mundo".[49] Ele distinguiu, de um lado, a cultura e, de outro, a erudição, que é apenas o acumulado de informações e conhecimentos de uma pessoa. A cultura, ao contrário, implica a filtragem dessas experiências e conhecimentos, os quais são reformulados e passam a fazer parte da personalidade.[50] É o que se diz a respeito do "gentleman", pessoa dotada de boas maneiras, equilibrada, controlada, tolerante, que sacrifica sua vontade em benefício alheio.[51]

---

[45] ARENDT, Hannah. **Entre o passado e o futuro**. Tradução: Mauro W. Barbosa de Almeida. 4. ed. São Paulo: Perspectiva, 1997. p. 265.

[46] JAEGER, Werner. Paideia. **A formação do homem grego**. Tradução: Artur M. Parreira. São Paulo: Martins Fontes, 1995. p. 7.

[47] CUCHE, Denys. **A noção de cultura nas ciências sociais**. Tradução: Viviane Ribeiro. 2. ed. Bauru: EDUSC, 2002. p. 11

[48] EAGLERTON, Terry. **A ideia de cultura**. Tradução: Sandra Castello Branco. Revisão Técnica: Cezar Mortari. São Paulo: UNESP, 2005. p. 14-15.

[49] REALE, Miguel. **Paradigmas da cultura contemporânea**. São Paulo: Saraiva, 1999. p. 2.

[50] REALE, Miguel. Ibid.

[51] GRAMSCI, Antonio. **Os intelectuais e a organização da cultura**. Tradução: Carlos

Assim, também se considera cultural como algo superior. Tal qualidade nem sempre se percebe espontaneamente: apresentam-se como culturais uma coisa, determinado livro de um autor, uma apresentação, musical, teatral ou cinematográfica, quando *experts* afirmam, expressa ou tacitamente, que ali há um valor que merece ser respeitado e, preferencialmente, incorporado pela pessoa. Por isso, usa-se tradicionalmente o termo "cultura" como antônimo de "vulgaridade", associando-se àquele uma ideia de algo bom, desejável, enquanto a este se associa a ideia de ruim, indesejável. É o que se diz, por exemplo, quando uma música, considerada "culta", faz parte de um repertório de outras músicas consideradas de qualidade, enquanto outras não pertencem a essa categoria. Na culinária se fazem juízos valorativos similares entre um prato refinado e um prato simples, assim como na arquitetura, na qual há estilos de edificações de um grupo e de outro grupo social, que podem ser considerados belos ou feios. Considera-se que o remédio para esse estado de incultura seria a facilitação do acesso à cultura para quem não a tem.

No século XIX, o termo "cultura" assumiu significado adicional, resultante da distinção entre cultura e civilização, decorrente da intenção da elite alemã proveniente da burguesia, de legitimar-se socialmente e afirmar-se perante a nobreza das cortes dos Estados alemães como pessoas verdadeiramente desenvolvidas dos pontos de vista intelectual e espiritual. Embora a nobreza fosse "civilizada", até mesmo por incorporarem hábitos franceses, estes seriam de refinamento superficial, ao contrário da cultura, que, por ser nacional, seria mais profunda. A ideia de cultura entre alemães tornou-se produto do romantismo, associando-se ao conceito de nação. Entre os franceses, foi sinônimo de civilização, no sentido de características de uma comunidade.[52] Ainda nesse sentido, civilização pode significar tanto um povo, como, por exemplo, a civilização inca, como também um modo imperialista de ser em face de outros povos.[53] Essa ideia de nação, de certo modo, converteu-se, na

---

Nelson Coutinho. 9. ed. Rio de Janeiro: Civilização Brasileira, 1995. p. 89.

[52] CUCHE, Denys. Id. p. 24-25-28.

[53] EAGLETON, Terry. Id. p. 20-22.

perspectiva da pós-modernidade, como afirmação de identidades, na qual se valorizam as peculiaridades.[54]

O termo "cultura" também se define como tradição ou característica de determinado grupo ou povo em termos de modos de viver entre si. Por exemplo, a escola, enquanto instituição, tem uma cultura própria. O mesmo se diga da cultura corporativa, na qual há certos padrões de comportamento no local de trabalho, assim como a cultura corporativista, ligada ao conjunto de profissionais de determinada área. Do mesmo modo, a cultura de um país, como, por exemplo, a cultura brasileira, formada pela diversidade de contribuições dos povos indígenas, africanos, asiáticos e europeus. Fazem parte dessa cultura o carnaval, o futebol e o "jeitinho brasileiro" de resolução de problemas. Dentro do Brasil, existe, por exemplo, a cultura baiana, que se caracteriza pela religião, na qual há o candomblé ao lado do catolicismo, a culinária, em especial o acarajé, que transcende o aspecto de alimento, por também ter um componente espiritual, bem como as vestimentas brancas das baianas, as quais, inclusive, fazem parte dos desfiles de carnaval no Rio de Janeiro e em São Paulo. O mesmo raciocínio vale para a cultura ocidental, formada pela influência europeia da Itália, França e Inglaterra e que tem atualmente os Estados Unidos como principal país gerador de cultura não apenas ao Ocidente, mas para o mundo inteiro. Por outro lado, há a cultura oriental, formada pelas culturas japonesa, chinesa e indiana. Em cada uma delas, haverá características que as distinguem umas das outras. Um estrangeiro de passagem por um país as percebe com facilidade e, se resolver imigrar para esse país, terá de se adaptar à cultura local, assumindo as características das pessoas que ali vivem. É o que se denomina de "choque cultural".

Do ponto de vista material, o conceito de cultura consistiria no "acervo de bens materiais e espirituais acumulados pela espécie humana através do tempo, mediante um processo intencional ou não de realização de valores".[55] Terry Eagleton[56] apontou que, nessa acepção, cul-

---

[54] EAGLETON, Terry. Id. p. 60-84.
[55] REALE, Miguel. Id. p. 3.
[56] EAGLETON, Terry. Id. p. 36.

tura corresponde ao conjunto de trabalhos artísticos e intelectuais de valor reconhecido, do mesmo modo que seriam culturais as instituições sociais que produzem, difundem e regulam o que é considerado cultural. Em outras palavras, essa acepção tem o significado de patrimônio cultural.

A despeito das características definidoras de cultura, é certo que esta é usada como instrumento de controle social. Por exemplo, as elites sempre buscaram a sua monopolização. A pessoa não pertencente a esse grupo social pode aceitar esse fato, procurando identificar-se com a cultura do outro grupo, como no exemplo do "gentleman", em que não se fomentava a aquisição de conhecimentos, mas sim a preparação de uma aristocracia, para que a população a aceitasse instintivamente pelo reconhecimento de uma suposta superioridade moral.[57] Isso também teria ocorrido em Roma, ao ter aderido à cultura grega em diversos aspectos, em termos de vestuário (pálio grego – toga romana), e buscar a assimilação cultural pela "paideia".[58] De acordo com Andrew Wallace-Hadrill, enquanto nem todos podiam ser romanos, porém, por outro lado, podiam helenizar-se, bastando a adesão a essa cultura.[59] A partir do século XX, esse processo é realizado pelos meios de comunicação, tais como o cinema e a televisão, usados para a transmissão da cultura a outros povos, como no caso da já mencionada "indústria cultural" dos Estados Unidos. Uma das preocupações relativas à cultura era com a denominada sociedade de massas, na qual a elite não teria o monopólio da cultura. Enquanto a sociedade valorizava certos objetos, não os tratando como mercadorias, a sociedade de massas não quer cultura, mas a diversão – embora, muitas vezes, rotulada de "atividade cultural" – pelo fato de que as horas de lazer e de descanso não são empregadas, em geral, para o aprimoramento pessoal, mas para o entretenimento, estimulando-se cada vez mais o consumo. Para Hannah Arendt, não se poderia falar de cultura de massas, mas sim de entretenimento das

---

[57] GRAMSCI, Antonio. Id. p. 89.

[58] WALLACE-HADRIL, Andrew. **Rome's cultural revolution**. Cambridge: Cambridge University Press, 2008. p. 41.

[59] WALLACE-HADRILL, Andrew. Id. p. 5.

massas.⁶⁰ O multiculturalismo, produto da contracultura da década de 1960 que se opõe à visão de uma cultura unitária, valoriza todas as formas de cultura, destacando como iguais às culturas elitista e popular. Mereceriam o mesmo reconhecimento a pintura acadêmica e o grafitti em um muro, o concerto de uma orquestra sinfônica e um show de rap, o palacete antigo e uma construção popular.

Ulpiano Toledo Bezerra de Meneses analisou os "usos culturais" da cultura. Para esse autor, a cultura engloba aspectos materiais e imateriais, constituindo representações que orientam a prática social, conferindo a elas inteligibilidade, além de possibilitar a reelaboração das estruturas materiais de organização social, tanto pela legitimação ou reforço como pela contestação e sua transformação.⁶¹ Esse autor lançou proposições sobre a cultura. A primeira delas é a de que esta consiste no universo da escolha, da seleção e da opção, realizada pelos valores. O exemplo por ele dado é um lanche e um banquete. Embora ambos possam ser equivalentes do ponto de vista nutricional, existem grandes diferenças em termos de significados entre si. Por meio das refeições, podem-se classificar as pessoas, hierarquizá-las e reforçarem-se vínculos sociais. No fundo, ao se falar em direito à cultura, busca-se a afirmação do direito à diferença. A segunda proposição é a de que os valores culturais não são espontâneos: precisam ser explicitados, declarados, propostos e decorrem da ação social, o que dá margem ao uso político da cultura por quem detém o poder. A terceira proposição é a de que o valor cultural não está nas coisas, mas no jogo concreto das relações sociais. Nesse sentido, os denominados "bens culturais" não são qualificados por si mesmos, mas por decisão do grupo social. A quarta proposição é a de que políticas culturais devem abranger a totalidade das experiências sociais e não apenas a de grupos privilegiados.⁶²

---

⁶⁰ ARENDT, Hannah. Id. p. 257-264.

⁶¹ MENESES, Ulpiano Toledo Bezerra de. Os usos culturais da cultura: contribuição para uma abordagem crítica das práticas e políticas culturais. *In*: YAZIGI, Eduardo; CARLOS, Ana Fani Alessandri; CRUZ, Rita de Cássia Arizza da (Orgs). **Turismo: espaço, paisagem e cultura.** São Paulo: Hucitec, 1996. p. 89.

⁶² MENESES, Ulpiano Toledo Bezerra de. Id. p. 90-91-92-93.

Com isso, se, de um lado, a cultura é considerada importante para o desenvolvimento pessoal, razão pela qual se incentiva sua aquisição e possibilitar a proteção das manifestações culturais em objetos, rituais e demais criações humanas, por outro lado, subjacente ao conceito de cultura, está a disputa de poder nos grupos sociais e sociedades. Tem-se, pela defesa da cultura, uma afirmação de identidades sociais e, no limite, de uma identidade individual. Do mesmo modo, a imposição de valores de uma sociedade à outra, de um grupo a outro, ou de uma instituição social em face da pessoa. A questão relativa à proteção decorrente de valores culturais também exige, no caso concreto, não apenas a sua relevância para o desenvolvimento da pessoa, mas também a reflexão crítica acerca das disputas de poder sobre o que é ou não cultural.

2. História
2.1. Origens do termo e pontos de inflexão

Até mais do que o conceito de cultura, os termos história e memória estão profundamente ligados ao tema da proteção do patrimônio cultural. Relacionados aos conceitos de cultura e identidade, são tratados como sinônimos entre leigos. Apesar das imprecisões, são usados como justificativa para a proteção dos bens acerca dos quais se considera como detentores de caráter histórico.

Em primeiro lugar, o termo "história" está vulgarmente associado ao ensino de história ou a uma determinada metodologia de ensino: a história factual ou *histoire événementielle*, na qual se apresentam datas e fatos em uma sequência cronológica.[63] Ao longo do século XIX e em boa parte do século XX, o ensino da história tinha uma função de irradiação de valores nacionalistas e cívicos. Com isso, enfatizavam-se datas para comemoração de feitos considerados importantes para a história nacional.

Já a história, enquanto objeto de estudo, refere-se ao passado. A maneira como se aborda o passado – ou, em outras palavras, de que

---

[63] Equívocos na metodologia da história concorrem decisivamente para o desinteresse pela matéria, gerando efeitos negativos para o patrimônio histórico: o vandalismo e a destruição. Em não havendo um sentido no estudo da história como disciplina, não haverá, também, sentido de patrimônio a ser preservado e, talvez, haverá indiferença ou até mesmo ódio ao que foi construído no passado.

modo se deve pensar a história - é objeto de reflexão crítica desde o século XIX, quando este ramo do conhecimento humano assumiu pretensões de cientificidade. Para que se possa compreender o que se entende por história nos dias atuais, é importante entender de que modo o ser humano lidou com os problemas históricos.

O termo "história" vem do grego *histor*, que significa "testemunho", informação.[64] Por exemplo, o livro "História", de Heródoto, é o resultado de investigações acerca de suas andanças pelo mundo antigo.[65] História, neste caso, era uma investigação produzida a partir da coleta de relatos, ou a partir do que hoje se entende por história oral. Esse fato foi um avanço, porque antes se tratavam como verdadeiras a realidade e a lenda, com os deuses interferindo nos destinos humanos. Além da narração das batalhas, como aquelas realizadas por Tito Lívio e Políbio, a ideia de história na Antiguidade estava relacionada às biografias. As ações em benefício da República romana eram exaltadas e realizações individuais eram usadas como exemplos aos demais. Com a diminuição da coesão social, buscava-se prestígio por meio dessas histórias individuais. São bastante conhecidas as obras de Suetônio e de Plutarco, as quais, embora biográficas, fornecem elementos para a história. Do mesmo modo, veio da Antiguidade a crença de que a história poderia ser uma forma de aprendizado sobre a vida, ou *historia magistra vitae*.

Na Alta Idade Média, o cristianismo, apoiado na tradição judaica, inseriu no pensamento ocidental a ideia de linha do tempo. Ao contrário das demais crenças e religiões da Antiguidade, segundo as quais o mundo sempre existiu e continuará a existir, os cristãos acreditam que o mundo teve um início e terá um fim. Produziram-se nessa época livros de registros dos acontecimentos, entre os quais os anais, crônicas e hagiografias, feitas nos mosteiros.[66] Na Baixa Idade Média, houve um episódio importante para o desenvolvimento da história. Foi quando

---

[64] GLENISSON, Jean. **Introdução aos estudos históricos**. 2. ed. Rio de Janeiro e São Paulo: Difel, 1977. p. 13.

[65] Cf. HERÓDOTO. História. **O relato clássico da guerra entre gregos e persas**. 2. ed. Tradução: J. Brito Broca. São Paulo: Ediouro, 2001.

[66] BREISACH, Ernst. **Historiography: ancient, medieval and modern**. 2.ed. Chicago: The University of Chicago Press, 1983. p. 126.

Lorenzo Valla provou ser falsa a "Doação de Constantino", que consistia em um documento por meio do qual o imperador Constantino teria doado Roma e a Itália ao Papa Silvestre, permitindo que a Igreja Católica pudesse ter o domínio de grande território. Com esse ato, ele realizou o enfrentamento crítico da fonte, ao demonstrar que parecia ilógico a um imperador despojar-se deliberadamente de seu patrimônio a uma pessoa que, ao aceitá-la, teria recebido poderes temporais, o que se opunha ao ensinamento de Cristo de que o reino dEle não era deste mundo.[67]

Na Idade Moderna, as grandes navegações estimularam a produção de histórias dos povos descobertos, como no caso dos indígenas americanos no formato de crônicas.[68] Por outro lado, nessa época deu-se mais um passo em direção à assunção de uma postura crítica em relação à história, por meio da investigação das interpolações e, sobretudo, pela diplomática, iniciada por Mabillon, a qual consiste em um método de análise de detecção de falsificações de documentos oficiais. Isso teria concorrido para o desenvolvimento da metodologia da crítica interna e da crítica externa do documento.[69] Também é dessa época o "pirronismo", termo inspirado no filósofo Pirro de Ellis, que consistiu na entrada do ceticismo em relação ao conhecimento histórico.[70]

A partir do século XVIII, o racionalismo fez com que a historiografia se aproximasse de uma abordagem científica. O desenvolvimento da crítica documental, a comparação de textos com fontes pagãs e a contribuição da Reforma Protestante para a perda da crença de que houve intervenção divina no curso da história, tornaram a história secular.[71] Autores como Herder e Voltaire inseriram a ideia de progresso na história, ou evolução histórica, a qual perdurou até a Segunda Guerra Mundial, quando se constatou que nem sempre o mundo caminha para a frente.

---

[67] DOSSE, François. **A história**. Tradução: Maria Elena Ortiz Assumpção. Bauru: EDUSC, 2003. p. 28-29.

[68] Cf. Bartolomé de las Casas, José de Acosta, Garcilaso de la Veja, Felipe Guamán Poma de Ayala, Frei Vicente do Salvador, Jean de Léry, Pedro de Magalhães Gandavo, etc.

[69] BREISACH, Ernst. Id. p. 194.

[70] BREISACH, Ernst. Id. p. 191.

[71] BREISACH, Ernst. Id. p. 199.

No século XIX, além da persistência da ideia de progresso, a história recebeu influxos dos nacionalismos e das buscas das origens dos povos. São exemplos de historiadores desse período Auguste Thierry, Jules Michelet, Guizot, e Theodor Mommsen, que auxiliou Bismarck na unificação alemã.[72] Também nesse período se iniciaram as produções das Monumenta Historica, como a "Monumenta Germanica Historica",[73] e cogitou-se a discutiu a criação de uma "Monumenta Brasiliae" por iniciativa do Instituto Histórico e Geográfico do Brasil.[74] Ainda no século XIX, desenvolveu-se a historiografia positivista, que desejava transformar a história numa ciência tão segura quanto às ciências exatas.[75] Seus expoentes são Leopold von Ranke, que simbolizou a história como ela realmente foi *(wie es eigentlich gewesen)* e Fustel de Coulanges, para o qual não seria possível desenvolver história sem a leitura de documentos.

2.2. A historiografia no século XX: a revolução no conceito de história

Desde a Antiguidade até o século XIX, o conceito de história referia-se à coleta de testemunhos e elaboração de biografias. Posteriormente, passou a ter o caráter de narração de fatos. Era uma história produzida pelas elites – política, religiosa, militar, econômica – sobre si mesma e foi usada para a construção de identidades nacionais. Apesar disso, pode-se dizer que houve preocupações com a veracidade dos documentos usados para explicar fatos pretéritos, como no caso da diplomática. Tais aspectos ainda se fazem presentes na sociedade e são usados para justificar a proteção de determinada coisa, imóvel ou móvel, por ter pertencido à elite ou porque serve de apoio à identidade da população de determinado local.

---

[72] BREISACH, Ernst. Id. p. 237-240-241.

[73] BREISACH, Ernst. Id. p. 264.

[74] GUIMARÃES, Lucia Maria Paschoal. **Debaixo da imediata proteção de sua Majestade Imperial: o Instituto Histórico e Geográfico Brasileiro (1838-1889)**. 1994. Tese (Doutorado em História). Universidade de São Paulo – Faculdade de Filosofia, Letras e Ciências Humanas. São Paulo. 1994. p. 171.

[75] BORGES, Vavy Pacheco. **Que é história?**. 2. ed. São Paulo: Brasiliense, 1993. (Coleção Primeiros Passos) p. 33.

CONCEITOS PRELIMINARES

Porém, no início do século XX, houve um movimento de revolução na historiografia, com o intuito de superar essa visão de história construída até então. Na França, surgiu o movimento denominado de Escola dos Anais, ou *Annales*.[76] Os fundadores desse movimento foram Lucien Febvre e Marc Bloch. No livro "Apologia da História", de leitura marcante pela incompletude do texto em razão de seu autor ter sido fuzilado durante a Segunda Guerra Mundial. Bloch iniciou sua exposição com uma suposta pergunta feita por uma criança a seu pai, para o qual se pede para que explicasse para que serve a história.[77] Ele propôs como resposta uma definição de acordo com a qual esta não tem por objeto o passado, porque seria absurdo o passado ser objeto de ciência, mas, sim, o ser humano. Seria, pois, a história, a ciência dos homens no tempo.[78] Inaugurou-se a história como problema, em que o historiador não se coloca em posição passiva, como os positivistas, mas assume uma postura ativa e consideram-se mais importantes as perguntas do que as respostas.

Bloch também discutiu a relatividade do conhecimento histórico, porque não há como conhecer exatamente o que realmente se passou. Embora o passado não se modifique mais, o conhecimento histórico está em constante transformação e aperfeiçoamento, inclusive porque o historiador do passado não é menos desfavorecido do que o do presente.[79] A história é dinâmica, porque as questões colocadas pelo historiador correspondem a inquietações do tempo presente, decorrentes dos valores existentes no momento em que são formuladas. Por isso, as questões relativas à história também são históricas. Ele também colocou a influência tempo presente no conhecimento histórico, porque se conhece o presente pelo passado, mas também se conhece o pas-

---

[76] Denomina-se "Escola dos Anais", porque Marc Bloch e Lucien Febvre editaram a revista "Annales d'Histoire Économique et Sociale". Esse movimento é considerado uma "revolução" na historiografia, porque se propunha uma história "problematizante", em vez de uma história factual.

[77] BLOCH, Marc. **Apologia da história ou o ofício do historiador.** Tradução: André Telles. Rio de Janeiro: Zahar, 2001. p. 41.

[78] BLOCH, Marc. Id. p. 52-55.

[79] BLOCH, Marc. Id. p. 70-75.

sado pelo presente, porque não há como conhecer o passado se não se sabe nada do presente.[80] Na França, a "Escola dos *Annales*" teve sua segunda fase, liderada por Fernand Braudel, que propôs a história de longa duração, em oposição a uma história dos acontecimentos, porque o que importa são as mudanças econômico-sociais de longo prazo.[81] A terceira fase da "Escola dos *Annales*" foi liderada por Jacques Le Goff e Pierre Nora. Também denominada de "Nova História", caracteriza-se pela proposição de "novos problemas", como a escrita da história, a análise quantitativa, a perspectiva conceitual, as ideologias e o marxismo,[82] "novas abordagens", como a arqueologia, a economia, a demografia e a antropologia,[83] e "novos objetos".

Além da contribuição da "Escola dos *Annales*", devem-se analisar as opiniões e contribuições de outros historiadores. De acordo com Benedetto Croce, a história não é um amontoado de fatos exatos, mas, sim, uma forma de pensamento. Atende a uma necessidade prática do ser humano; por isso, toda história seria história contemporânea, porque, inevitavelmente, mesmo se referindo ao passado, existe um liame entre aqueles fatos e a tempo presente, por meio do qual se propagam suas vibrações.[84] Para Edward H. Carr, a história é uma seleção provisória de fatos sobre os quais se faz uma interpretação provisória, na qual há uma dialética entre fatos e historiador. Sem fatos, o historiador não consegue trabalhar; os fatos, sem o historiador, são mortos e desprovidos de significado. Dessa forma, história seria processo de interação, um diálogo interminável entre o presente e o passado.[85] Além disso, para Carr,

---

[80] BLOCH, Marc. Id. p. 65.

[81] BRAUDEL, Fernand. **Escritos sobre a História**. São Paulo: Perspectiva, s.d. p.13-14.

[82] LE GOFF, Jacques; NORA, Pierre (Orgs). **História: Novos Problemas**. Tradução: Theo Santiago. Rio de Janeiro: Francisco Alves, 1976.

[83] LE GOFF, Jacques; NORA, Pierre (Orgs). **História: novas abordagens**. Tradução: Henrique Mesquita. Rio de Janeiro: Francisco Alves, 1976.

[84] CROCE, Benedetto. **A história – pensamento e ação**. Tradução: Darcy Damasceno. Rio de Janeiro: Zahar, 1962. p. 13-14-16.

[85] CARR, Edward Hallet. **Que é história? Conferências George Macaulay Trevelyan proferidas por E.H.Carr na Universidade de Cambridge, janeiro-março de 1961**. Tradução: Lucia Mauricio de Alverga. 5. ed. Rio de Janeiro: Paz e Terra, 1982. p. 28.

antes de estudar a história, deve-se estudar o historiador e seu meio histórico e social, porque ele está imerso na sociedade em que vive. Assim, a história seria um diálogo entre a sociedade de hoje e a sociedade de ontem.[86] Paul Veyne definiu a história como uma narrativa que procura dar uma explicação sobre os eventos ocorridos, para que se possa tentar compreender por que ocorreram. O historiador, ao redigir o seu trabalho, acaba selecionando, simplificando e organizando os fatos. Porém, essa seleção dá-se por escolhas do historiador. O exemplo dado por ele é a opção que se faz por investigar a vida de um camponês ou a do Rei Luís XIV. Do mesmo modo, o historiador é capaz de reduzir um século a uma página com bastante naturalidade. Ao leitor da história cabe acreditar no trabalho do historiador, como no caso daquele que dedica dez páginas a um dia específico e resumir dez anos em duas linhas, por ser este último período, no caso, vazio de eventos relevantes. O historiador organiza os fatos de acordo com a estrutura que adotou em seu texto, de modo pouco científico, isolando-os de acordo com a conveniência do texto.[87]

A partir da Segunda Guerra Mundial, historiadores europeus e latino-americanos adotaram o marxismo como metodologia de estudo e de escrita da história. Dessa forma, as análises partiram dos pressupostos de existência de eventos ligados à estrutura e eventos ligados à superestrutura, de acordo com os quais o fator econômico prepondera sobre os demais, além de reconhecer os conflitos de classe e a dialética nos processos históricos, gerando sempre a constante transformação social, em vez de consolidarem-se permanências históricas. Com isso, surgiu a história econômica; e a história social passou a destacar as rupturas e transformações, em vez das permanências ou tradições. Na Europa, destaca-se a "New Left" inglesa, escola de pensamento que usava o marxismo em suas análises - mas sem estar vinculada ao stalinismo - da qual fizeram parte E.P. Thompson e Eric J. Hobsbawn. De qualquer modo, a história deixou de resumir a história de um país à história de seus governantes e das batalhas militares que empreenderam, passando a tratar da cultura popular, dos vencidos e dos excluídos.

---

[86] CARR, Edward Hallet. Id. p. 49.
[87] VEYNE, Paul. **Como se escreve a história; Foucault revoluciona a história**. Tradução: Alda Baltar e Maria Auxiliadora Kneipp. 4. ed. Brasília: Ed. UnB, 1998. p. 27-41-42.

Com isso, o caráter histórico de um bem decorre do resultado de uma investigação destinada à explicação e compreensão do que seres humanos fizeram no passado, por meio do levantamento de hipóteses, extraindo-se, com crítica e critério, as informações relativas ao que se pretende conhecer. Assim, a história não é algo em si mesma: é constantemente escrita e reescrita a partir das inquietações do tempo presente, ou de cada tempo em que foi escrita. Nesse processo, fazem-se seleções de quais fatos serão preservados e descartados, decorrentes de juízos de valor do historiador. Considerar-se algo como histórico é, portanto, um ato valorativo e também uma disputa de poder sobre determinado ponto de vista. Nas últimas décadas, o caráter histórico não se restringe à história política ou das elites, mas também dos demais grupos sociais, razão pela qual se deve avaliar que história se deseja preservar.

3. Memória coletiva
Além do conceito de história, requer-se a análise de outro conceito imprescindível para a compreensão do problema relativo ao tema da proteção do patrimônio cultural: a memória coletiva. Ao longo do século XX, houve uma reflexão sobre a existência de duas "histórias": a memória coletiva e a história dos historiadores.[88] São duas construções culturais distintas, entre as quais há uma relação dialética. Faz-se necessário saber se determinado fato decorre da produção da memória ou da historiografia, pelo fato de que a memória seria o nível elementar da elaboração histórica.[89]

Em definição simples, memória é a capacidade de retomada de impressões e informações passadas.[90] Objeto de estudo de diversas áreas, como a psicologia e a psiquiatria, a memória permite à pessoa retomar experiências passadas e fatos já ocorridos, o que nem sempre é fácil ou possível. O ato de recordar não consiste em trazer de volta acontecimentos de forma isolada, mas estes são resgatados por meio de uma sequência narrativa com sentido.[91]

---

[88] LE GOFF, Jacques. **História e Memória**. Tradução: Bernardo Leitão et al. 5. ed. Campinas: Ed. Unicamp, 2003. p. 29.

[89] LE GOFF, Jacques. **História e Memória**. Id. p. 49.

[90] LE GOFF, Jacques. **História e Memória**. Id. p. 419.

[91] CONNERTON, Paul. **Como as sociedades recordam**. Tradução: Maria Manuela

O termo "memória" vem da deusa Mnemosine, mãe de todas as artes e ciências. Entre seus oito filhos, uma delas era Clio, que é a deusa da história.[92] Jacques Le Goff explicou que, nas sociedades sem escrita, a memória era importante para a existência dos mitos que conferiam a identidade coletiva, bem como da manutenção do prestígio das elites por meio das genealogias e o saber técnico transmitido por meio da religião. Com o passar do tempo, as memórias passaram a ser registradas em suportes, estelas e monumentos, e iniciaram-se as comemorações para recordação de certos fatos históricos.[93] O cristianismo teria contribuído para o apelo à memória, por ser uma religião de recordações, tanto de Cristo, quanto da vida dos mártires e dos santos.[94] Na Idade Média, o termo "memorial" foi associado a dossiê administrativo e burocracia.[95]

Do ponto de vista da memória coletiva, importa destacar o pensamento de Maurice Halbwachs. De acordo com esse autor, em termos de memória, cada pessoa tem suas pessoais. Mas quando existem lacunas na memória individual, a tendência é a busca de lembranças a partir das lembranças alheias ou sustentar lembranças pessoais pela afirmação de que outras pessoas têm a mesma percepção.[96] Devido ao caráter social do ser humano, existe a necessidade de compartilhamento de experiências, lembranças, narrativas, sensações, impressões e acontecimentos do cotidiano. É o que ocorre em aldeias, nas quais as pessoas, todos os dias, narram o que fizeram ao longo do dia, dia após dia, num *continuum* sem fim.[97]

No entanto, nem todas essas lembranças compartilhadas a terceiros ou recebidas destes são verdadeiras e exatas. Halbwachs deu o exemplo de uma pessoa caridosa que tenha sido canonizada. Muito prova-

---

Rocha. Oeiras: Celta Editora, 1993. p. 32.

[92] SAMUEL, Rapahel. **Theatres of Memory. Vol. 1. Past and Present in Contemporary Culture**. London, New York: Verso, 1994, p. vii.

[93] LE GOFF, Jacques. **História e Memória**. Id. p. 427-428.

[94] LE GOFF, Jacques. **História e Memória**. Id. p. 438.

[95] LE GOFF, Jacques. **História e Memória**. Id. p. 455.

[96] HALBWACHS, Maurice. **A memória coletiva**. Tradução: Beatriz Sidou. São Paulo: Centauro, 2006. p. 29.

[97] CONNERTON, Paul. Id. p. 21.

velmente ela se surpreenderia com a "história" que se criou sobre ela, sobretudo pelo fato de que terá sido redigida com o filtro da fé, porque alguns fatos não se desenvolveram tal como foram narrados.[98] Também é comum que certas lembranças de determinada pessoa, que ela acredita ser produto de suas próprias impressões, são, na verdade, inspiradas pela coletividade. Inclusive são facilmente recordáveis porque não se apoiam apenas na pessoa em si, mas pelo fato de a coletividade facilitar a sua lembrança, reforçando-as.[99] Essa lembrança tem elementos do passado somados a elementos do presente. Haveria, portanto, uma memória individual e uma memória coletiva, ao mesmo tempo em que haveria uma memória autobiográfica e uma memória histórica.[100] A memória coletiva é dinâmica, renovada e distorcida pela tradição, ou até mesmo esquecida por gerações seguintes.

Halbwachs demonstrou a distinção entre história e memória. Esta última consiste num pensamento contínuo, vivo, existente no grupo social e limitado a este. De uma geração para outra, como uma delas não vivenciou esse processo, substitui-se essa memória por outra. Já a história se interessa pelo passado a partir do momento em que dele não se lembra mais de forma espontânea pela memória. Em outras palavras, não se faz história enquanto a pessoa não se distancia suficientemente do fato.[101]

Na década de 1980, o historiador Pierre Nora lançou o termo "Lugares de Memória" ("Lieux de Mémoire") para referir-se ao fato de que a sociedade contemporânea vivenciava uma ruptura de equilíbrio decorrente da sensação de desaparecimento do passado, provocado pelo fim da coletividade-memória, na qual cada membro era responsável pela conservação e transmissão de valores, do apogeu do crescimento industrial e da globalização. O sentimento de continuidade se cristalizava e se refugiava nos lugares, pois era o que sobrava de espaço para a memória.[102] Ele também sugeriu uma distinção entre memória e história. Segundo este autor,

[98] HALBWACHS, Maurice. Id. p.35-36.
[99] HALBWACHS, Maurice. Id. p. 67-69.
[100] HALBWACHS, Maurice. Id. p. 73.
[101] HALBWACHS, Maurice. Id. p. 102.
[102] NORA, Pierre. Entre mémoire et histoire. La problematique des lieux. *In*: NORA, Pierre. **Les lieux de mémoire**. Paris: Quarto Gallimard, 1986. p. 23.

Memória, história: longe de serem sinônimos, nós temos consciência de que elas se opõem. A memória é a vida, sempre levada pelos grupos vivos e, por este motivo, está em evolução permanente, aberta à dialética da lembrança e da amnésia, inconsciente de suas deformações sucessivas, vulnerável a todos os tipos de uso e de manipulação, suscetível a períodos longos de latência e de repentina revitalização. A história é a reconstrução problemática e incompleta do que não existe mais. A memória é um fenômeno sempre atual, um liame visto no presente eterno; a história, uma representação do passado. Porque ela é afetiva e mágica, a memória só se lembra dos detalhes que lhe conforta [interessa]; ela se alimenta de lembranças fluidas, telescópicas, globais ou flutuantes, particulares ou simbólicas, sensível a todas as transferências, telas, censuras ou projeções. A história, por ser operação intelectual e laicizante, denomina-se discurso crítico. (...) A história é a deslegitimação do passado vivido.[103]

Pierre Nora descreveu como formação da memória coletiva pelo exemplo do livro *Le Tour de la France par deux Enfants*. De leitura obrigatória na França na época dele, este livro passou a fazer parte da memória coletiva de milhões de crianças naquele país.[104] Além disso, devido à dessacralização do tempo presente, ele também falou de um "dever de memória", que consiste na obrigação de cada grupo de redefinir sua identidade pela revitalização de sua própria história.[105]

David Lowenthal apresentou uma abordagem bastante interessante sobre a memória. Esse autor destacou que se sente nostalgia (nossos = retorno à terra antiga; algia = dor) do passado, de modo que é o passado – em sentido figurado – se tornou o país com o mais saudável fluxo turístico de todos. Sente-se nostalgia por meio das lembranças do que se passou. Caso houvesse a possibilidade de voltar no tempo, as pessoas ficariam bastante decepcionadas, porque, em geral, "glamouriza-se" o passado.[106]

---

[103] NORA, Pierre. Entre mémoire et histoire. Id. p. 25.

[104] NORA, Pierre. Entre mémoire et histoire. Id. p. 38.

[105] NORA, Pierre. Entre mémoire et histoire.Id. p. 32.

[106] LOWENTHAL, David. **The past is a foreign country**. Cambridge: Cambridge University Press, 1985. p. 8-10-28.

Esse mesmo autor apontou que o passado é imprescindível para conferir familiaridade e reconhecimento do presente, porque, do contrário, seria necessário lembrar-se de tudo o tempo todo e tudo seria novidade. Também destacou que o passado reafirma atitudes tomadas pela pessoa, sendo componente das identidades individual e de grupo. Assim, o passado faz parte do denominado "eu sou". Deu o exemplo do imigrante, que precisa formar sua nova identidade a partir de outros passados. Outra função do passado é que ele é usado como guia e lição pelas pessoas. Ademais, o passado enriquece o presente e, por fim, o passado serve para escapar de um tempo presente inaceitável para a pessoa.[107]

Em outra parte de seu livro, Lowenthal discutiu como se pode conhecer o passado. As principais formas seriam a memória, porque ela que proporciona a consciência do passado, a história, e também as relíquias, artefatos tangíveis que existem simultaneamente no presente e no passado, e que tornam este último acessível às pessoas.[108] Seria possível mudar o passado de diversas maneiras, desde o reconhecimento de um objeto como antigo, a colocação de uma placa sobre a coisa relatando que determinado fato aconteceu naquele lugar, ou a sua proteção para que não pereça, até a reconstituição, readaptação, restauração, mudando-a de seu lugar de origem para outro lugar, copiando-a, imitando-a, relendo-a, bem como por meio de memoriais e monumentos.[109]

Paul Connerton, por sua vez, destacou a importância dos ritos comemorativos e das práticas corporais. Para ele, produz-se memória coletiva em cerimônias comemorativas e estas só são capazes de produzir memória quando são performativas, isto é, desenvolve-se uma memória social corporal.[110] Complementa essa ideia Jacques Le Goff, quando explicou que, embora o cristianismo seja uma religião de recordação – vide, por exemplo, a comemoração dos mártires e dos santos, adaptações dos cultos pagãos aos antepassados e, sobretudo, a Comunhão ou Santa Ceia, cerimônia que Cristo instituiu em memória de seu sacrifício

---

[107] LOWENTHAL, David. Id. p. 35-38-49-40-41-47-49.
[108] LOWENTHAL, David. Id. p. 193-210-238-247.
[109] LOWENTHAL, David. Id. p. 265-271-275-278-282-288-290-295-301-309-321.
[110] CONNERTON, Paul. Id. p. 86.

pela humanidade – este também trouxe algo diferente para o mundo ocidental: o sentido da passagem do tempo. Enquanto em outras épocas e para outros povos, o passar do tempo é cíclico, sendo as próprias estações do ano exemplo mais evidente dessa constante mudança, que volta ao mesmo ponto depois de certo período, o cristianismo, baseando-se no judaísmo, estabeleceu o início de tudo e também o fim de tudo, fazendo com que a história tivesse um sentido.[111]

Eric J. Hobsbawn deu sua contribuição para a análise da memória. No livro "A invenção das tradições", ele destacou que diversas delas supostamente são bastante antigas, mas são recentes, inventadas e usadas como comemorações cívicas.[112] Do mesmo modo, Jean Chesneaux destacou os usos políticos do passado, para que se promova o controle social. Diversos Estados, inclusive democráticos, em tempos remotos, como nas últimas décadas, agiram dessa maneira, moldando a imagem do poder de acordo com interesses políticos e ideológicos, por meio do apelo às tradições do país, pelo controle dos conteúdos dos manuais escolares e, nos últimos tempos, com o cinema e a televisão. Do mesmo modo, manipula-se a memória por meio da ocultação de documentos em arquivos, quando se declara que estão em segredo de Estado. O saber histórico legitima essas práticas, por meio do intelectualismo, do profissionalismo e de um suposto objetivismo apolítico.[113]

Tanto o conhecimento histórico quanto a memória coletiva estão sujeitas ao revisionismo. Se, de um lado, a história se altera com a mudança das perguntas colocadas pelo historiador e pela descoberta de novos documentos, a memória coletiva também se altera, de acordo com os valores colocados pela sociedade no tempo presente. Aquilo que é valoroso, é lembrado; o que não é valoroso, é esquecido. A postura crítica dos historiadores em relação à historiografia, que era entendida como a história dos vencedores, dos dominadores, das elites e dos governantes, provoca alterações na memória coletiva. Por

[111] LE GOFF, Jacques. **História e Memória**. Id. p. 438-442.
[112] HOBSBAWN, Eric; RANGER, Terence (Orgs). **A invenção das tradições**. Rio de Janeiro: Paz e Terra, 1984. p. 9.
[113] CHESNEAUX, Jean. **Devemos fazer tabula rasa do passado? Sobre a história e os historiadores**. Tradução: Marcos A. da Silva. São Paulo: Ática, 1995. p. 28-29-30-32-36.

exemplo, no Parque do Ipiranga, construiu-se monumento à Independência e o Museu Paulista, pertencente à Universidade de São Paulo, pelo qual se construiu a memória de que D. Pedro gritara "Independência ou Morte" naquele local. Deixando-se de lado o fato de que se poderia ter adotado a formalização da Independência no denominado "Dia do Fico", ou, posteriormente, quando os demais países reconheceram a Independência do Brasil, é fato que a Independência do Brasil foi um processo iniciado desde a crise do Antigo Regime do século XVIII, passando pela vinda da Família Real ao Brasil e pelas transformações políticas ocorridas na Europa, nos vizinhos sul-americanos e, sobretudo, no Brasil, no qual já se havia formado uma nacionalidade brasileira. Observe-se que a importância dada a essa efeméride oscilou bastante ao longo das décadas. Por exemplo, na década de 1920, havia uma grande frustração com a República, que era a esperança de dias melhores em relação ao Império, o que concorreu para uma releitura da memória sobre o século anterior. Durante a ditadura militar, a data era comemorada com afinco, cantando-se o hino nacional à zero hora do dia 7 de setembro no Parque do Ipiranga, além de realizarem-se paradas militares nesse dia. Nos últimos tempos, nota-se que o dia 7 de setembro é comemorado apenas como uma oportunidade para viajar e muitas pessoas não se interessam, nem se lembram mais o motivo dessa comemoração, ou até mesmo desconhecem por que este dia é feriado nacional.

Assim, por meio da memória coletiva, valorizam-se ou desvalorizam-se determinados grupos étnicos, fomentam-se conflitos e irradiam-se regionalismos. Em sociedades pouco democráticas – porque nem toda sociedade não democrática é totalitária –, a memória coletiva é controlada pelos seus dirigentes, que foram uma elite, ante a impossibilidade de uma única pessoa conseguir exercer o poder social. Em sociedades democráticas, esse papel da memória é difuso, porque cada grupo social reivindica sua memória e luta para que seja reconhecida e respeitada por todos os demais.

Apesar de a dinâmica da sociedade contemporânea urbana impor o pouco convívio familiar pela jornada de trabalho e ida à escola, a família ainda é uma instituição primordial para a criação e preservação de memória. Nos diálogos, recordam-se fatos do passado, contam-se histórias de antepassados, veem-se objetos e fotografias. Estas práticas culturais são importantes para o despertar de curiosidade por outros fatos relativos à memória coletiva. A escola também forma a memória coletiva, pela seleção dos conteúdos dos currículos escolares. Os alunos tendem a criar memória afetiva pelos livros que leram, pelas histórias que aprenderam, e adquirem os valores de época que serão usados nos processos de recordação no futuro, individual ou coletivamente. Desse modo, se determinado escritor ou artista foi valorizado pelo professor, a tendência é que este vulto seja lembrado no futuro e, portanto, tenha sua memória conservada. Atualmente estão em debate os novos parâmetros curriculares nacionais e uma das propostas é a de mudança de eixos, de um eurocentrismo para um africanismo.[114]

Nos tempos atuais, o registro da imagem tem um papel fundamental para a produção da memória coletiva. A imprensa tem papel decisivo nessa produção. O jornalista coleta memórias, entrevista pessoas, usa a sua própria memória para a produção da notícia, que, por sua vez, influencia a formação da opinião pública sobre a memória coletiva. A crítica de historiadores sobre a "perda de mercado" para os jornalistas, que escrevem textos de caráter histórico com amplas edições e tiragens, resultou, de certo modo, na Lei n.° 14.038, de 17 de agosto de 2020, que dispõe sobre a regulamentação da profissão de Historiador e dá outras providências. Nos últimos tempos, as redes sociais têm papel decisivo na formação da memória coletiva, devido ao livre acesso e à rápida disseminação de determinada informação, recebida nem sempre de forma crítica pelos destinatários, que as retransmitem para outras pessoas.

A importância da memória coletiva está no fato de que esta é construída socialmente por uma ou mais gerações, fundamentando a identidade individual, por meio da nostalgia, como também pela identidade coletiva, ao conferir suporte para os vínculos entre as pessoas. Por referir-se ao passado, confunde-se memória coletiva com história, mas são objetos diferentes, porque esta última busca a objetividade, enquanto aquela é repleta de subjetividades, inconsistências, hipervalorizações e esquecimentos.

---

[114] Vale destacar a coleção "História Geral da África", editada pela UNESCO em oito volumes, para que se pudesse dar subsídios para a inserção da África na história mundial.

Por isso, há de se atentar que o interesse pela preservação de um bem cultural pelo seu caráter histórico pode decorrer da memória coletiva, pelo fato de determinado bem passível de proteção despertar a nostalgia individual e do grupo, ou proporcionar a conformação de identidades, individual ou coletiva, pela imaginação, ao fazer a ligação entre o presente e o passado idealizado. Nesse sentido, requer-se a consciência sobre a conveniência de impor deveres ao proprietário de uma coisa, imóvel ou móvel, com fundamento na memória coletiva. Esta pode ser importante para a comunidade local ou para a sociedade como um todo, mas também pode decorrer de mera nostalgia subjetiva, ainda que coletiva. Por não estar adstrita a uma metodologia, a memória pode ser livremente completada, modificada e distorcida, fazendo surgir ou desaparecer o interesse na proteção do bem cultural. Consequentemente, a projeção institucional sobre a pessoa, em termos de preservação da memória coletiva, implica a análise das disputas de poder sobre essas narrativas como também pelas lembranças que se têm do passado.

4. Bem cultural e patrimônio cultural

Entre todos os objetos existentes, materiais e imateriais, parte deles se distingue dos demais, entre outros, pela qualificação de bens culturais. Hannah Arendt,[115] em sua obra "A condição humana", descreveu que a *vita activa* designa três atividades humanas fundamentais: o labor, o trabalho e a ação. O labor se relacionava à atividade biológica do ser humano; o trabalho, à produção de um mundo artificial de coisas, distinto da natureza; e a ação refere-se à atuação política. Pelo trabalho, fabricam-se objetos denominados por ela de bens de consumo, destinados à duração efêmera. Fazem-se objetos que aspiram à permanência. São fabricados sem utilidade ou, excepcionalmente, podem ser preservados do consumo, isolando-os das demais coisas e do atendimento das necessidades humanas imediatas. Nesse sentido, bem cultural é aquele que tem a pretensão, em última instância, de ter duração ao longo dos tempos e somente consegue esse feito com a manutenção de sua capacidade de comoção das pessoas de outras épocas ao observá-lo.

---

[115] ARENDT, Hannah. **A condição humana**. Tradução: Roberto Raposo. 7. ed. Rio de Janeiro: Forense Universitária, 1995. p. 15.

Essa separação dos objetos justifica-se, portanto, pela cultura.[116] O bem qualificado como cultural não tem existência material distinta dos demais: essa qualidade decorre tão-somente do pensamento humano, que se projeta sobre a matéria existente.[117] Para Miguel Reale, o bem cultural deve ser analisado a partir do seu suporte e do seu significado. Consiste no "suporte ideal mediante o qual é visado alcançar um ou mais valores que compõem a existência humana".[118] Exemplo de bem cultural é a obra de arte, que é fabricada para não ser usada ou consumida, mas observada e exposta, além do seu autor ter a pretensão de que tenha duração eterna.[119]

Walter Benjamim apresentou sua reflexão a respeito desse tema. Valendo-se da ideia de que os objetos são suscetíveis de reprodução, de cópia e de falsificação, este autor afirmou que seria o *hic et nunc* do objeto, ou a existência de uma aura, que tornaria o bem cultural especial entre os demais, diferenciando-se o original da réplica ou da falsificação. Destarte, "é aos objetos históricos que aplicaríamos mais amplamente essa noção de aura, porém, para melhor elucidação, seria necessário considerar a aura de um objeto natural. Poder-se-ia defini-la como a única aparição de uma realidade longínqua, por mais próxima que esteja".[120] Inclusive sobre eles há um culto, como houve na Antiguidade com as estátuas e a retomada no Renascimento. No entanto, a fotografia e o cinema fizeram com que esse valor de culto ficasse em segundo plano, porque este foi substituído pelo valor da exibição. A última trincheira do culto pela fotografia seria o retrato dos familiares.[121]

Partindo-se da ideia de "aura" do objeto cultural como elemento característico, evidencia-se a ideia de cultura com o significado de culto.

---

[116] ARENDT, Hannah. **Entre o passado e o futuro.** Id. p. 255-262.

[117] ARENDT, Hannah. **A condição humana.** Id. p. 182.

[118] REALE, Miguel. Id. p. 17.

[119] ARENDT, Hannah. **Entre o passado e o futuro.** Id. p. 255.

[120] BENJAMIN, Walter. A obra de arte na época de suas técnicas de reprodução. *In*: **WALTER BENJAMIN, MAX HORKHEIMER, THEODOR ADORNO, JÜRGEN HABERMAS. Textos Escolhidos.** São Paulo: Abril Cultural, 1975 (Coleção "Os Pensadores"). p. 15.

[121] BENJAMIN, Walter. Id. p. 16-19.

Desse ponto de vista, o bem cultural seria aquele para o qual o indivíduo, o grupo, a sociedade ou até mesmo a humanidade presta culto, tem respeito e deseja mantê-lo de forma permanente como documento ou relíquia. Por exemplo, uma caneta é uma caneta, mas aquela com a qual se assinou determinada lei, é separada das demais. O monumento intencionalmente construído, o qual não tem finalidade de moradia ou de exercício de atividade empresarial, estará lá para ser visto e admirado pelas pessoas. Uma casa continua sendo uma casa, mas será destacada das demais aquela em que determinado pintor ou escritor viveu, na qual se fez importante reunião, considerada exemplo de estilo arquitetônico de uma época, ou na qual aconteceu um importante fato histórico. Um bairro é um bairro, uma cidade é uma cidade, mas podem se tornar diferenciados dentro de determinada cultura, pela valorização do passado, do bem-estar ou da interação entre o ser humano e a o meio ambiente. Um ritual religioso ou a preparação de determinado alimento continuam sendo práticas cotidianas, mas estas podem ser destacadas das demais pela valorização que recebem pela cultura.

Deve-se, contudo, distinguir o culto individual ao objeto e o culto social ao objeto, tendo em vista o aspecto social da cultura. Uma pessoa pode valorizar um objeto herdado de um antepassado, ou um imóvel construído por esse mesmo antepassado, mas a coletividade não necessariamente irá valorizá-lo. O proprietário conserva-o com carinho e cuidado, mas nada poderá fazer se o Poder Público, por exemplo, pretender a desapropriação do imóvel para a ampliação da rua em que se situa para a construção de uma obra. Em sentido contrário, a sociedade pode valorizar determinado objeto, mas o indivíduo, pela ausência de certos valores culturais, não tem uma postura reverencial, de conservação. Apenas o considera mero bem de consumo para a satisfação de sua necessidade pessoal.

Considerando que o bem cultural também seria um documento, um testemunho de época, faz-se necessário resgatar o que Jacques Le Goff escreveu sobre documento e monumento. Este seria um objeto intencionalmente produzido para o futuro, para que, nessa ocasião, se possa lembrar o passado, recordá-lo, enquanto aquele é um objeto selecionado pelo historiador, usado como prova na acepção jurídica do termo. Devido à intencionalidade do monumento e seu uso habitual

CONCEITOS PRELIMINARES

pelos detentores do poder na sua construção, este não pode ser usado na produção da história, mas é importante para a memória coletiva. Já o documento, por sua vez, permitiria tal uso. Todavia, Le Goff criticou essa distinção, quando apontou que um documento é produto de relações de poder, porque o seu conteúdo traz, além de informação, aquilo que se deseja que se saiba no futuro, sendo, portanto, uma construção intencional. Dessa forma, não se poderia ter uma postura ingênua em relação um documento.[122] A partir disso, o bem qualificado como bem cultural pode ser preservado por ser um documento de época. Porém, assim o é, porque foi selecionado a partir de um juízo de valor e, uma vez preservado, adquire ou assume a pretensão de eternidade e contemplação para as gerações futuras enquanto monumento.

Do ponto de vista jurídico, na década de 1960, definiu-se bem cultural como sendo aquele que constitui "testemunho material de valores de civilização". Massimo Severo Giannini comentou essa definição, afirmando-a que não é jurídica, porque permite qualificar na mesma categoria coisas completamente diversas entre si, sejam estas antigas ou não tão antigas, bem como a natureza em termos de bens ambientais e os modos de vida em grupo; caso seja considerada jurídica, o seu conteúdo não seria jurídico. Em síntese, de acordo com esse autor, uma vez considerado como bem cultural, permite-se a mais ampla intervenção pública, passando a ser considerados como bens de interesse público.[123] De qualquer modo, nessa definição de bem cultural como "testemunho material de valores de civilização", percebe-se que não se compreende a intencionalidade existente na escolha de um bem como documento, tampouco se leva em conta o caráter monumental do documento (testemunho) e o conceito de cultura não coincide com o de civilização.

Com o intuito de procurar superar a insuficiência conceitual, faz-se necessário nesse momento definir o que é bem cultural, até porque este receberá a proteção pelo direito.

Pode-se definir, então, bem cultural como bem, material ou imaterial, o qual tem a aptidão para contribuir com o desenvolvimento pes-

---

[122] LE GOFF, Jacques. **História e Memória.** Id. p. 526, 535, 537.
[123] GIANNINI, Massimo Severo. I beni culturali. **Rivista trimestrale di diritto pubblico.** Milano. Anno XXVI. p. 3-38. 1976. p. 6, 8, 9, 10, 19.

soal de quem o vê, por meio da sua contemplação, observação, contato e experimentação. É geralmente selecionado como documento histórico de época acerca de determinado modo de vida, arte ou técnica ou por ser suporte da identidade coletiva ou da memória coletiva. Pode ser um monumento do passado ou até mesmo tempo presente, quando se deseja a sua conservação pelas gerações futuras. Importante destacar, nesse sentido, que existe um primeiro processo, material ou formal, de qualificação como bem cultural, e existe um segundo processo, que consiste na decisão, no âmbito político-jurídico, de proteger ou não esse bem cultural. Em todos esses casos, há uma disputa de poder de fazer valer a pretensão de ter reconhecido determinado bem como cultural e, em momento posterior, de pretender a sua conservação para contemplação pelas gerações atuais e futuras.

Relacionado com o conceito de bem, tem-se o conceito de patrimônio, tendo em vista que o Decreto-lei nº 25, de 1937, refere-se a patrimônio histórico e artístico nacional, quando o definiu no art. 1º que "constitue o patrimônio histórico e artístico nacional o conjunto dos bens moveis e imóveis e cuja conservação seja de interesse público, quer por sua vinculação a fatos memoráveis da história do Brasil, quer por seu excepcional valor arqueológico ou etnográfico, bibliográfico ou artístico". Já a Constituição Federal usa o termo "patrimônio cultural". Na etimologia, patrimônio vem de *patris munium*, que significa "vir do pai" ou "propriedade do pater".[124] Por muito tempo, no âmbito do direito, o conceito de patrimônio esteve ligado somente à ideia de *universitates iuris* de cunho econômico-patrimonial. Em Roma, *bona* era o termo indicativo do que, nos dias atuais, entende-se por patrimônio.[125] No entanto, a história desse conceito, sob essa perspectiva, mostra que o ponto principal de discussão girava em torno do liame entre a pessoa e seus bens, isto é, se eles faziam parte dela ou se eram separados dela, por estarem ou não ligados ao corpo da pessoa, como projeções de si

---

[124] BONFANTE, Pietro. **Scritti Giuridici Varii. II. Proprietà e servitù**. Torino: UTET, 1918. p. 380.

[125] MARCHI, Eduardo C. Silveira; RODRIGUES, Darcio R. M; MORAES, Bernardo B. Queiroz de. **Comentários ao Código Civil Brasileiro. Estudo comparativo e tradução de suas fontes romanas. Parte Geral**. São Paulo: Atlas, 2013. p. 73.

mesma.¹²⁶ De um lado, havia na Antiguidade a escravidão por dívidas; na Idade Moderna, surgiu a ideia de que os bens atualmente protegidos pelos "direitos da personalidade", como a integridade física, integridade psíquica (honra, privacidade), imagem e identidade, são projeções do indivíduo. Por outro lado, negou-se esse vínculo com a proibição da escravidão por dívidas, como a que foi decretada por Sólon em Atenas, como também em Roma, com a *Lex Poetelia Papiria*,¹²⁷ ou o fato de o patrimônio ser o próprio sujeito de direitos nos casos do espólio, da herança jacente, da massa falida e do condomínio edilício. No século XIX, surgiu a ideia da máxima abstração do conceito de obrigação, a ponto de suprimir a própria pessoa, afirmou que "obrigação era o vínculo entre dois patrimônios".

Persiste essa tensão entre bens que fazem parte da pessoa, e bens que têm autonomia em relação à pessoa. O termo "patrimonial" aponta para essa qualidade, ao distinguirem-se os bens patrimoniais dos bens extrapatrimoniais, estes últimos insuscetíveis de avaliação econômica, como os direitos da personalidade, o que gerou polêmica na doutrina ao longo do século XX sobre o denominado *pretium doloris* em caso de dano moral, só resolvido quando se reconheceu a possibilidade de indenização – compensação, rigorosamente falando – por danos morais.

Nos manuais de direito civil, o patrimônio é apresentado como se fosse a disciplina jurídica do balanço contábil, no qual, na parte esquerda, constam os ativos (bens e direitos); na parte superior direita, os débitos (dívidas), e, na parte inferior direita, o patrimônio líquido. Por exemplo, Clóvis Beviláqua definia patrimônio como "(...) o complexo das relações jurídicas de uma pessoa, que tiverem valor econômico. Nele se compreendem os direitos privados economicamente apreciáveis (elementos activos) e as dívidas (elementos passivos)".¹²⁸ Orlando Gomes também tinha essa mesma ideia, ao defini-lo como complexo de

---

¹²⁶ BUSTAMANTE SALAZAR, Luis. **El patrimonio. Dogmatica juridica**. Santiago: Ed Juridica de Chile, 1979. p. 8.

¹²⁷ MOREIRA ALVES, José Carlos. **Direito Romano**. 14. ed. Rio de Janeiro: Forense, 2007. p. 382.

¹²⁸ BEVILÁQUA, Clovis. **Código Civil dos Estados Unidos do Brasil. volume 1**. 3. ed. Rio de Janeiro: Francisco Alves, 1927. p. 280.

direitos que compreende "(...) as coisas, os créditos e os débitos, enfim, todas as relações jurídicas de conteúdo econômico das quais participe a pessoa, ativa ou passivamente. O patrimônio é, em síntese, 'a representação econômica da pessoa'".[129] Silvio Rodrigues fazia menção ao conceito de Beviláqua e apontava que críticas foram feitas a essa ideia pela possibilidade de a pessoa ter patrimônio negativo, mas estas não foram acatadas, porque se teria afirmado a ideia de patrimônio bruto, compreendendo o ativo e o patrimônio líquido, que seria o patrimônio bruto gravado pelo passivo.[130]

Pontes de Miranda igualmente adotou visão parecida com a dos demais juristas. Ele o definia como universalidade de direito na qual apenas entravam direitos apreciáveis em dinheiro. Ressaltava, contudo, que, "em terminologia e sistemática jurídica escorreitas", os objetos não faziam parte do patrimônio, mas, sim, os direitos sobre os mesmos.[131] Além de toda a explicação detalhada, ele destacou que o patrimônio era formado por direitos, pretensões, ações e exceções, sendo sinônimo de ativo, enquanto o passivo seria o conjunto de deveres, obrigações e situações passivas das ações e exceções, patrimoniais. Ressaltou que o passivo era apenas uma ameaça ao patrimônio, mas não uma diminuição efetiva, a qual se dá pela prestação do devedor ou pela execução forçada.[132]

Francisco Amaral completou essas considerações, destacando que, do patrimônio (...) não participam os direitos personalíssimos (vida, liberdade, honra etc), os direitos de família puros, as ações de estado e os direitos públicos que não têm valor econômico. (...) O nome comercial, e o fundo de comércio integram o patrimônio, porque são direitos. Não fazem parte do patrimônio as qualidades ou aptidões de uma pessoa, como o seu conhecimento técnico ou profissional. Há, porém,

---

[129] GOMES, Orlando. **Introdução ao Direito Civil**. 12. ed. Rio de Janeiro: Forense, 1996. p. 202.

[130] RODRIGUES, Silvio. Direito Civil. **Parte Geral. Volume 1**. 26. ed. São Paulo: Saraiva, 1996. p. 111.

[131] PONTES DE MIRANDA, Francisco Cavalcanti. **Tratado de Direito Privado. Parte Geral. Tomo V**. 4. ed. São Paulo: Revista dos Tribunais, 1983. p. 369.

[132] PONTES DE MIRANDA, Francisco Cavalcanti. Id. p. 393.

patrimonialidade intermédia naquelas relações jurídicas que resultam da lesão de direito personalíssimo e que exprimem o direito à respectiva indenização.[133]

Posteriormente, ampliou-se a ideia de patrimônio para outros ramos, como o direito ambiental, pelo reconhecimento dos conceitos de patrimônio ambiental e genético. É o que está disposto no art. 2º, I, da Lei n.º 6.938, de 31 de agosto de 1981, que dispõe sobre a Política Nacional do Meio Ambiente, que considera o "meio ambiente um patrimônio público a ser necessariamente assegurado e protegido, tendo em vista o uso coletivo". Ademais, a Constituição Federal, no art. 225, § 1º, II, dispõe que compete ao Poder Público "II – preservar a diversidade e a integridade do patrimônio genético do País e fiscalizar as entidades dedicadas à pesquisa e manipulação de material genético". Do mesmo modo, a Lei n.º 9.985, de 18 de julho de 2000, que regulamenta o art. 225, § 1º, I, II, III e VII da Constituição Federal e institui o Sistema Nacional de Unidades de Conservação, estabelece, no art. 21, que "a Reserva Particular do Patrimônio Natural é uma área privada, gravada com perpetuidade, com o objetivo de conservar a diversidade biológica".

Patrimônio também é usado como sinônimo de acervo. É o que se fez no Decreto-lei n.º 25 ao mencionar patrimônio histórico e artístico, e a Constituição Federal, no art. 216, caput, I a V, ao usar o termo "patrimônio cultural". Significa o acervo de bens culturais, compostos pelos bens históricos e artísticos, como também os bens que compõem o patrimônio cultural imaterial.

Agora o patrimônio cultural tem uma origem religiosa – sobretudo cristã, em razão da cultura ocidental – baseada na ideia de tesouro, entendido como conjunto de relíquias, santuários e imagens. De acordo com André Chastel,[134] com o passar do tempo, o caráter sagrado das coisas (*miracula*) foi se esvanecendo, valorizando-se tão-somente a admiração estética e intelectual (*mirabilia*). É nesse momento que surge o patrimônio cultural, como conjunto de obras de arte fundamentais e

---

[133] AMARAL, Francisco. **Direito Civil. Introdução**. 7. ed. Rio de Janeiro: Renovar, 2008. p. 375.

[134] CHASTEL, André. La notion de patrimoine. *In:* NORA, Pierre. **Les lieux de mémoire**. Id. p. 1434-1438-1441-1462.

inalienáveis, que devem escapar das contingências e ameaças, e posteriormente entendidas como destinadas à instrução e à história. Destarte, é por meio do patrimônio cultural que a coletividade exprime a qualidade de sua herança cultural.

Veja-se o art. 57 do Código Civil de 1916, segundo o qual se definia que "o patrimônio e a herança constituem coisas universais, ou universalidade, e como tais subsistem, embora não constem de objetos materiais".[135] Embora tivessem sido definidos como coisas distintas, eles, na verdade, têm a mesma natureza jurídica. Enquanto a pessoa tem patrimônio, esse mesmo conjunto se torna herança deixada pelo *de cujus*. Em língua inglesa, o conceito de patrimônio cultural é denominado de *cultural heritage* ou herança cultural, que, até os dias atuais, é composta, sobretudo, por bens culturais históricos. Em última análise, patrimônio cultural e *cultural heritage* são sinônimos não apenas do ponto de vista material, mas também são vinculadas do ponto de vista etimológico. Logo, patrimônio cultural é o acervo de todos os bens culturais, tanto aqueles acumulados do passado, quanto aqueles criados no tempo presente.

---

[135] No Código Civil de 2002, o art. 91 dispõe que "Constitui universalidade de direito o complexo de relações jurídicas, de uma pessoa, dotadas de valor econômico".

CAPÍTULO 2
A História da Proteção do Patrimônio Cultural na Europa

A relação dos indivíduos, dos grupos e das sociedades com determinados objetos pelos quais se têm respeito e veneração, não só é bastante antiga, como também foi relatada ao longo dos séculos. Há episódios que ilustram situações em que estes bens culturais foram danificados, destruídos ou pilhados, os motivos que ensejaram a repulsa a este vilipêndio, bem como a solução encontrada para a questão, o que, de certo modo, ajuda a ampliar a percepção contemporânea sobre o tema da proteção do patrimônio cultural.

1. Antiguidade
1.1. A pilhagem e as coisas sagradas
Em tempos remotos, a identidade cultural de pessoas, grupos e comunidades, era formada por construções e objetos especiais, entre os quais os palácios, templos e estátuas. Alguns desses monumentos despertavam a admiração das pessoas e entraram para o imaginário como "Sete Maravilhas do Mundo", descritas por Antipater de Siron e Filão de Bizâncio.[136] Além desses monumentos especialíssimos, havia tantos outros que corpo-

[136] Cf. PHILONIS BIZANTINI. **Libelus de Septem Orbis Spetaculis**. Lipsiae, 1816. Disponível em: books.google.com. Acesso em: 30 abr.2016.

rificavam a memória coletiva em termos de prática da religião e no estabelecimento de ligações com o passado, como os túmulos e os templos.

Os túmulos eram importantes locais, porque neles se prestava o culto aos antepassados, que se tornavam deuses domésticos, como os deuses manes, os lares e penates. A mera inumação do cadáver do antepassado no terreno já tornava a área sagrada. Os templos atendiam a essa necessidade de proporcionar local de culto. Ainda Vitrúvio, famoso arquiteto romano e autor do tratado *De Re Arquitetura*, apontou os requisitos para a boa e correta ocupação do espaço na construção das cidades, como também descreveu a construção de casas, edifícios públicos e dos templos, aos quais dedicou dois livros de seu tratado. Para ele, os templos, construídos na mesma proporção do corpo humano, deveriam ser obras eternas.[137] Entre os judeus, no mesmo sentido, o Templo de Salomão era local sagrado.[138] Os gregos e romanos adornavam seus templos com estátuas, pelas quais tinham profundo respeito.[139] Essa veneração era tamanha, a qual chegava ao ponto de os romanos, quando estavam em guerra, realizarem a *evocatio*, promessa feita ao deus do inimigo de que o culto a ele continuaria em Roma e quiçá se construiria um templo, caso desistisse de proteger o seu povo nativo. Em outras palavras, os deuses dos inimigos eram "convidados" a morar em Roma.[140] Considerando que os povos sempre realizaram guerras uns contra os outros, os vencedores costumavam praticar atos de destruição e de violência, além da pilhagem das coisas e dos tesouros dos vencidos.[141] Entre os

---

[137] VITRUVIO. **Tratado de Arquitetura**. Tradução: M. Justino Maciel. São Paulo: Martins Fontes, 2007. p.169-170.

[138] Do mesmo modo, essa questão da memória e religião de um povo em outro local em diferentes épocas manifestou-se no Brasil, por meio da construção, com adaptações ao culto evangélico, do Templo de Salomão em São Paulo.

[139] MILES, Margaret M. **Art as plunder. The ancient origins of debate about cultural property**. Cambridge: Cambridge University Press, 2010. p. 4.

[140] BEARD, Mary; NORTH, John; PRICE, Simon. **Religions of Rome. Volume 1**. Cambridge: Cambridge University Press, 2006. p 34-82.

[141] JUSTINIANUS. **Institutas do Imperador Justiniano**. 2. ed. Tradução: J. Cretella Jr. e Agnes Cretella. São Paulo: Revista dos Tribunais, 2005. p. 80: "Inst. 2,1,17 – O que tiramos do inimigo imediatamente se torna nosso, por direito das gentes, e até os homens livres se tornam, assim, nossos escravos".

Romanos, por exemplo, a pilhagem não era feita sem qualquer critério. Para Margareth M. Miles,[142] essa arrecadação era denominada *espolium* e cabia a prestação de contas dessa pilhagem perante o *Aerarium*, posteriormente denominado de *Fiscus*.[143] O Senado também recebia parte da pilhagem e isso era realizado pelo Triunfo, procissão considerada a maior homenagem que um general romano poderia ter em vida. Cunhavam-se moedas comemorativas sobre a cerimônia, um arco era erguido e exibiam-se os objetos pilhados durante o trajeto. Parte do obtido na pilhagem ficava com o general e outra parte, denominada de *manubia*, era dividido entre os deuses dos templos, os soldados e o povo. De acordo com Mary Beard, não se pode afirmar que esse ritual era rigorosamente obedecido. Alguns soldados entregavam, de fato, as moedas dos inimigos ao *Aerarium*, que era refundidas e objetos entregues eram leiloados pelo questor; ou vendiam diretamente e entregavam-lhe a respectiva importância. Porém, parte dos objetos pilhados era vendida no caminho, e os soldados ficavam com o produto das vendas.[144]

Desde aquela época, havia questionamentos às práticas de pilhagem e destruição. Criticou-se Alexandre, o Grande, por ele ter saqueado Atenas. Os romanos também pilharam essa cidade e levaram colunas do templo de Zeus para o Templo de Júpiter no Capitólio romano.[145] Políbio, cuja origem era grega, recriminava a pilhagem, quando afirmou que essa prática não aumentava o poder dos vencedores, porque ficar com os objetos deles era imitar os derrotados.[146] Sêneca teria afirmado que pequenos sacrilégios (furtos de coisa sagrada) eram punidos, mas sacrilégio em grande escala era triunfo.[147]

Pelo fato de os exércitos vencedores respeitarem os templos dos vencidos, estes eram refúgio de escravos e de perseguidos. Gaio confirmou

[142] MILES, Margaret M. Id. p. 54-89.

[143] MARCHI, Eduardo C. Silveira; RODRIGUES, Darcio R. M; MORAES, Bernardo B. Queiroz de. Id. p. 83.

[144] BEARD, Mary. **The Roman Triumph**. Cambridge, London: Harvard University Press, 2007. p. 165.

[145] MILES, Margaret M. Id. p. 18.

[146] MILES, Margareth M. Id. p. 14-83.

[147] BEARD, Mary. **The Roman Triumph**. Id. p. 1.

essa afirmação sobre o caráter sagrado dos templos e das estátuas, ao ter explicado que escravos buscavam proteção contra os maus tratos dos donos dentro daqueles e em seu entorno.[148] Entretanto, nem sempre essa regra foi respeitada. No Antigo Testamento, existe a passagem da destruição do Templo de Salomão por Nabucodonosor, que implicou o exílio do povo na Babilônia. Durante a Guerra do Peloponeso, templos também foram violados.[149] Calígula teria mandado trazer da Grécia estátuas das divindades mais famosas; mandou tirar a cabeça da estátua de Júpiter Olímpico e colocou a sua no lugar.[150]

As estátuas não eram somente usadas em templos. Na ágora de Atenas havia esculturas ornamentais, o que concorreu para o desenvolvimento do gosto pela arte. Devido à profunda influência cultural de Atenas sobre Roma, ordenou-se que os objetos espoliados daquela cidade fossem expostos ao público, não devendo mais permanecer indefinidamente dentro das residências romanas.[151] Com o passar do tempo, em Roma se desenvolveu um mercado de arte, no qual havia eruditos, especialistas, corretores, colecionadores e falsários.[152] Inclusive se formou à época um mercado de obras de arte falsificadas, além de outras trazidas a Roma de forma clandestina.

---

[148] GAIUS. **Institutas**. Tradução: J. Cretella Jr. e Agnes Cretella. São Paulo: Revista dos Tribunais, 2004. p. 45. "Gai, 1,53 – Mas atualmente, nem aos cidadãos romanos, nem a quaisquer outros homens, sob o império do povo romano, é lícito castigar exageradamente, e sem causa, os escravos, porque, em virtude de uma Constituição do imperador Antonino, o senhor que matar o escravo sem causa cai sob a jurisdição da justiça, não menos do que aquele que matar escravo alheio, mas esse mesmo imperador impôs uma sanção à excessiva crueldade dos senhores, pois, consultado por alguns governadores de província a respeito de escravos que buscavam refúgio nos templos dos deuses ou nas estátuas dos imperadores, ele determinou que, se se tornar intolerável a crueldade dos senhores, deverão eles vender seus escravos".

[149] MILES, Margareth M. Id. p. 18.

[150] SUETONIO. **A vida dos doze Césares**. Tradução: Sady-Garibaldi. 2. ed. São Paulo: Ediouro, 2002. p. 260.

[151] MILES, Margareth M. Id. p 33.

[152] CHOAY, Françoise. **A alegoria do patrimônio**. Tradução: Luciano Vieira Machado. 5. ed. São Paulo: Estação Liberdade: Editora UNESP, 2006. p. 33.

1.2. A acusação de Cícero contra Gaius Verres

Margareth M. Miles destacou um caso paradigmático relativo à pilhagem de obras de arte na Antiguidade, o qual teria sido em outros períodos históricos usados como precedente para uma tutela jurídica desse tipo de bem cultural e um dos elementos formadores de um direito da propriedade cultural. Trata-se daquele registrado em detalhes por Cícero, devido à atuação pessoal dele no episódio.

De acordo com Plutarco, que elaborou biografia sobre esta grande personagem romana, Cícero estudou na Academia de Atenas, na qual teve contato com o estoicismo, tornando-se grande orador. Quando voltou a Roma, ele não quis assumir nenhum cargo público. Permaneceu isolado do grupo social, e, por isso, foi tachado de grego e escolar. Cícero, então, ingressou na vida pública, por meio de sua nomeação como questor na Sicília.[153] De volta a Roma, ele procurou aprimorar sua rede de relacionamentos, ao memorizar o nome das pessoas, o endereço delas, o local de suas casas no campo, o nome dos amigos e vizinhos. De acordo com Plutarco, "não existia na Itália uma só região da qual Cícero não pudesse falar com conhecimento e mostrar, visitando as terras e as casas dos amigos". Desse fato surgiu o verbo "ciceronear", com o significado de guiar uma pessoa, apresentando-a ao lugar. Ademais, Cícero procurou despontar por meio da atuação como causídico. Um dos casos mais famosos foi a acusação que fez, a pedido da Assembleia dos Sicilianos, contra Gaius Verres, pró-pretor na Sicília entre 73 a.C a 70 a.C. Verres deveria ter permanecido nesse cargo por apenas um ano, mas, devido à rebelião de Espártaco, foi mantido por três anos consecutivos. Ele foi acusado de ter exercido seu cargo com crueldade, ao ter superfaturado obras públicas e saqueado para si os bens de famílias locais, como também os templos das cidades.

Esta acusação contra Gaius Verres faz parte dos mais célebres discursos de Cícero, intitulado de Verrines, sendo importante evidência da admiração dos romanos pela cultura grega.[154] Esse discurso está dividido em cinco livros. A primeira parte teria sido pronunciada durante

---

[153] PLUTARQUE. **Vies parallèles**. Tradução: J. Alexis Pierron. Paris: Flammarion, 1996. p. 47.

[154] MILES, Margareth M. Id. p. 216.

o julgamento de Verres, enquanto as demais partes foram escritas após seu o encerramento, para que servisse de propaganda da atuação de Cícero. Isso, de fato, aconteceu, porque esse discurso circulou pelo mundo antigo, devido ao seu uso pelos estudantes de retórica, além de ser lembrado por Plínio, o Velho, muito tempo após sua elaboração.[155] No livro IV, intitulado "De Signis", Cícero acusou Verres de ter furtado, roubado e saqueado obras de arte dos sicilianos, além de ter profanado templos para levar embora as estátuas que os adornavam. Ele realçou que a dor dos Siracusianos decorrente dos atos de pilhagem praticados não era superficial, porque eram povos providos de sentimentos religiosos, que veneravam seus deuses com zelo, além de serem objetos decorativos, obras de arte, pelos quais os gregos tinham grande paixão.

Cícero relatou que a Sicília – à época, aliada dos romanos – era uma província muito rica, com diversas construções antigas, cujas famílias aristocráticas tinham diversos objetos de valor. Em Siracusa, capital da região, havia o Palácio Real, no qual vivera o Rei Hierão. Enquanto exerceu o cargo de pró-pretor, Gaius Verres teria pilhado para si tudo que fosse considerado de valor para esse povo. A acusação iniciou-se pela violação sofrida por Gaius Eius, considerado um dos homens mais ricos de Messina, cuja bela casa era um ornamento para a cidade. Ali havia uma capela privada, construída por seus antepassados, com acesso livre e adornada com quatro estátuas, entre as quais um cupido de mármore, esculpido por Prassitele, e um Hércules de Bronze.[156] Pela descrição de Cícero, Gaio Claudio, que foi edil, governador e cônsul na Sicília, pediu emprestado essas estátuas por algum tempo, mas as devolveu.[157] Porém, Verres visitou a capela e levou-as consigo.[158] Cícero argumentou que, antes de serem roubadas, haviam passado por Messina todos os tipos de magistrados com plenos poderes, entres os quais os cônsules e pretores. Teriam passado magistrados honestos, retos, escrupulosos, como também os avaren-

[155] MILES, Margareth M. Id. p. 219.
[156] CICERONE. **Il processo di Verre. Volume secondo**. Tradução: Laura Fiocchi e Dionigi Vottero. Milano: Rizzoli Libri, 1992. p. 823.
[157] CICERONE. Id. p. 825.
[158] CICERONE. Id. p. 829.

tos e desonestos. Porém, nenhum deles teria ousado tocar ou subtrair os objetos daquela capela, exceto Verres.[159]

Defendido por Hortensius, Verres alegou que teria comprado todos os objetos de Gaius Eius. Cícero ironizou o fato, porque Roma teria então enviado a Sicília um mercador, não um pretor, que usava do seu cargo para adquirir tudo para si. Além disso, neste caso, os valores supostamente pagos pelas estátuas eram irrisórios, em comparação com os valores que estas estátuas poderiam ter, caso tivessem sido realmente vendidas. Apontou ser inverossímil que um homem tão rico e honrado como Gaius Eius desse mais importância ao dinheiro do que aos sentimentos religiosos e o respeito aos edifícios construídos por seus antepassados.[160]

Verres também foi acusado de ter furtado de Filarco de Centuripe medalhões de suprema arte, supostamente pertencentes ao Rei Hierão.[161] Cícero apontou que, ao ter praticado este ato, Verres era pior que qualquer outro governador, porque estes, quando desviavam dinheiro público, mantinham-se com a máxima discrição, enquanto aquele não tinha a menor preocupação de esconder o que fazia.[162] Cícero também o acusou de ter pilhado o príncipe de Antioquia, que estava em visita à região. Verres convidou-o para um banquete e fê-lo mostrar todas as suas peças de ouro e prata, para posteriormente furtá-lo. O príncipe não desconfiava de Verres, mas, quando descobriu o ocorrido, foi ao fórum e começou a gritar contra ele. Verres o expulsara da cidade, mas ele pediu socorro em Roma.[163] Em Segesta, cidade supostamente fundada por Enéas quando da fuga de Tróia, havia uma estátua de Diana em bronze, à qual o povo prestava culto. Verres, contudo, ordenou a remoção da estátua para si. Houve oposição local, acusando-o de sacrilégio. Apesar disso, ante tantas ameaças, o povo, em lágrimas, teria cedido e entregue a estátua a ele. Do mesmo modo, teria feito a remoção da está-

---

[159] CICERONE. Id. p. 827.
[160] CICERONE. Id. p. 831-833.
[161] CICERONE. Id. p. 855.
[162] CICERONE. Id. p. 889.
[163] CICERONE. Id. p. 901-909.

tua de Mercúrio em Tindari.¹⁶⁴ Mais um episódio apontado por Cícero foi o ataque feito contra o templo de Hércules em Agrigento, o qual era sagrado e venerado pelos habitantes locais. De noite, Verres reuniu um grupo de escravos seus, que, armados, assaltaram o local. Os homens que faziam a guarda do templo, acionaram o alarme, mas estes foram agredidos com golpes de bastão. Os escravos tentaram remover a estátua de Hércules ali exposta, mas a cidade inteira acordou e resistiu ao ataque.¹⁶⁵ Em Siracusa, os templos de Diana, Moerva, Fortuna e Jupiter foram saqueados. Verres levou a estátua de Minerva à casa de uma prostituta.¹⁶⁶ Em Neapolis (Nápoles), havia dois grandes templos, um de Ceres e outro de Libera, além de uma estátua de Apolo. Esta não foi levada apenas porque não conseguiu carregá-la.¹⁶⁷ Na Ilha de Malta, havia um santuário de Juno, pelo qual havia muita veneração. Por meio de seus escravos, Verres saqueou esse templo. Em Engio, havia o Santuário da Grande Mãe, o qual foi respeitado por Scipião, que, inclusive, fez ofertas ao templo, mas o mesmo não fez Verres.¹⁶⁸ Ao final, Plutarco afirmou que Verres, apesar de tudo o que fez, foi condenado apenas ao pagamento de multa em 750 mil dracmas.¹⁶⁹ De acordo com Margareth M. Miles, o caso de Verres seria a gênese do conceito de patrimônio cultural,¹⁷⁰ como se verá adiante, pelas referências posteriores a este caso.

1.3. Usos políticos da memória da Antiguidade: a "damnatio memoriae"

Ainda na Antiguidade, governantes eram cultuados como deuses ou considerados como seus representantes perante o povo. Inclusive essa prática existia em Roma, que impunha o Culto ao Imperador. De acordo com Peter Garnsey, teria sido o único produto cultural imposto

---

¹⁶⁴ CICERONE. Id. p. 915-923.
¹⁶⁵ CICERONE. Id. p. 947.
¹⁶⁶ CICERONE. Id. p. 987.
¹⁶⁷ CICERONE. Id. p. 983.
¹⁶⁸ CICERONE. Id. p. 951.
¹⁶⁹ PLUTARQUE. Id. p. 49.
¹⁷⁰ MILES, Margareth M. Id. p. 8.

por eles aos demais povos, exceto aos judeus, que, devido à habilidade diplomática, não eram obrigados a render-lhe culto.[171] Estes governantes procuravam exibir seu poder por meio do luxo das construções em que habitavam, ou ordenavam a construção de monumentos para afirmação de seu poder. Registravam seus feitos não apenas para seus governados, usando estelas e construções como símbolo de poder político, mas também para o futuro. Os comandantes e imperadores romanos tinham essas pretensões, por meio da construção de colunas e de arcos para a celebração de conquistas. Estas imagens e construções, como os já mencionados arcos de triunfo, que foram usados como expressões de poder, ao mesmo tempo em que se acreditava que conseguiriam eternizar suas existências, para que fossem lembrados no futuro. Retratos de imperadores e de suas famílias eram exibidos em espaços públicos e privados, de modo que as pessoas, independentemente de seu status, recebessem aquelas informações imagéticas ao depararem-se com elas.[172] Até mesmo funcionários romanos aspiravam a essa eternização, ao construírem obras e colocarem placas de bronze com seus nomes. Por ter-se tornado abusiva, há normas no Código Teodosiano e no Codex de Justiniano considerando crime de lesa-majestade quem omitisse o nome do imperador na obra.[173] De acordo com Jacques Le Goff, toda essa epigrafia teria provocado uma "sobrecarga" na memória.[174]

Ao mesmo tempo em que se busca essa lembrança, a destruição desses registros foi uma forma de afirmação de poder de um governante contra seu antecessor. Nesse processo, eclodia uma tensão entre a preservação da memória e a sua destruição. Embora existam registros de que no Egito antigo o faraó Ramsés II tenha feito estátuas suas

---

[171] GARNSEY, Peter; SALLER, Richard. **The Roman Empire. Economy, Society and Culture**. London: Duckworth, 2001. p. 164.

[172] VARNER, Eric. R. **Mutilation and Transformation: Damnatio memoriae and Roman Imperial Potraiture**. Leiden, Boston: Prill, 2004. p. 1.

[173] CORRÊA, Sara. **A Tutela do Patrimônio Arquitetônico no Direito Romano (de Augusto a Justiniano)**. 1999. Tese (Doutorado em Direito) - Universidade de São Paulo. Faculdade de Direito. São Paulo. 1999. p. 137.

[174] LE GOFF, Jacques. **História e Memória**. Id. p. 428.

em cima das estátuas de Amenhoptep III, que Hiparcos tenha sido "apagado", que Licurgo tenha ordenado a destruição de estátuas, que o nome de reis macedônios tenha sido apagado da ágora em Atenas, e que se removeu o nome de Dionísio em Siracusa,[175] é em Roma que se tem uma descrição mais ampla sobre esse processo denominado de *damnatio memoriae*.

Devido às disputas políticas existentes em Roma, bem como pela perda de poder do Senado durante o Império, exemplo de vingança consistia em mandar destruir tudo o que se referia aos denominados inimigos, em uma tentativa de apagar o passado daquela pessoa. Confiscavam-se seus bens, anulavam-se seus testamentos, queimavam-se documentos, o aniversário dela tornava-se dia nefasto.[176] Suetônio, ao descrever Cláudio, colocou que "Quanto a Caio Caligula, na verdade cassou-lhe todos os atos e proibiu de se incluir o dia de sua morte no calendário de festas, mesmo que este coincidisse com o do seu advento ao Império".[177] As representações imagéticas do imperador eram destruídas e o mármore usado nessas esculturas era reciclado. Contudo, havia oposição à destruição dessas imagens. Ademais, nem tudo era entregue pelas pessoas para destruição, o que possibilitou a preservação das imagens para os dias atuais.[178] A despeito de resultar na destruição e no apagamento da memória, a *damnatio memoriae* era também um processo público de desonrar a memória do imperador anterior, o que era trágico em uma sociedade na qual a honra era um valor importante. Esse processo não era exclusivo aos imperadores, mas também se estendia à aristocracia. As casas dessas pessoas eram espécie de monumento, razão pela qual se tornavam alvos dessa prática. Por exemplo, as casas de Cícero foram demolidas e, no local, mandou-se edificar o templo da liberdade.[179]

---

[175] VARNER, Eric. R. Id. p. 14-15.
[176] VARNER, Eric. R. Id. p. 1.
[177] SUETONIO. Id. p. 304.
[178] VARNER, Eric. R. Id. p. 2.
[179] PLUTARQUE. Id. p, 74.

2. Roma em ruínas e a sua reconstrução pelos Papas

Durante o apogeu de Roma, vários edifícios e monumentos foram construídos. Usava-se a cal na edificação dos mesmos, fornecida pelos produtores (*calcis coctores*) e transportada por charreteiros (*vectuarii* ou *vectores*).[180] Era comum o reaproveitamento de materiais de construção, mas, em alguns casos, a demolição de imóveis tinha a finalidade de espoliação, o que ensejou a edição de leis durante a República, proibindo essa prática,[181] porque casas e vilas em ruínas causavam um aspecto desagradável.[182] No *Codex* de Justiniano (C, 8, 10, 2) há a constituição na qual se reiterava a proibição anterior de Vespasiano de extrair mármore de edifícios para negociá-los.[183] Roma, que passou a ter Constantinopla como cidade à altura, passou por severas transformações em termos de ocupação do espaço. Constantino pilhou Roma para que obras de arte fossem usadas nessa nova cidade.[184] Também destinou edifícios e templos pagãos ao cristianismo. Essas construções tiveram sua destinação alterada para funcionarem como igrejas cristãs, como se pode observar até os dias atuais. De acordo com Sara Correa, os prefeitos urbanos usavam edifícios de culto pagão até 376, quando se ordenou que estes templos se convertessem em igrejas.[185] Isso explica o fato de a sala de audiências do prefeito de Roma ter-se transformado em Igreja de São Cosme e Damião. No mesmo sentido, a *Curia Julia* (Senado) transformou-se em Igreja de Santo Adriano. Consagrou-se o Panteão à Virgem Maria e aos Mártires. Outros edifícios foram demolidos e os materiais utilizados foram "reciclados" em novas construções eclesiásticas em Roma, entre as quais a Basílica de São Lourenço fora dos muros, a Basílica de São Pancrácio e a Basílica de Santa Inês. Determinou-se que materiais resultantes de demolição de templos fossem usados em obras públicas, como ruas, pontes, muralhas e aquedutos.[186]

---

[180] CORRÊA, Sara. Id. p. 21.
[181] CORRÊA, Sara. Id. p 54.
[182] CORRÊA, Sara, Id. p. 64.
[183] CORRÊA, Sara. Id. p. 62.
[184] MILES, Margareth M. Id. p. 273.
[185] CORRÊA, Sara. Id. p. 99.
[186] CORRÊA, Sara. Id. p. 104.

Ademais, Teodósio II, em 435, ordenou a destruição de todos os templos pagãos no Oriente, devendo ser purificados com o sinal da religião cristã.

Séculos depois, com mármore vindo de Roma e de Ravenna, Carlos Magno construiu a Abadia de *Sanit-Riquier* e a Catedral de *Aix-la--Chapelle*. Trouxeram-se de Roma as colunas e bases para a construção da Abadia de Montecasino. Em Lyon, o mármore do *Forum Vetus* foi usado na construção da Igreja de Saint-Martin d'Ainay.[187] A produção artística nessa época era muito reduzida e retomou-se com mais intensidade somente a partir do século XII nos vitrais das catedrais construídas nas cidades, que estavam recebendo os emigrados do campo.[188] De acordo com Jacques Le Goff, Deus era um *Dominus* ou *Rex* e essa soberania estava na concepção de igreja como palácio real.[189] Na verdade, a maior parte das construções medievais era de madeira, palha e barro. Somente igrejas e castelos eram construídos com pedras e são, portanto, uma ínfima parte do que existiu no período.[190]

A Baixa Idade Média foi um período de grandes transformações culturais na Europa. Superado o medo do ano 1000, que havia "paralisado" a vida cultural naquela região, o comércio foi retomado e cidades-estados italianas atingiram seu esplendor. No direito, esse período é bastante importante, porque no século XII se iniciou uma "revolução" em termos de estudos jurídicos com o surgimento das Universidades, nas quais se estudava o direito romano a partir das compilações justinianeias. Não só isso, também foi no início da Baixa Idade Média que o direito canônico passou a consolidar-se como um corpo de direito, com o Decreto de Graciano e as Decretais de Gregório IX.

Ao lado da "redescoberta" do direito romano, também houve, na Itália, um lento processo de "redescoberta" do seu passado romano, por meio da transição de um teocentrismo em direção ao humanismo, muito antes do denominado "Renascimento" do século XVI. Eviden-

---

[187] CHOAY, Françoise. Id. p. 40-41.

[188] LE GOFF, Jacques. **A civilização do ocidente medieval**. Tradução: José Rivair de Macedo. Bauru: EDUSC, 2005. p. 75.

[189] LE GOFF, Jacques. Id. p. 149.

[190] LE GOFF, Jacques. Id. p. 203.

temente, no início desse processo, ainda predominavam os elementos cristãos, mas já apareciam referências à Antiguidade.

O interesse pela cidade de Roma no início da Baixa Idade Média não estava no seu passado, mas, sim, no presente, por ser a cidade dos mártires, cujas igrejas conservavam relíquias dos santos.[191] Iniciaram-se as peregrinações por antigas vias romanas. Inclusive, vale destacar a palavra "romeiro" (derivada da palavra Roma) como sinônimo de peregrino. No século XII, elaborou-se o manuscrito anônimo intitulado *Mirabilia Urbis Romae*,[192] o qual se tornou famoso por ser espécie de "guia turístico" da cidade de Roma.

No Século XIV, a sede da Igreja Católica foi deslocada de Roma para Avignon, período denominado de "Cativeiro da Babilônia" (1305-1377), quando houve o cisma entre estas duas cidades. Em 1349, ocorreu terremoto em Roma, que causou a ruína de diversos edifícios. Por causa do cisma, a Igreja romana passou a ter dificuldades financeiras, porque perdera sua fonte de renda, e teve que vender objetos e bibliotecas para sobreviver. As basílicas, inclusive as que continham relíquias de santos, estavam em péssimo estado de conservação. Os santuários de São Pedro e de São Paulo encontravam-se em ruínas. Mas nessa época também surgiram diversos humanistas, que passaram a resgatar o passado romano. Nesse período, que, do ponto de vista literário, é denominado "Trecento", Francesco Petrarca escreveu poemas que glorificavam o passado romano, entre os quais "África".[193]

A restauração do papado em Roma implicou o desejo de recuperação da cidade. De acordo com Carol Richardson, os prédios passaram a ser restaurados para fortalecer o sentido de devoção religiosa em Roma.[194] Os papas do século XV empenharam-se nesse trabalho de recuperar o

---

[191] RICHARDSON, Carol M. **Reclaiming Rome. Cardinals in the Fifteenth Century**. Leiden, Boston: Brill, 2009. p. 144.

[192] **MIRABILIA VRBIS ROMAE. The marvels of Rome or a picture of the golden city. An English version of the medieval guide-book with a supplement of illustrative matter and notes by Francis Morgan Nichols**. London: Ellis and Elvey; Rome: Spithoever, 1889. Disponível em books.google.com. Acesso em: 30 abr.2016.

[193] RICHARDSON, Carol M. Id. p. 143.

[194] RICHARDSON, Carol M. Id. p. 161.

que a Igreja vendeu no século anterior para sobreviver.[195] Martinho V (1417-1431), primeiro papa após a restauração da sede em Roma, deu indulgência especial para quem contribuísse com a restauração e construção da Igreja de São Paulo fora dos muros. Fez campanha em Florença para arrecadação de fundos para essas obras. Eugenio IV (1431-1447) recuperou o telhado do Panteon.[196] Durante o século XV, os humanistas ligados ao papa defendiam a preservação dos edifícios antigos e lutavam para que se interrompesse a prática de destruição dos edifícios em pedras ou a queima do mármore para a fabricação de cal.

Para Françoise Choay,[197] é nesse momento que nasceu a ideia de monumento histórico, com o surgimento de uma fase "antiguizante" do patrimônio cultural. Viagens a Roma passaram a ser feitas com o intuito de investigação e estudos, sobretudo com a redescoberta da obra de Vitrúvio por Poggio Bracciolini. Faziam-se comparações com o que estava escrito na obra do arquiteto com o que havia restado dos edifícios. Outro autor importante é Flavio Biondo,[198] que trabalhou com vários papas e escreveu as obras *Roma Instaurata*, que descreve a cidade, e *De Roma Triumphante*, que trata do Império Romano.[199]

Leon Battista Alberti (1404-1472), também humanista, trabalhava para a Igreja. Como estudioso, fez investigações sobre Roma, as quais estão na obra *Descriptio Urbis Romae*, de 1432.[200] Em 1443, ele iniciou a escrita de sua obra mais famosa, a "De Re Arquitetura", concluída em 1452.[201] Este tratado, notadamente inspirado na obra de Vitrúvio, é uma teoria da arquitetura e do urbanismo, cujas ideias chegaram aos dias atuais. Dividida em dez livros, o livro VII versa sobre a construção de edifícios religiosos. Nesta parte, ele destacou a divisão romana entre edifícios públicos e privados e ambos podiam ser religiosos ou

---

[195] RICHARDSON, Carol M. Id. p. 145.

[196] RICHARDSON, Carol M. Id. p. 154.

[197] CHOAY, Françoise. Id. p. 44.

[198] RICHARDSON, Carol M. Id. p. 175.

[199] RICHARDSON, Carol M. Id. p.161-176.

[200] CHOAY, Françoise. Id. p. 50.

[201] ALBERTI, Leon Battisti. **De Re Aedificatoria**. Tradução: Javier Fresnillo Nuñez. Marid: Ediciones Akal, 1991.

civis. Explicava o caráter sagrado das muralhas, as características dos templos, das basílicas da época romana, dos memoriais comemorativos e das estátuas dentro dos templos.[202] O livro VIII trata de sobre edifícios profanos, o livro IX sobre edifícios privados, como os palácios, que eram as residências dos senadores e as casas comuns.[203] e o livro X, da restauração de edifícios antigos, que era considerado por ele um ser enfermo e que necessitava de tratamento, em especial, contra as infiltrações.[204] No ano em que Nicolau V (1447-1455) se tornou papa, Alberti recebeu o cargo de superintendente de vigilância e restauração dos monumentos romanos.[205]

O Papa Pio II (1458-1464) editou a Bula *Cum Almam Nostram Urbem*, de 1462, na qual destacava que a cidade de Roma merecia cuidados em termos de manutenção e preservação, devido à sua dignidade e esplendor, não apenas em relação às basílicas e igrejas, mas também quanto aos demais edifícios antigos, para que tudo pudesse ser legado às gerações futuras. Conservá-los seria um elemento para evidenciar a fragilidade das coisas humanas, bem como da inutilidade do apego às coisas materiais.[206] Paulo II (1464-1471) restaurou o arco de Sétimo Severo, o Fórum Romano, o Coliseu e a coluna de Trajano. Sisto IV (1471-1484) restaurou o templo de Vesta e desobstruiu o arco de Tito.[207] Ele ainda baixou a Bula *Quum Provida*[208] em 1474, pela qual se proibiu tirar das igrejas e anexos, os mármores antigos esculpidos, inscrições, mosaicos, urnas, terracotas e demais ornamentos ou monumentos de qualquer espécie expostos ao público, sujeitando-se os infratores às mesmas penas

---

[202] ALBERTI, Leon Battisti. Id. p. 281-321.

[203] ALBERTI, Leon Battisti. Id. p. 371.

[204] ALBERTI, Leon Battisti. Id. p. 407.

[205] RIVERA, Javier. "Prologo". In: ALBERTI, Leon Battista. Id. p. 7-10.

[206] PIO II. **Bula "Cum Almam Nostram Urbem"**, de 26 de abril de 1462. Disponível em: <http://online.scuola.zanichelli.it/ilcriccoditeodoro/versione-gialla/legislazione-e-tutela/>. Acesso em: 30 abr.2016.

[207] CHOAY, Françoise. Id. p. 55.

[208] Apud PIO VII. **Bula do Papa Pio VII sobre antiguidades e belas artes em Roma e no Estado Eclesiástico. 1º de outubro de 1802.** Disponível em: <http://online.scuola.zanichelli.it/ilcriccoditeodoro/versione-gialla/legislazione-e-tutela/> Acesso em: 30 abr.2016.

da Bula *Cum Almam Nostram Urbem*. Do mesmo modo, punir-se-iam os vendedores, compradores e partícipes desses atos.

A partir das atividades dos humanistas do século XV, que também descobriram e fizeram circular novamente os textos latinos, por meio dos quais comparavam as ruínas de Roma com as descrições anteriormente feitas, as pesquisas históricas avançaram pelos séculos seguintes, com a investigação do passado pelos objetos e inscrições. Surgiu a figura do antiquário, especialista que montava coleções em seu gabinete de curiosidades.[209] Apesar disso, ainda continuava a promover-se a extração de mármore, como também a pilhagem de figuras, estátuas e ornamentos, tanto de metal como em pedra. Em 5 de outubro de 1624, a Igreja Católica em Roma baixou Edito pela qual se confirmavam proibições anteriores e que continuava proibida a retirada sem prévia licença de materiais desses objetos, bem como a exportação dos mesmos por rio, mar ou terra por qualquer pessoa, independentemente de status, grau, dignidade, ordem ou condição. Ademais, estabelecia-se que escavações requeriam licença prévia e dever-se-ia comunicar em até vinte e quatro horas a descoberta ao auditor, sob pena, em todas essas hipóteses, de perdimento da coisa e pagamento de multa de quinhentos escudos, dividida em cinquenta por cento à Reverenda Câmara Apostólica, vinte e cinco por cento ao delator e o restante ao executor, além de pena corporal, a critério da Igreja, conforme a gravidade do caso.[210]

No século XVIII, as pesquisas arqueológicas expandiram-se para outras regiões da península itálica, com a descoberta dos sítios de Herculano, Pesto e Pompeia, bem como no oriente médio, chegando inclusive ao Egito.[211] Tanto que, em 16 de outubro de 1755, o Rei de Nápoles publicou Bando no qual considerou que naquela região, antigamente habitada por gregos e romanos, havia muitos monumentos, estátuas, medalhas, vasos, instrumentos de sacrifício e sepulcros e que esses objetos eram removidos sem cuidado algum e levados ao exterior, o

---

[209] CHOAY, Françoise. Id. p. 62-63.

[210] NAPOLES (Reino). **Prohibitione sopra l'estrattione di statue di marmo o di metallo figure, antichitá e simili.** 5 ottobre 1624. Disponível em: <http://online.scuola.zanichelli.it/ilcriccoditeodoro/versione-gialla/legislazione-e-tutela/> Acesso em: 30 abr.2016.

[211] CHOAY, Françoise. Id. p. 67.

que causava danos à "inteligência da antiguidade e desconhecimento da história e da cronologia", prejudicando a perfeição de muitas artes. Nápoles também passou a exigir licença prévia para a realização dessas atividades, e tornava proibida a exportação, por terra ou por mar, ao exterior do reino, de qualquer monumento antigo, estátuas grandes ou pequenas, mesas, medalhas, vasos, instrumentos ou qualquer outro objeto de mármore, ouro, prata ou bronze, além de pinturas e afrescos, sem prévia licença do Rei.[212]

Em Portugal, o Alvará de 20 de agosto de 1721, editado por causa da representação feita pela Academia Real da História Portuguesa, considerava que o território foi ocupado por fenícios, gregos, penos, romanos, godos e arábios e, por esse fato, havia diversos objetos que estavam sendo consumidos por ignorância. Por isso, o Rei D. João V determinou-se que "nenhuma pessoa, de qualquer estado, qualidade, e condição que seja, desfaça, ou destrua em todo, nem em parte, qualquer edifício, que mostre ser daquelles tempos, ainda que esteja arruinado". Igualmente se ordenava a não destruição de estátuas, mármores, lâminas e chapas nos quais estivessem esculpidos letreiros ou figuras desses antigos povos, bem como medalhas e moedas de tempos antigos até o tempo do reinado de D. Sebastião. A penalidade prevista era aquela do Livro V, Título 12, § 5, das Ordenações Filipinas, para quem desfizesse moeda de prata do Reino ou de fora dele, consistente em degredo de dez anos para a África e perda de toda a fazenda, cabendo metade à Câmara e a outra metade ao acusador. Merece destaque a obrigação das Câmaras das Cidades e Vilas de conservar e guardar esses objetos, mediante comunicação à Academia Real, que ficava autorizada a adquiri-las, ou, caso o possuidor quisesse vendê-las, ficavam as câmaras obrigadas a adquiri-las pelo seu justo valor, para remetê-las ao Secretário da Academia. Com isso, têm-se nesse Alvará duas características importantes da proteção do patrimônio cultural: a aquisição pelo Estado (no caso, pelo Reino) e a participação do poder local na curadoria desses objetos de cultura material. Na opinião de Paulo Oliveira Ramos, tal Alvará

---

[212] NAPOLES (Reino). **Bando da parte di Sua Maestà e del suo tribunale della Regia Camera della Summaria.** 16 ottobre 1755. Disponível em: <http://online.scuola.zanichelli.it/ilcriccoditeodoro/versione-gialla/legislazione-e-tutela/> Acesso em: 30 abr.2016.

teria sido elaborado pelo 1º Marquês de Abrantes, quiçá por inspiração na legislação romana enquanto esteve nessa cidade como embaixador entre 1712 e 1718.[213]

Ainda nesse século, o gótico, estilo típico da Idade Média, foi associado ao mau gosto, ao bárbaro. Igrejas góticas foram demolidas e substituídas por igrejas barrocas. Pierre Pate, arquiteto de Luís XV, queria demolir todas estas igrejas, à exceção de Notre-Dame.[214]

3. Deve-se fazer tábula rasa do passado? A Revolução Francesa e o vandalismo

Outro período importante para a afirmação da preservação de um patrimônio histórico foi a época da Revolução Francesa. De acordo com Michel Vovelle, a França do século XVIII caracterizava-se por três aspectos: o feudalismo como modo de produção; a sociedade de ordens e o absolutismo político. E justamente eram essas as três características que o povo quis modificar em 1789.[215] O regime feudal gerava crises de subprodução e o povo era tributado por impostos feudais e senhoriais, como o censo e a jugada. Cobravam-se ainda laudêmios, vassalagem, juramentos e banalidades. Os senhores feudais tinham suas justiças próprias em suas terras. A nobreza avançou sobre terras coletivas, com o intuito de aumentar seus rendimentos. A sociedade de ordens consistia na divisão das pessoas em três Estados (status): o clero, a nobreza e o povo. A burguesia, cuja imagem tradicional seria composta por pequenos artesãos e comerciantes, era incipiente na França. Muitos desses burgueses compravam terras para adquirirem títulos de nobreza e buscarem ascensão social pela adesão à classe "parasitária". Outros grupos, como os profissionais liberais, comporiam o restante da burguesia. Por fim, o absolutismo consistia na presença intensa da monarquia e de seus agentes no controle das atividades.

---

[213] RAMOS, Paulo Oliveira. O alvará régio de 20 de agosto de 1721 e D. Rodrigo Anes de Sá Almeida e Meneses, o 1º Marquês de Abrantes. Uma leitura. Disponível em: https://repositorioaberto.uab.pt/bitstream/10400.2/4320/1/Paulo%20Ramos.pdf . Acesso em: 20 dez 2018.

[214] CHOAY, Françoise. Id. p. 15.

[215] VOVELLE, Michel. **A revolução francesa. 1789-1799**. Tradução: Mariana Echalar. São Paulo: Ed. Unesp, 2012. p. 5.

Merece destaque uma das obras de Robert Joseph Pothier intitulada "Tratado sobre as Pessoas e as Coisas", na qual há a descrição da sociedade estamental francesa anterior à Revolução Francesa. A exposição inicia-se com a classificação das pessoas, dividindo-as em eclesiásticas, nobres, terceiro estado e servos. O primeiro estado, ou a primeira ordem, era a dos eclesiásticos, que se distinguia das demais pessoas pelos inúmeros privilégios que tinham, entre os quais a conservação de seus bens, não concorrer para a manutenção das tropas e fortificações de vilas, pontes e estradas, nem mesmo em caso de necessidade pública, e isenção da talha sobre os bens eclesiásticos a título clerical ou por herança, e do pagamento sobre as receitas dos benefícios e dízimos.[216] O segundo estado correspondia à nobreza, que podia ser de raça ou por concessão. Essa tinha vários privilégios, entre os quais o direito de concluir o bacharelado em direito civil ou em direito canônico em três anos, em vez de cinco anos, o exercício de ofícios não permitidos aos plebeus, o julgamento em matéria criminal pelo parlamento, a isenção de subsídios e corveias pessoais, mas somente tinha privilégios dentro dos feudos de sua posse.[217] Sobre o terceiro estado, Pothier disse que não havia nada de particular para tratar delas.[218] Quanto aos servos, ele explicou que não eram como os da Antiguidade, salvo os negros nas colônias francesas; eram cidadãos e não estavam no domínio do senhor ao qual pertenciam. Denominavam-se servos em razão dos deveres excessivamente onerosos que tinham sobre si, como o pagamento da talha, da corveia, bem como pedir autorização ao senhor para pagar e deixar todos os seus bens para o senhor, quando de seu falecimento.[219]

Devido à crise do Antigo Regime – que também atingia outras monarquias, como a portuguesa – houve a eclosão de um movimento de extravasamento da insatisfação popular com a situação vigente. Em

---

[216] POTHIER, Robert Joseph. Traité des personnes et des choses. *In*: POTHIER, Robert Joseph. **Oeuvres de Pothier, contenant les Traités du Droit Français. Nouvelle édition mise en meilleur ordre et publiée par les soins de M. Dupin.** Tome huitième. Paris: Pichon-Béchet, sucesseur de Beché Ainé, 1825. p. 2-5

[217] POTHIER, Robert Joseph. Id. p. 15.

[218] POTHIER, Robert Joseph. Id. p. 16.

[219] POTHIER, Robert Joseph. Id. p. 21-22.

Paris, em julho de 1789, demitiu-se o Ministro Necker; em resposta, o povo ateou fogo na alfândega municipal, fez a tomada da bastilha, fortaleza real construída por Carlos V, ameaçou marchar para Versailles, onde estavam reunidos os Estados Gerais. Com o intuito de ceder aos ânimos, o Rei Luis XVI readmitiu o ministro e pediu a volta à normalidade[220] com a promessa de redação de uma constituição política. Em 4 de agosto de 1789, promulgou-se a lei da abolição da condição de servos e o fim da mão-morta.[221] Também se decretou o fim da jurisdição senhorial, a abolição de todos os privilégios, imunidades e pensões sem títulos, além da previsão da fabricação de uma medalha em homenagem a esse dia. Uma semana depois, em 11 de agosto de 1789, decretou-se o fim do regime feudal sem indenização, o livre acesso aos cargos públicos por qualquer cidadão e Luis XVI foi proclamado o "Restaurador da Liberdade Francesa".[222] Porém, a partir de setembro de 1789, iniciam-se os ataques ao clero, que era a classe mais privilegiada da época. Pelo decreto de 29 de setembro de 1789, estabelecia-se o seguinte:[223]

> A Assembleia Nacional convida aos bispos, curas, capelães, superiores de casas e de comunidades seculares e regulares de um e de outro sexo, municipalidades, fábricas e confrarias, a levar ao *Hotel des Monnois* mais próximo toda prata das igrejas, fábricas, capelas e confrarias, que não for necessária para a decência do culto divino.

Além disso, promulgou-se o Decreto de 2 de novembro de 1789, pelo qual a nação tomou para si os bens do clero:[224]

---

[220] FRANÇA. **Collection Générale des Decrets Rendus par l'Assamblée Nationale avec la mention des sanctions et acceptations donées par le Roi, depuis le mois de Mai, jusques et compris les mois de Décembre 1789. Tome 1er**. Paris: L'imprimeur de l'Assamblée Nationale, s.d. p. 32. Disponível em: gallica.bnf.fr. Acesso em: 30 abr.2016.

[221] FRANÇA. Collection... Décembre 1789. Id. p. 51.

[222] FRANÇA. Collection... Décembre 1789. Id. p. 61-65.

[223] FRANÇA. Collection... Décembre 1789. Id. p. 96.

[224] FRANÇA. Collection... Décembre 1789. Id. p. 152.

A Assembleia Nacional decreta:

1º Que todos os bens eclesiásticos fiquem à disposição da Nação, para que possam fornecer, de maneira conveniente, as despesas do Culto e manutenção de seus Ministros, para alívio dos pobres, sob a supervisão e conforme as instruções às províncias. (...)

Em razão do abalo da ordem social existente, não se sabia ao certo que destinação dar a todos esses bens confiscados de seus antigos titulares.[225] Não havia recursos financeiros para mantê-los todos. A ausência de freios institucionais levou às pessoas à prática de atos de destruição. Com isso, igrejas foram incendiadas, estátuas destruídas e castelos saqueados.[226] Os revolucionários detestavam o passado absolutista e praticavam espécie de *damnatio memoriae*, tentando apagar tudo o que se referisse ao Antigo Regime, ainda que houvesse beleza nos objetos e construções. Isso porque, de acordo com a nova mentalidade que se desejava implantar, as obras de arte eram inúteis, desprovidas de finalidade prática.

O Decreto de 4 de outubro de 1790 ordenava que a municipalidade de Paris arcasse com as despesas de demolição da Bastilha e o Decreto de 13 de outubro de 1790 atribuiu aos departamentos o encargo de conservar os monumentos, igrejas e casas que se tornaram de domínio nacional para serem vendidos posteriormente pelo comitê de alienação.[227] Se, de um lado, a ação revolucionária queria destruir tudo, havia, por outro lado, a reação para que se promovesse a conservação. A maneira pela qual se operou a salvação desses bens culturais foi por meio de livros e discursos, os quais são considerados verdadeiros marcos em termos de preservação cultural.

Cabe destacar em primeiro lugar Aubin-Louis Millin. Ele enviou à Assembleia Nacional Constituinte um livro de sua autoria, intitulado *Antiquités Nationales ou Recueil de Monuments pour servir à l'histoire générale et particulière de l'Empire François, tels que Tombeaux, Inscriptions, Sta-*

---

[225] CHOAY, Françoise. Id. p. 104.
[226] CHOAY, Françoise. Id. p. 95.
[227] FRANÇA. **Collection Générale des Decrets Rendus par l'Assemblée Nationale avec la mention des sanctions et acceptations donées par le Roi. Mois de Octobre 1790**. p. 73. Disponível em: gallica.bnf.fr. Acesso em: 30 abr.2016.

tues, Vitraux, Fresques etc; tirés des Abbayes, Monastères, Chateaux et autres lieux devenus Domaines Nationaux,[228] de 1790, no qual se descrevem igrejas, conventos, castelos, portais e outras construções, narrando a história deles e sua importância para a história da França, além de apontar a descrição detalhada desses locais, incluindo vários desenhos, além das estátuas que os adornavam. O primeiro desses locais descritos por Millin foi a Bastilha, alegando que seria inescusável da parte dele não iniciar seu livro com a descrição desse monumento, pelo fato do terror que ela inspirava e pela alegria universal que sua queda proporcionava. Para Françoise Choay, Millin desejava salvar, pela imagem e descrição, objetos fadados à destruição revolucionária.[229]

A República ampliou a aversão aos objetos eclesiásticos, como também aqueles da monarquia e da nobreza, que estava emigrando da França. A despeito do despertar do ódio para com as obras de arte e com os monumentos, manifestou-se a ideia de que esses objetos deveriam servir à instrução pública. O museu – na etimologia, o templo das musas – que era o gabinete de trabalho ou local reservado a estudos científicos, literários e artísticos, e no qual ficavam as coleções de antiguidades, tornou-se o local de exposições desses objetos ao público.[230]

Em razão dessa postura adversarial para com as obras de arte e monumentos, provocada por uma falta de manutenção da ordem social, estes bens culturais sofreram mutilações e destruições. Procurou-se, então, tentar organizar todo esse acervo. Em 28 de Frimário do ano 2 (17 de dezembro de 1793), foi criada na França a Comissão Temporária das Artes, a qual tinha por finalidade cuidar dos objetos confiscados e transportá-los aos depósitos, como também classificá-los, isto é, fazer um inventário desse acervo. Importante destacar que, neste ano, fundou-

---

[228] MILLIN, Aubin-Louis. **Antiquités nationales, ou Recueil de monumens pour servir à l'histoire générale et particulière de l'Empire françois, tels que tombeaux, inscription, statues, vitraux, fresques, etc., tirés des abbayes, monastères, châteaux et autres lieux devenus domaines nationaux. Présenté à l'Assemblée Nationale conflctuante, et favorablement accuelli par Elle, le 9 Decembre 1790.** s.l: s.d. Disponível em: gallica.bnf.fr. Acesso em : 30 abr. 2016.

[229] CHOAY, Françoise. Id. p. 97.

[230] CHOAY, Françoise. Id. p. 62.

-se o Museu do Louvre, que seria o local simbólico em que se promoveria a instrução pública por meio da exibição ao público dos objetos de arte da França.[231]

Merece análise a *Instruction sur la manière d'inventorier et de conserver, dans toute l'étendue de la République, tous les objets qui peuvent servir aux arts, aux sciences et là l'ensengment*, redigido por Feliz Vicq d'Azyr.[232] Esse documento é importante, porque retrata a visão da época para com o patrimônio cultural. Nessa instrução, pontuou-se que os objetos existentes em bibliotecas, museus, coleções, templos e palácios deveriam, a partir de então, servir à instrução pública, e não mais para uso privado, o que era um feito espetacular para o autor dessa instrução. Esperava-se que, com o acesso aos mesmos, fossem formados legisladores-filósofos, magistrados esclarecidos, agricultores instruídos, professores que só ensinassem o que fosse útil. Além disso, deveria criar o espírito de que cada cidadão se sentisse responsável pelos objetos que a nação lhe confiasse. Para isso, ordenava-se a elaboração de um grande inventário de todos os bens nos bairros e nas cidades, classificando-os de acordo com o tema. O primeiro deles era o de objetos de história natural, seguidos pelos laboratórios de física e de química, objetos relacionados às artes mecânicas e à geografia. Também seriam listadas as fortificações e pontes, bem como a música, as antiguidades, a pintura, a escultura e a arquitetura.[233]

Na parte que trata da pintura e da escultura, o autor da *Instruction* não disfarçava sua ojeriza para com esses objetos, inclusive ao dizer que estes eram denominados na época do despotismo como belas-artes e que esse termo era uma ofensa às artes mecânicas, relacionadas ao progresso. No entender dele, dever-se-iam denominá-los de artes de imitação. Quanto aos monumentos, estes seriam as "artes de história", que

---

[231] CHOAY, Françoise. Id. p. 101.

[232] FRANÇA. **Instruction sur la manière d'inventorier et de conserver dans toute l'entendue de la République, tous les objets qui peuvent servir aux arts, aux sciences et à l'enseignement, proposée par la Commission Temporaire des Arts et adoptée par le Comité d'Instruction Publique de la Convention Nationale.** Paris: De l'Imprimerie Nationale, an. II. p. 10-11. s.l: s.d.

[233] FRANÇA. Instruction... Id. p. 15.

prolongam a memória dos feitos úteis, realizados pelos benfeitores da humanidade.[234] Quanto à arquitetura, esta era o orgulho de um luxo mal-entendido.[235] Nestes casos, prescreveu-se a catalogação das obras artísticas, colocando-se o nome do artista, a época em que foi feita e o material usado, e as obras arquitetônicas deveriam ser avaliadas onde se encontravam, procedendo-se a relatório do tipo de construção, do seu estado de conservação, se eram pertencentes a ministros católicos ou a emigrados e, por fim, se poderiam ser destinadas a manufaturas ou hospícios. Dependendo do caso, deveriam ser demolidos.[236] Interessante notar que, tão logo fosse concluído esse inventário geral, estes bens deveriam ser confiados à responsabilidade das pessoas, que deveriam participar de sociedades de conservadores,[237] sem prejuízo da ação do Estado em sua proteção.

Outra personagem que merece destaque é o abade Henri Grégoire. Com atuação destacada na defesa da liberdade, inclusive dos escravos das colônias francesas,[238] ele é muito lembrado pela defesa do patrimônio francês. Em 14 de Frutidor do ano II (31 de agosto de 1794), ele publicou o Relatório sobre as Destruições Causadas pelo Vandalismo e os Meios de Reprimi-las. Nesse documento, Grégoire criticou a pilhagem e destruição das bibliotecas, mesmo com as Leis de 25 de outubro de 1790 e de 10 de outubro de 1792, que ordenavam cuidados com os livros. Em 1791, vários livros teriam sido roubados das bibliotecas dos monastérios e também estavam queimando livros contrarrevolucionários sem qualquer critério. Antiguidades, como

---

[234] FRANÇA. Instruction... Id. p. 65-66.
[235] FRANÇA. Instruction... Id. p. 71.
[236] FRANÇA. Instruction... Id. p. 72.
[237] FRANÇA. Instruction... Id. p. 21.
[238] Cf. GRÉGOIRE. **Apologie de Barthelemy de las Casas, evèque de Chiapa. Lu à l'Institut National le 22 Floreal an 8.** *In :* Mémoires de lInstitut National des Sciences et Arts. Sciences morales et politiques. Tome quatrième. Paris: Baudoin, Imprimeur de l'Institut National, 1802. Disponível em: books.google.com. Acesso em: 30 abr.2016. GRÉGOIRE. **Des peines infamantes à infliger aux négriers**. Paris: Baudoin Frères, Imprimeurs-Librairies, 1822. Disponível em: gallica.bnf.fr. Acesso em : 30 abr.2016; GRÉGOIRE. **De la liberté de conscience et de culte à Haïti**. Paris: Baudoin Frères Librairies, 1824. Disponível em: gallica.bnf.fr. Acesso em: 30 abr.2016.

medalhas, pedras, joias e objetos de história natural estavam sendo dilapidados. Objetos científicos e artísticos eram vendidos em mercados clandestinos. Estátuas eram furtadas, monumentos a santos estavam sendo destruídos, e igrejas estavam sendo mutiladas. Inclusive o prédio da Sorbonne foi atacado, destruindo-se a imagem de Richilieu ali existente. Ele também questionou a proposta de demolição do *Hospice de la Salpêtrière*. Ainda havia outro que desejava destruir a Porta de Saint-Denis e um terceiro queria derrubar um bosque para plantar batatas.[239]

Na segunda parte desse discurso, Grégoire chamou a atenção para o fato de que, apesar dessas obras serem da época do absolutismo – ele usou o termo "despotismo" – havia nelas uma grande beleza de trabalho. Não se deveriam apagar todos os monumentos que honravam o gênio francês e todos os homens capazes de engrandecer o horizonte de conhecimentos, nem perseguir e condenar pessoas de talento, porque um grande homem era uma propriedade nacional. Ele apontou que, na Itália, o povo estava habituado a respeitar os monumentos, porque contribuíam para o esplendor da nação. Grégoire deu sugestões de salvação do patrimônio francês: a República Francesa deveria ser o último domicílio do que foi criado, devendo, portanto, manterem-se intactos os depósitos; e que se inscrevesse, se possível, a seguinte frase em todos os monumentos: "Os bárbaros e os escravos detestam as ciências, e destroem os monumentos de arte; os homens livres os amam e os conservam". A partir desse Relatório, editou-se novo decreto ordenando a conservação das bibliotecas.[240]

Em 8 de Brumário do ano III (29 de outubro de 1794), Grégoire preparou o Segundo Relatório sobre o Vandalismo,[241] no qual informou,

---

[239] FRANÇA. Instruction Publique. **Rapport sur les destructions opérées par le vandalisme, et sur les moyens de le réprimer. Par Grégoire. Séance du 14 Fructidor, l'an second de la République une et indivisible, suivi du Décret de la Convention Nationale.** s.l: s.d. p. 5-6-14. Disponível em: gallica.bnf.fr. Acesso em: 30 abr.2016.

[240] FRANÇA. **Instruction Publique...** Id. p. 26-27-28. Disponível em: gallica.bnf.fr. Acesso em: 30 abr.2016.

[241] FRANÇA. **Instruction Publique. Second rapport sur le vandalisme par Grégoire. Séance du 3 Brumaire, l'an III, suivi du Décret de la Convention Nationale et im-**

com pesar, que a destruição continuava a acontecer, porque a barbárie contrarrevolucionária continuava destruindo as artes. Estátuas e quadros pilhados eram livremente anunciados e vendidos em Paris, entre os quais uma estátua de bronze de Leonardo da Vinci. Manuscritos originais da Inquisição em Toulouse foram destruídos. Denunciou que estava sendo destruída com tiros uma estátua de Júpiter, doada à monarquia francesa, originalmente removida do templo de Samos para Roma por Marco Antonio, exposta em seguida no Capitólio a mando de Augusto e, tempos depois, nos jardins dos Médicis. Com base nesse segundo relatório, fez-se outra lei, estabelecendo a responsabilidade dos agentes nacionais e dos administradores pelas destruições e degradações cometidos nas regiões sob suas jurisdições, devendo prestar contas à Comissão de Instrução Pública acerca do estado das bibliotecas e monumentos, bem como das degradações e dilapidações ocorridas com os mesmos.

Em 24 de Frimário do ano III (14 de dezembro de 1794), Grégoire elaborou o Terceiro Relatório sobre o Vandalismo.[242] Neste documento, ele destacou que, em um ano, destruíram-se séculos de civilização e que, se nada fosse feito, não haveria nada mais a mostrar no futuro. Criticou Alexandre Dumas, por querer desvalorizar Lavoisier, que era homem de ciências. Nesse documento, a maior parte dele é composta pelos relatórios enviados pelos distritos acerca do estado de conservação das bibliotecas e monumentos franceses.

Todavia, devido a todas as guerras empreendidas contra os franceses pelos reinos vizinhos pelo fato de, entre outros fatores, ter-se implantado a República Francesa, os conflitos estenderam-se pela Itália, inclusive com a invasão napoleônica aos Estados Pontifícios. Napoleão Bonaparte queria trazer o que pudesse de Roma para Paris, como de fato o fez, ao saquear aquela cidade e retornar realizando um triunfo, exibindo as obras de arte por ele pilhadas. Mas houve também

primé par son ordre. s.l: s.d. p. 1-2-5-12. Disponível em: gallica.bnf.fr. Acesso em: 30 abr.2016.

[242] FRANÇA. Instruction Publique. **Troisième rapport sur le vandalisme par Grégoire. Séance du 24 Frimaire. L'an IIIe de la République Française, une et indivisible. Imprimé par ordre de la Convention Nationale et envoyé par son ordre aux autorités constituées.** s.l: s.d. p. 1-2-3. Disponível em: gallica.bnf.fr. Acesso em: 30 abr.2016.

resistência a esse fato. Quatremère de Quincy escreveu as *Lettres sur le préjudice qu'occasioneroient aux Arts et à la Science, le déplacement des monuments de l'art de l'Italie, le démembrement de ses Écoles, et la spoliation de ses Collections, Galleries, Musées, etc.*[243] Estas cartas são, na verdade, panfletos contra a pilhagem de Roma, sobretudo aquela promovida por Napoleão. Nelas, coloca-se que a Itália é um museu geral ou depósito completo sobre as artes e que isso, inclusive, a teria livrado da barbárie cultural e talvez esse fato tivesse permitido o desenvolvimento precoce das belas-artes entre eles. Além disso, os pontífices, sobretudo os do século XV, preocuparam-se com a restauração de Roma e com a conservação das obras, impedindo que deixassem a região.[244] Em uma das cartas, Quatremère de Quincy sugeriu que os países como a Espanha e a França, antes de tentar pilhar Roma, deveriam explorar seus próprios tesouros, restaurando as cidades romanas ali existentes.[245] Noutra carta, ele explicou a importância de Roma para os estudantes da arte e da conveniência de que tudo ficasse ali, em vez de dispersarem-se esses bens em coleções privadas. Destacou, ademais, o grave erro de deslocarem-se monumentos de um local a outro, porque eles poderiam desabar.[246] Curioso notar que, no final dessas cartas, Quatremère de Quincy invocou a figura de Gaius Verres para criticar todo esse processo de pilhagem contra Roma:

> Por que não montar um museu de antiguidades [existentes na França] correspondente aos existentes na Itália? Pois bem, isso parece-me conveniente fazer, antes de colocar em questão se é possível desmembrar e espoliar as galerias de Roma e da Itália; e se isso atenderia

---

[243] QUATREMÈRE DE QUINCY. **Lettres sur le préjudice qu'occasioneroient aux Arts et à la Science, le déplacement des monuments de l'art de l'Italie, le démembrement de ses Écoles, et la spoliation de ses Collections, Galleries, Musées, etc. Nouvelle édition, faite sur celle de Paris de 1796.** Rome: 1815. Disponível em: gallica.bnf.fr. Acesso em: 30 abr.2016.

[244] QUATREMÈRE DE QUINCY. Lettres... Id. p. 12-13-14.

[245] QUATREMÈRE DE QUINCY. Lettres... Id. p. 22.

[246] QUATREMÈRE DE QUNCY. Lettres... Id. p. 54-55-56-61.

ao interesse da república das artes e cada uma de suas partes; o que se espera de uma nação é o verdadeiro amor pelas artes e pelas belas coisas; todo o mais não passa de uma cobiça de Verres.[247]

Então, meu amigo, não duvide que isso é o que exige o verdadeiro espírito das artes: aquele que não segue esse aviso, não é artista nem filósofo. Há mais de um tipo de amor pelas artes. Há diversos graus entre os amantes de arte, desde os filósofos, descendo pelos artistas, depois vêm os curiosos, em seguida os antiquários e, por fim, o pilhador Verres.[248]

Noutro texto, intitulado *Considerations Morales sur la Destination des Ouvrages de l'Art ou de l'Influence de leur Emploi sur le génie et le gout de ceux qui les produissent ou qui les jugent, et sur le sentiment de ceux qui en jouissent et en reçoivent les impressions*,[249] Quatremère de Quincy fez defesa da importância das obras de arte para a sociedade, procurando afastar as críticas de que elas eram inúteis. A tese dele era a demonstração de que as obras de arte tinham uma utilidade, não de ordem material, mas moral – definida por ele como espiritual ou ideal. Ele ponderava que obras de arte não tinham valor econômico e, se tivessem, seriam elementos acidentais. O verdadeiro valor das obras estava no prazer do espírito, no jogo também produz esse mesmo prazer, mas nem por isso se desejava aboli-lo. Além disso, a arte aprimora os sentimentos sobre o belo, desenvolve o afeto e estimula o desenvolvimento dos talentos. O artista, ao realizar seu trabalho, necessariamente o faz para o público, educando-o. Por isso, não fazia sentido manter obras de arte em depósitos, longe do contato com o público. Ao contrário, as obras de arte expostas estimulam a curiosidade das pessoas, tornando-as mais críticas. Muitos objetos se perderam justamente por essa falta de curiosidade acerca deles.[250] Quanto aos monumentos, ele colocou

---

[247] QUATREMÈRE DE QUNCY. Lettres... Id. p. 23.
[248] QUATREMÈRE DE QUINCY. Lettres... Id. p. 65.
[249] QUATREMÈRE DE QUNCY. **Considerations Morales sur la Destination des Ouvrages de l'Art ou de l'Influence de leur Emploi sur le génie et le gout de ceux qui les produissent ou qui les jugent, et sur le sentiment de ceux qui en jouissent et en reçoivent les impressions**. Paris: De l'Imprimerie de Crapelet, 1815. Disponível em: gallica.bnf.fr. Acesso em: 30 abr.2016.
[250] QUATREMÈRE DE QUINCY. **Considerations...** Id. p. 7-9-10-11-12-36-46-65.

que a ideia de antiguidade vinculada a eles faz despertar nas pessoas um sentimento de respeito e de veneração, porque se admira o que foi conservado de geração em geração e faz transportar as pessoas à época de sua criação, gerando uma ilusão de espírito. Certos monumentos permitem à pessoa ter a mesma sensação que Péricles, Platão, César, Horácio e Virgilio também viram. Os monumentos, portanto, teriam a finalidade de trabalhar a imaginação das pessoas.

De qualquer modo, na opinião de Françoise Choay,[251] mesmo durante esse período conturbado, surgiram os elementos necessários à formação de uma política de conservação do patrimônio, como o uso do termo "monumento", o levantamento do acervo existente, a criação de administração responsável por sua conservação, além de legislação aplicável à proteção.

4. O passado entre o progresso e a revolução industrial

No período pós-napoleônico, a ideia de progresso cultuada no século anterior por Herder e por Voltaire, sobretudo na história, e alimentada pelo capitalismo industrial, estimulava transformações urbanísticas, realizadas pelo próprio Estado francês. Assim como houve resistência na época da Revolução Francesa, também houve esse mesmo fato contra a demolição das construções medievais, sobretudo em uma época de nacionalismos e, em especial, pelo romantismo e seu apreço pela Idade Média, como foi no século XIX.

Victor Hugo foi um dos que procuraram resistir a esse movimento. Ele usou a literatura para denunciar essa transformação, em primeiro lugar, com o livro "O corcunda de Notre-Dame", em que, além da história em si, comentava sobre as restaurações pelas quais essa catedral passou ao longo dos séculos, criticando os arquitetos. Também falava da urbanização caótica de Paris e dava sua opinião sobre arquitetura, segundo a qual era os edifícios eram os "livros" pelos quais a humanidade escrevia a história até o tempo da invenção da imprensa, quando os livros impressos substituíram a necessidade das pessoas construírem.[252]

---

[251] CHOAY, Françoise. Id. p.120.

[252] VICTOR HUGO. **O corcunda de Notre-Dame**. Tradução: Jorge Bastos. Rio de Janeiro: Zahar, 2015.p. 143-226

Além do famoso romance, Victor Hugo escreveu o texto *Guerre aux démolisseurs*, publicado em 1825 e posteriormente completado em 1832. Nesse trabalho, ele foi direto e incisivo contra o processo de reurbanização não apenas de Paris, mas da França inteira. Colocou que não podia ficar em silêncio diante do que estava acontecendo, porque, no ritmo de demolições que se empreendia na França, o único monumento nacional que restaria seria as *Voyages pittoresques et romantiques*, sendo um crime todo aquele tipo de profanação e de degradação contra os monumentos medievais ou construídos pelos reis.[253] Posteriormente, ele lamentava o fato de que o vandalismo era, naquele momento, praticado pelos arquitetos e aplaudido por todos em nome do progresso. Não se poderia mais, dentro da civilização, admitir a inutilidade das artes.[254] Destaca-se uma passagem desse panfleto, em que fica evidente o conflito entre o proprietário do imóvel e a sociedade, em que ele faz a cisão entre a utilidade e a beleza do imóvel e esclarece quem tem direito a quê:

> Mesmo empobrecida por causa dos devastadores revolucionários, pelos especuladores mercantis e, sobretudo, pelos restauradores clássicos, a França é ainda rica em monumentos franceses. Deve-se deter o martelo que mutila a face do país. Uma lei bastaria: que seja feita. Seja lá quais forem os direitos de propriedade, a destruição de um edifício histórico e monumental não pode ser permitida por ignóbeis especuladores, cujos interesses os cegam de sua honra; miseráveis homens, se não imbecis, que não compreendem mesmo que são bárbaros! Há duas coisas em um edifício, sua utilidade e sua beleza. Sua utilidade pertence ao proprietário, sua beleza, a todo mundo; excede, portanto, seu direito ao destruí-lo.[255]

Em 1830, o historiador Guizot defendeu a criação do cargo de Inspetor Geral dos Monumentos Históricos.[256] A ideia desse historiador

---

[253] VICTOR HUGO. Guerre aux démolisseurs. p. 317-318. Disponível em: <http://docenti.unimc.it/dominique.guillemant/teaching/2015/15194/files/victor-hugo> Acesso em: 30 abr.2016.

[254] VICTOR HUGO. Id. p.332-337.

[255] VICTOR HUGO. Id. p. 321.

[256] CHOAY, Françoise. Id. p. 259.

era a de que se percorresse toda a França para levantar informações *in loco* sobre a importância do monumento do ponto de vista histórico, levantando-se documentos referentes ao mesmo, além de recolher as histórias elaboradas por pesquisadores das localidades. Vale destacar que a atribuição desse Inspetor Geral era a de

> (...) informar os proprietários sobre a importância dos edifícios cuja conservação depende de seus cuidados e estimular, enfim, orientando--o, o zelo de todos os conselhos de departamento e das municipalidades, de forma que nenhum monumento de valor incontestável pereça em razão da ignorância ou da precipitação e sem quem as autoridades competentes tenham feito todo o possível para garantir a sua preservação, e de modo também que a boa vontade das autoridades ou dos particulares não se esgote em objetos indignos de seus cuidados.[257]

Como se observa, a proposta consistia no esclarecimento dos proprietários para que estes se conscientizassem da importância dos bens dos quais eram proprietários. Em 1834, criou-se o Comitê Histórico das Artes e dos Monumentos e, em 1837, a Comissão dos Monumentos Históricos, a qual deveria listar monumentos que exigiam proteção e intervenção.[258] Por outro lado, o crescimento da cidade de Paris e as inovações em matéria de construção civil exigiam intervenções no espaço, implicando a remoção de imóveis antigos. O Barão Hausmann, nomeado por Luis Napoleão como administrador do Sena, promoveu importantes transformações do espaço da cidade, por meio de grandes obras públicas durante o exercício de seu cargo entre 1853 a 1869. Algumas delas tinham caráter político, como, por exemplo, a abertura de grandes *boulevards* para facilitar a repressão a protestos populares, uma vez que, no traçado então existente, era muito fácil a organização de barricadas.[259]

---

[257] GUIZOT. **Relatório apresentado ao rei em 21 de outubro de 1830 por Guizot, Ministro do Interior, para que se criasse o cargo de Inspetor Geral dos Monumentos Históricos na França**. Apud Choay, Françoise. Id. p. 261 (Anexo do livro)

[258] CHASTEL, André. La notion de patrimoine. In: NORA, Pierre. **Les lieux de mémoire**. Id. p. 1448.

[259] BENEVOLO, Leonardo. **História da arquitetura moderna**. Tradução: Ana M. Gold-

Já para Leonardo Benevolo, as transformações executadas por Hausmann consistiram na urbanização de terrenos na periferia, os quais, independentemente da renda dos moradores, teriam acesso a saneamento por obras realizadas pelo Estado. Foram abertas vias arteriais de ligação entre o centro e os bairros e alterou-se o traçado de antigas ruas, que passaram a ser longas e retificadas, ligadas aos pontos de acesso pelos transportes coletivos.[260] Para isso, facilitou-se a desapropriação de imóveis e incentivou-se a construção de novos edifícios nas novas vias.[261]

Essa intervenção intensa ocorrida nessa época em Paris, como em outras cidades europeias, despertou críticas e ensejou a organização de sociedades de preservação do patrimônio. Por exemplo, na França, fundou-se a *Société française por la restauration et la décoration des monuments historiques*, a qual publicava, inclusive, um boletim sobre o tema.[262] W. Morris fundou na Inglaterra a *Society for the Protection of Ancient Buildings*. Além disso, o turismo começou a desenvolver-se e alguns viajantes passaram a lutar pela preservação das cidades. Por exemplo, John Ruskin escreveu o livro "As pedras de Veneza". De acordo com Françoise Choay, ambos foram os precursores da proteção internacional dos monumentos históricos.[263] Surgem os primeiros empresários do turismo, como Thomas Cook, que organizava "pacotes turísticos" pela Europa e para os Estados Unidos.[264]

Surgiram debates entre arquitetos acerca da restauração desses edifícios antigos. De um lado, havia os antiintervencionistas, que defendiam o caráter histórico do edifício, e os restauradores, que defendiam intervenções nos mesmos. Em seu outro livro intitulado "As sete lâmpadas da arquitetura",[265] John Ruskin expôs aspectos interessantes sobre a

---

enberger. 3. ed. São Paulo: Perspectiva, 1994. p. 96.

[260] BENEVOLO, Leonardo. Id. p. 98.

[261] BENEVOLO, Leonardo. Id. p. 100.

[262] CHALLAMEL, Jules. **Loi du 30 mars 1887 sur la conservation des monuments historiques et objets d'arte. Étude de législation comparée.** Paris: F.Pichon, Challamel etc, 1888. p. 2

[263] CHOAY, Françoise. Id. p. 142.

[264] PANOSSO NETTO, Alexandre. **O que é turismo**. São Paulo: Brasiliense, 2010. p. 41.

[265] As "sete lâmpadas da arquitetura" são: 1) Lâmpada do sacrifício; 2) Lâmpada da

arquitetura e a atividade do arquiteto. Destacou, por exemplo, se a obra arquitetônica deveria receber o melhor trabalho e os melhores materiais, ou se deveria ser bela ou sublime, ou, ainda, se a obra arquitetônica deveria ser verdadeira, combatendo-se as mentiras, como a pintura de superfícies para imitar outros materiais ou o uso de adornos feitos a máquina, em vez de manufaturados; que a arquitetura é, de certo modo, a encarnação da política, da vida, da história e da religião dos povos.[266]

No capítulo em que ele discorreu sobre a "Lâmpada da Recordação", Ruskin apresentou sua visão antiintervencionista para com os edifícios antigos. A arquitetura teria a função de ajudar na memória, porque se poderia viver sem a arquitetura, mas sem ela não se poderia recordar. Todavia, não se deveria restaurá-las, porque esse procedimento seria um engano. Em seu entender, dever-se-ia apenas conservar os edifícios, para que não fosse necessário repará-los:

> A conservação dos monumentos do passado não é uma simples questão de conveniência ou de sentimento. Não temos o direito de tocá-los. Não nos pertencem. Pertencem aos que construíram e as gerações anteriores. Os mortos tem direito sobre eles e não temos o direito de destruir o objeto de um trabalho (...).[267]

Por outro lado, Eugène Emmanuel Viollet-le-Duc, arquiteto que fez a restauração da Igreja de Notre-Dame de Paris no século XIX, defendia a possibilidade de restauração de edifícios, desde que seguissem critérios e métodos. Em verbete intitulado "Restauração", escrito para o *Dictionnaire Raisonné de l'Architecture Française du XIe au XVIe siècle*, ele alertava para o fato de que a ideia de restauro era recente, porque na Ásia não se restaurava: fazia-se uma réplica ao lado. Os romanos restauravam, nem sequer tinham uma palavra para designar esse ato. Logo, a restauração poderia transformar o edifício em algo que nunca existiu

---

verdade; 3) Lâmpada da força; 4) Lâmpada da beleza; 5) Lâmpada da vida; 6) Lâmpada da recordação; 7) Lâmpada da obediência.

[266] RUSKIN, John. **Las siete lámparas de la arquitectura**. Tradução: Carmen de Burgos. Buenos Aires: El Ateneo, 1956. p.26-28-57-99-263.

[267] RUSKIN, John. Id. p. 235-257-258-259.

no passado. Ainda que o restaurador estivesse de boa-fé, a intervenção por ele feita acabaria por ser uma interpolação. Caso fosse feita uma restauração, caberia ao arquiteto conhecer os tipos de arte e os estilos de cada escola arquitetônica e usar materiais de melhor qualidade dos usados no edifício, para que este tivesse maior longevidade. Além disso, os edifícios, que tinham uma destinação e, após restaurados, podiam ter destinação diversa, mas sem ser menos cômodos dos que antes. Seria lícito o uso de materiais inexistentes, como o ferro, porque evitaria incêndios, mas não se deveriam usar materiais mais pesados do que aqueles empregados, para não sobrecarregar a estrutura do edifício.[268] Sobre o arquiteto, disse:

> Deve agir como o cirurgião habilidoso e experimentado, que somente intervém em um órgão após ter adquirido o conhecimento completo de sua função e depois de ter previsto as consequências imediatas ou futuras de sua operação. Se for aleatório, mais vale que se abstenha. Mais vale deixar morrer o doente do que o matar.[269]

Camilo Boito, historiador italiano, também sustentava a distinção entre conservação, que era uma obrigação de todo governo e sociedade fazê-lo, e restaurar. Queixava-se da péssima qualidade das restaurações feitas em obras antigas e chegava à conclusão de que não era possível restaurar, por maior que fosse a qualidade do artista, pois, nesse ato, havia um forte traço de interpretação. Somente seria possível uma restauração isenta, caso a sociedade em que vive o restaurador não tivesse conceito de belo. Criticou Viollet-Le-Duc, porque este se colocava no lugar do arquiteto antigo, tentando imaginar o que este teria feito. Em seu entender, tal ação seria temerária. Defendia que se deveria fazer o impossível, para que este se conservasse com seu antigo estado artístico e pitoresco, mas, por outro lado, apontava que, nas adições, se deveria indicar que não eram originais.[270]

---

[268] VIOLLET-LE-DUC, Eugène Emmanuel. **Restauração.** Tradução: Beatriz Mugayar Kühl. Cotia: Ateliê Editorial, 2000. p. 29-30-32-47-48-54-64-66-67.

[269] VIOLLET-LE-DUC, Eugène Emmanuel. Id. p. 68.

[270] BOITO, Camilo. **Os restauradores.** Tradução: Paulo Mugayar Kühl e Beatriz Mugayar

Merecem destaque as ideias do jurista e historiador de arte Alois Riegl. Em seu texto "O culto moderno dos monumentos: sua essência e sua gênese", ele definiu monumento como obra criada ou edificada pelo ser humano com o intuito de conservar viva a memória (*souvenir*) de uma ação e mantê-la presente na consciência das futuras gerações. Para Riegl, o monumento artístico é simultaneamente um monumento histórico, na medida em que representa o estágio das artes plásticas em determinado momento. E o monumento histórico também pode ser artístico, quando tiver essas qualidades. Classificou-os em intencionais, quando criados com a finalidade de fazer recordar as gerações seguintes, e não intencionais, quando foram criados sem a pretensão de servir de registro para gerações futuras. A ideia de monumento não intencional, segundo Riegl, teria origem na Itália renascentista, ao se buscar a pesquisa da arte, em vez da busca da lembrança de um passado em si. Mas, durante o século XIX, procurou-se proteger os monumentos não intencionais, porque neles se passou a reconhecer um valor histórico.[271]

Riegl analisou os monumentos a partir de valores. O primeiro deles é o valor de antiguidade, o qual atribui a validade universal ao monumento por receber carga sentimental das pessoas. Dessa maneira, o monumento é o suporte necessário para a produção da impressão da sensação de finitude, de uma especialização outrora existente, que caminha para o seu inevitável retorno ao geral, com o seu desaparecimento. Nessa perspectiva, o monumento histórico proporcionaria a reflexão sobre a transitoriedade do ser humano. As ruínas trazem a consciência do contraste entre o passado grandioso e a decadência presente. Do ponto de vista de uma política para os monumentos, o reconhecimento do valor da antiguidade teria como postulado que a degradação da coisa é um processo natural e não se deveria interferir nesse processo. O limite para a intervenção seria o de evitar um fim precoce, porque, idealmente, este monumento deveria ser intocável. Riegl reconhecia que as coisas estão sujeitas a transformações físico-químicas e que, cedo ou tarde, se desintegram. Um monumento de pedra tem longa duração,

---

Kühl. Cotia: Ateliê Editorial, 2002. p.37, 39, 44, 57, 58, 60, 61.
[271] RIEGL, Alois. **Le culte moderne des monuments. Son essence et sa genèse.** Tradução: Daniel Wieczrorek. Paris: Editions du Seuil, 1984. p. 35-38-43-49-58.

mas uma edificação de alvenaria, por outro lado, na qual há materiais inorgânicos e orgânicos, como a madeira, envelhece e perece. Preserva-se o valor da antiguidade do monumento ao evitar-se a intervenção arbitrária, não se devendo juntar ou substituir o que se degenerou sob a ação de forças naturais. Nessa perspectiva, deve-se evitar a destruição violenta pelo vandalismo, mas não se deve lutar contra os processos naturais de decomposição, para que se possam reconhecer os ciclos de criação e de destruição.[272]

O segundo valor de um monumento é o valor histórico, que tem as características opostas ao valor de antiguidade. As alterações e degradações naturais do monumento, reconhecidas pelo valor de antiguidade, geram um efeito perturbador no espectador e a degradação deve ser evitada a qualquer preço, retardando ao máximo a ação dos agentes naturais. Dever-se-iam suprimir os sinais visíveis de degradação pelos agentes naturais, completando as lacunas para reconstituí-lo na totalidade. De acordo com Riegl, é típica do século XIX a ideia de que, no restauro, importava esconder o que foi restaurado.[273] Surge, então, um conflito de valores e se deverá escolher um deles: deixar que o monumento se desintegre naturalmente, por ser um processo inevitável, ou preservá-lo, corrigindo a ação da natureza para que continue a existir.[274]

O terceiro valor consistiria no valor de rememoração intencional, pelo qual o monumento reivindica a imortalidade, o presente eterno, a perenidade do estado original, o que é obtido somente com a restauração.[275]

Trazendo essa distinção para o campo do valor de uso e valor artístico, Riegl apontava, por exemplo, que, para que um imóvel continuasse sendo usado, surgiria um conflito entre o valor de uso e o valor de antiguidade, pois, sem intervenção humana contra rachaduras ou vazamentos, a segurança dos usuários estaria em risco. Já em termos de valor artístico, este seria afetado pela busca da manutenção de seu estado de

---

[272] RIEGL, Alois. Id. p. 46-62-67-68-69-70-74.
[273] RIEGL, Alois, Id. p. 73-75-97.
[274] RIEGL, Alois. Id. p. 76.
[275] RIEGL, Alois. Id. p. 85.

"novidade" ou, em outras palavras, o estado em que o imóvel continua novo, o que se choca com o valor de antiguidade.[276]

5. O patrimônio no século XX

No início do século XX, com a intensificação da vida urbana, a qual demandava importantes transformações na ocupação do espaço em termos de moradia, lazer e mobilidade, incluindo a implantação dos novos meios de transporte, duas questões se colocavam para solução. A primeira delas estava no fato de cidades antigas - em especial, Roma - terem-se tornado monumentos a serem preservados, formados pela somatória de suas construções. Cabe aqui destacar o pensamento do engenheiro e arquiteto italiano Gustavo Giovannoni. Em um de seus trabalhos, intitulado "Velhas cidades e novos edifícios", de 1913, ele apontava que o Papa Sisto VI, ao restaurar Roma, queria demolir o Coliseu para a passagem de uma nova avenida, mas o Cardeal Santorio se opôs a isso; Napoleão I também quis demolir edifícios históricos para ampliação de avenida, mas o Cônsul Tramboni, ao lado de artistas, barrou essa medida. Porém, no século XX, o conflito irredutível entre a vida e a história voltava à tona.[277]

Giovannoni sintetizou as opiniões dos dois grupos. De um lado, os denominados "inovadores" sustentavam que cidades não eram museus ou arquivos, mas locais para viver da melhor maneira possível. A preservação não podia frear a civilização, porque as exigências do tempo presente são diversas. Não se deveria ter uma postura fetichista em relação ao passado, porque ninguém sustenta a volta do uso de roupas de épocas antigas. Salvo casos excepcionais, os imóveis deveriam ser registrados por fotografias e demolidos.[278] De outro lado, os conservadores sustentam que a vida não pode orientar-se por conceitos materiais nem se poderia prescindir de edifícios que consubstanciam a glória nacio-

---

[276] RIEGL, Alois, Id. p. 89-97.

[277] GIOVANNONI, Gustavo. **Velhas Cidades e nova Construção Urbana.** *In:* KÜHL, Beatriz Mugayar (Org). **Gustavo Giovannoni. Textos Escolhidos.** Tradução: Renata Campello Cabral, Carlos Roberto M. de Andrade e Beatriz Mugayar Kühl. Cotia: Ateliê Editorial, 2013.

[278] GIOVANNONI, Gustavo. Id. p. 95.

nal. A demolição ofenderia a tradição e suprimiria um testemunho de arte e de história. Além disso, a prosperidade de cidades também estaria no seu passado.[279]

Por outro lado, nessa mesma época, o modernismo promoveu uma revolução nas artes plásticas, na literatura e na arquitetura. Impressionados quanto à evolução técnica então existente já no início do século XX e imersos em sociedades ditas industriais, arquitetos procuraram romper com conceitos de séculos anteriores, defendendo inovações condizentes com a época em que viviam. Ademais, a sociologia que se formava como ciência social, também influenciava o pensamento arquitetônico e, consequentemente, a ideia de urbanismo, por meio do debate sobre a cidade industrial, com edifícios de altura mais elevada e bairros-jardins.

Walter Gropius, em abril de 1919, fundou em Weimar a Escola Bauhaus, a qual transcendeu o espaço físico e tornou-se uma escola de pensamento acerca do design e da arquitetura. A Bauhaus tinha por objetivo a formação criativa de designers industriais, artesãos, escultures, pintores e arquitetos.[280] No manifesto de fundação dessa escola, ele deixou transparecer a necessidade de adequação da produção artística às formas de produção então existentes por meio da divisão do trabalho e ganhos de escala.[281] Propunha a necessidade de aproximação das artes com a sociedade capitalista, o que fazia do design funcional dos objetos e a fabricação destes pela indústria algo inevitável, em vez de ainda continuarem a ser fabricados por artesãos.[282]

No tocante à arquitetura, Gropius defendia a ruptura com o passado, pois esta não deveria reproduzir estilos antigos, mas, sim, formular expressões originais que refletissem o tempo em que se vive,[283] incentivando a criação, em vez da imitação, ou fazer-se da arquitetura uma espécie de arqueologia aplicada. Questões biológicas, sociais, téc-

---

[279] GIOVANNONI, Gustavo. Id. p. 95-96.

[280] GROPIUS, Walter. **Bauhaus: novarquitetura**. Tradução: J. Guinsburg e Ingrid Dormien. Rev. Lucio Gomes Machado. 4. ed. São Paulo: Perspectiva, 1994. p. 38.

[281] GROPIUS, Walter. **Manifesto of the Staatliches Bauhaus. April 1919**. Disponível em: https://bauhausmanifesto.com . Acesso em 20 dez.2018.

[282] GROPIUS, Walter. Id. p. 37.

[283] GROPIUS, Walter. Id. p. 84.

nicas e artísticas deviam ser levadas em consideração na elaboração da arquitetura.[284] Defendia-se o estilo "clean" e que a arquitetura deveria permitir o bem-estar da vida na cidade, de modo a possibilitar a beleza das cidades, em vez de deixar que as pessoas fossem meras ferramentas do sistema industrial.[285] Por isso, disse que

> Desde a juventude eu tinha consciência da feiura caótica do nosso moderno meio-ambiente artificial, quando comparado com a unidade e beleza das velhas cidades da época pré-industrial. No decurso de minha vida convenci-me cada vez mais de que o caminho comum dos arquitetos – atenuar a desarmonia do conjunto, construindo aqui e ali um edifício bonito – é insuficiente. Ao invés devemos buscar novos valores que estejam fundamentados no conteúdo do pensamento e da sensibilidade de nossa época. [286]

A Bauhaus mudou-se em 1925 para Dessau e, em 1935, encerrou suas atividades na Alemanha, em razão da perseguição a seus professores. Porém, é com Charles-Édoouard Jeanneret-Gris, conhecido como Le Corbusier, que se tem a síntese das ideias modernas revolucionárias sobre arquitetura e urbanismo, de cidades com edifícios elevados e bairros-jardim, o que compreendia, em grande medida, a ruptura com o passado das cidades. Em 1923, ensaios publicados por Le Corbusier em Paris na revista *L'Ésprit Nouveau* deram origem ao livro intitulado *Por uma Arquitetura*, no qual se encontram as primeiras considerações dele sobre a nova arquitetura de casas. Ele preocupava-se com os aspectos sanitários das habitações, cujos imóveis antigos, contíguos e ligados por corredores, tinham pequenas janelas que não proporcionavam a incidência de luz solar ou renovação do ar, bem como a ausência de privacidade na parte interna.

Notadamente possuidor de uma visão otimista sobre a "sociedade da máquina," Le Corbusier pregava que os imóveis não podiam mais

---

[284] GROPIUS, Walter. Id. p. 27-112.
[285] GROPIUS, Walter. Id. p. 118.
[286] GROPIUS, Walter. Id. p. 17-18.

ser meros abrigos desumanos,[287] mas, sim, um local agradável de habitar-se.[288] Com isso, o imóvel residencial também deveria ter uma "arquitetura". Uma das características do pensamento de Le Corbusier era o apego às linhas retas. Para ele, os engenheiros eram arquitetos, porque priorizavam essa figura geométrica na otimização dos recursos. Considerando, ademais, os recursos técnicos que agora se tornavam disponíveis nas construções, entre os quais o ferro e o concreto, Le Corbusier defendia a ideia de que a casa deveria ser uma "máquina de morar".[289] Essas novas habitações deveriam ser edifícios de grande altura, usando linhas retas, tendo, no mínimo, vinte andares, os quais poderiam ser acessíveis por meio de elevadores. Pelo fato de as paredes não servirem mais de sustentação à construção, poder-se-ia usar o vidro como revestimento externo da edificação para maior incidência de raios solares. O interior dos imóveis deveria ser simples, sem candelabros enormes ou repleto de móveis, e equipado com armários embutidos. O andar térreo das construções deveria ser livre, apoiado por pilotis, possibilitando a circulação das pessoas e melhor aproveitamento do solo para a circulação.[290] Acreditava na obsolescência dos telhados, os quais deveriam ser planos, com jardins ou até mesmo ocupado por cafeterias.[291]

Em 1925, na obra *Urbanismo*, Le Corbusier discorreu sobre a cidade moderna e o denominado "urbanismo funcional". O início desse livro traz crítica contundente à cidade até então existente. Ele apontava que as mulas e o traçado delas abriram as cidades, inclusive Paris. Consequentemente, para ele, era inaceitável que esse estado de coisas continuasse. Enquanto o caminho das mulas era sinuoso, o caminho dos "homens" era reto. Em sua opinião, somente os romanos e Luis XIV usaram linhas retas.[292] As cidades antigas e medievais eram construí-

---

[287] LE CORBUSIER. **Por uma arquitetura**. Tradução: Ubirajara Rebouças. Revisão Paulo Salles de Oliveira. São Paulo: Perspectiva e EDUSP, 1973. p. 44.

[288] LE CORBUSIER. **Por uma arquitetura**. p. 81.

[289] LE CORBUSIER. **Por uma arquitetura**. p. 71.

[290] LE CORBUSIER. **Por uma arquitetura**. p. 37.

[291] LE CORBUSIER. **Por uma arquitetura**. p. 65.

[292] LE CORBUSIER. **Urbanismo**. Tradução: Maria Ermantina Galvão Gomes Pereira.

das em prol da defesa ou, no máximo, como entreposto comercial. A saída das cidades era na periferia, onde se localizavam as alfândegas. A expansão das cidades ocorria de forma concêntrica e as ruas formavam capilares, mas, não, artérias. Além disso, com a ferrovia, a estação principal foi construída no centro da cidade, lançando e retirando milhares de moradores de uma única vez,[293] além de ter alterado a entrada da cidade, da periferia para o ponto central.[294] Concluiu Le Corbusier que o modelo de cidade ainda estava na era pré-industrial.[295] O trânsito pesado, decorrente da abertura simultânea das atividades no mesmo horário e da pequena largura das ruas, fazia da cidade um motor emperrado e do centro da cidade a parte estreita de um funil.[296] Muito tempo se perdia nos deslocamentos entre a casa e o trabalho.

Dessa forma, Le Corbusier propunha a "retificação" das cidades, porque reto era o pensamento humano. Ele afirmava que "O ângulo reto é o instrumento necessário e suficiente para agir porquanto serve para fixar o espaço com um rigor perfeito";[297] "A casa, a rua, a cidade são pontos de aplicação do trabalho humano; devem estar em ordem..." e "Afirmamos que o homem, funcionalmente, pratica a ordem, que seus atos e seus pensamentos são regidos pela linha reta e pelo ângulo reto; que a reta lhe e um meio instintivo e é para seu pensamento um objetivo elevado".[298]

O descongestionamento das cidades era aspecto importante para Le Corbusier. As ruas não podiam mais ser estreitas, sinuosas, sem locais de estacionamento e com vários cruzamentos, o que dificultava o trânsito de pedestres e de veículos. Ao contrário, ruas tinham que ser retas[299] ou, em outras palavras, dever-se-ia admitir que não eram mais trilhas de

Revisão: Antonio Gio da Silva Andrade. São Paulo: Martins Fontes, 1992. p. 7.
[293] LE CORBUSIER. **Urbanismo**. Id. p. 106.
[294] LE CORBUSIER. **Urbanismo**. Id. p. 87.
[295] LE CORBUSIER. **Urbanismo**. Id. p. 70.
[296] LE CORBUSIER. **Urbanismo**. Id. p. 109.
[297] LE CORBUSIER. **Urbanismo**. Id. p. 10.
[298] LE CORBUSIER. **Urbanismo**. Id. p. 17.
[299] LE CORBUSIER. **Urbanismo**. Id. p. 10.

vacas, mas uma máquina de circulação.³⁰⁰ Defendia o estudo estatístico sobre o fluxo de pessoas que se deslocam dos bairros ao centro, assim como se deveriam estudar os efeitos da queima de combustível na saúde das pessoas.³⁰¹ Para ele, não fazia mais sentido a circulação de bondes pela cidade.³⁰² A cidade deveria ter uma grande via elevada sem cruzamentos, que servisse de eixo norte-sul, cujo acesso se daria por rampas de ligação com as vias locais, para facilitar o deslocamento entre o centro e os subúrbios com rapidez.³⁰³ As edificações também deveriam ser uniformes, porque não fazia mais sentido ter castelos e casebres.³⁰⁴ Retomou a ideia de grande edifícios e a implantação de grandes áreas verdes para a prática de lazer, em vez de pequenos prédios contíguos e enfileirados ao longo da rua. Le Corbusier elaborou o denominado *Plan Voisin*³⁰⁵ para Paris, por meio do qual propunha grandes intervenções urbanas, com a demolição de quarteirões para o rearranjo da cidade, inclusive porque os centros das cidades estavam "mortos". Todavia, para Le Corbusier, havia dois fatores que dificultavam essas transformações da cidade.³⁰⁶ O primeiro deles seria a "lei do menor esforço", que deixa tudo se transformar sem ordem. E o segundo seria o respeito ao passado.

Essas ideias sobre a cidade moderna eram, simultaneamente, uma ruptura com o passado, o que é natural enquanto processo histórico, mas, também, um produto do tempo em que se manifestaram, em razão de a então recente União Soviética ser, naquela época, uma proposta de uma nova sociedade igualitária, sem a elite burguesa combatida pelos revolucionários. Com o esvaziamento da propriedade privada, era possível ao Estado construir cidades em novos modelos, sem contestações. Do ponto de vista da arquitetura, embora os arquitetos não se afirmas-

---

³⁰⁰ LE CORBUSIER. **Urbanismo**. Id. p. 112.
³⁰¹ LE CORBUSIER. **Urbanismo**. Id. p. 116
³⁰² LE CORBUSIER. **Urbanismo**. Id. p. 160.
³⁰³ LE CORBUSIER. **Urbanismo**. Id. p. 159.
³⁰⁴ LE CORBUSIER. **Urbanismo**. Id. p. 67.
³⁰⁵ LE CORBUSIER. **Destin de Paris**. Paris : Nouvelles Éditions Latines, 1987.
³⁰⁶ LE CORBUSIER. **Urbanismo**. Id. p. 86.

sem como comunistas, é certo que a União Soviética foi um "mercado" atraente para a colocação em prática dessas ideias.

6. As cartas patrimoniais
Ainda nesse contexto do modernismo na arquitetura, profissionais dessa área passaram a reunir-se em encontros internacionais, inclusive pela criação e participação de concursos internacionais. O Escritório Nacional de Museus da Sociedade das Nações lançou a "Carta de Atenas de 1931", também conhecida como "Carta do Restauro". Esse documento tem sua importância não apenas na arquitetura, mas também no direito, porque nela aparecem preocupações relacionadas ao conflito entre a sociedade e o proprietário em termos de preservação do patrimônio histórico e artístico.

Em linhas gerais, no tocante ao restauro, afirmou-se a proposta de abandono das reconstituições integrais de monumentos, privilegiando-se a manutenção regular e permanente. Admitiu-se o uso de materiais contemporâneos no restauro, como o cimento, mas essas intervenções deveriam ser dissimuladas. Quando se tratasse de ruínas, materiais encontrados no local deveriam ser recolocados, mas os materiais novos deveriam ser reconhecíveis dos observadores.

No tocante aos aspectos que dizem respeito ao direito, apontou-se no item II, intitulado "Administração e legislação dos monumentos históricos", que haveria, nessa matéria, "um certo direito da coletividade em relação à propriedade privada" e que "a conferência constatou que as diferenças entre essas legislações provinham das dificuldades de conciliar o direito público com o particular". A título de recomendação, sugeriu-se que as legislações, "(...) sejam adaptadas às circunstâncias locais e à opinião pública, de modo que se encontre a menor oposição possível, tendo em conta os sacrifícios a que estão sujeitos os proprietários, em benefício do interesse geral". Também se afirmou que os Estados, em caso de urgência, podiam tomar medidas de conservação. Além disso, sustentou-se a necessidade de harmonizar as construções modernas com as construções antigas, quando estas fossem vizinhas, e a preservação de perspectivas pitorescas, plantações, ornamentos vegetais, além da "supressão de toda publicidade, de toda presença abusiva de postes ou fios telegráficos, de toda indústria ruidosa, mesmo de altas chaminés, na vizinhança ou na proximidade dos monumentos, de arte ou de história".

Outro aspecto da "Carta de Atenas de 1931" refere-se à educação patrimonial, a qual foi considerada como a maneira mais importante de preservação dos monumentos. Pediu-se aos educadores para que conscientizassem as crianças e adolescentes a absterem-se de danificar os monumentos e que adquirissem maior interesse pela proteção do patrimônio. Para isso, recomendou-se aos Estados a elaboração de inventários de monumentos históricos nacionais. Como se pode verificar, as ideias da "Carta de Atenas de 1931", de certo modo, já consubstanciavam os conflitos existentes entre o Estado e o particular em matéria de preservação do patrimônio, como também se falava da área da necessidade de adequação do entorno do bem a ser preservado e a necessidade de registro do patrimônio por meio de inventário.

Em 1933, no 4º Congresso Internacional de Arquitetos Modernos – CIAM, elaboraram-se princípios relativos ao urbanismo, os quais são conhecidos como "Carta de Atenas de 1933" ou "Carta do Urbanismo". Essa reunião era para ser realizada em Moscou, mas acabou se realizando em um cruzeiro entre Marselha e Atenas. Essa carta não foi lançada em 1933, mas, sim, em 1941, porque Le Corbusier, de forma anônima, redigiu as proposições e fez comentários abaixo de cada um deles. Portanto, havia transcorrido mais de uma década entre a reunião de 1933 e o lançamento da carta uma década depois. Ocorre que se lançou uma outra "Carta de Atenas" nos Estados Unidos, com versão diversa e uma terceira "Carta de Atenas" na Holanda. De qualquer modo, a versão de Le Corbusier acabou prevalecendo.[307]

Na "Carta de Atenas de 1933", vê-se a influência de Le Corbusier quanto ao seu conteúdo, de tal modo que se pode considerar ser esse texto uma síntese do que ele defendeu em seus livros. Embora sejam muito interessantes as proposições sobre a cidade, focar-se-á, nesse trabalho, nas proposições sobre o patrimônio histórico, formuladas nos itens 65 a 70.

---

[307] SCHERER, Rebeca. Apresentação. *In*: LE CORBUSIER. **A Carta de Atenas**. São Paulo: USP, Hucitec, 1986. s.p.

65   Os valores arquitetônicos devem ser salvaguardados (edifícios isolados ou conjuntos urbanos)
66   Eles serão salvaguardados se constituírem expressão de uma cultura anterior e se corresponderem a um interesse geral...
67   ... se sua conservação não acarreta o sacrifício de populações mantidas em condições insalubres...
68   ... se for possível remediar sua presença prejudicial com medidas radicais: por exemplo, o desvio de elementos vitais de circulação ou mesmo o deslocamento de centros considerados até então imutáveis.
69   A destruição de cortiços ao redor dos monumentos históricos dará a ocasião para criar superfícies verdes.
70   O emprego de estilos do passado, sob pretextos estéticos, nas construções novas erigidas nas zonas históricas, tem consequências nefastas. A manutenção de tais usos ou a introdução de tais iniciativas não serão toleradas de forma alguma.

Nas notas relativas a essas cinco proposições, as quais aparecem embaixo de cada uma destas, Le Corbusier afirmou que as construções formam a alma da cidade e são "testemunhos precisos do passado que serão respeitados, a princípio, por seu valor histórico ou sentimental, depois porque alguns trazem em si uma virtude plástica na qual se incorporou o mais alto grau de intensidade do gênio humano".[308] Todavia, essas obras humanas também morrem, assim como os humanos, inexistindo um direito à perenidade. Por isso, quando essas construções prejudicarem a cidade, deve-se fazer uma seleção, preservar um único exemplar ou, em último caso, removê-la para outro lugar, ou, quando isso for impossível, desviar a cidade para outro lugar. De qualquer forma, na opinião de Le Corbusier,

> um culto do passado não pode levar a desconhecer as regras da justiça social. Espíritos mais ciosos do estetismo do que da solidariedade militam a favor da conservação de certos velhos bairros pitorescos, sem

---

[308] LE CORBUSIER. **A Carta de Atenas**. São Paulo: USP, Hucitec, 1986. s.p.. Nota à proposição 65.

se preocupar com a miséria, a promiscuidade e as doenças que estes abrigam. É assumir uma grave responsabilidade. O problema deve ser estudado e pode às vezes ser eliminado por uma solução engenhosa; mas, em nenhum caso, o culto do pitoresco e da história deve ter primazia sobre a salubridade da moradia da qual dependem tão estreitamente o bem-estar e a saúde moral do indivíduo.[309]

Em 1964, ano em que a Itália iniciou grande levantamento do estado de seu patrimônio cultural, lançou-se no Segundo Congresso Internacional do Conselho Internacional de Monumentos e Sítios – ICOMOS a denominada "Carta de Veneza",[310] acerca da conservação e restauração desses bens. Por meio desse documento, reconhece-se a importância de manutenções permanentes, mas essa atividade deve ter uma finalidade social. Não se devem alterar monumentos, nem removê-los de lugar, salvo, neste caso, por justificativas de grande interesse nacional ou internacional, ou retirar esculturas, pinturas ou elementos decorativos. Esta carta patrimonial traz, de acordo com Beatriz Kühl,[311] o "restauro crítico", pois essa atividade deve ser executada até onde não se sabe como era o original, ou "termina onde começa a hipótese". Deve-se indicar com clareza que modificações de técnicas posteriores foram realizadas no local, distinguindo-se, ademais, no local, o que foi inserido em relação à parte original.

Por fim, o patrimônio cultural, outrora considerado um obstáculo, converteu-se em negócio, tornando-se objeto do turismo.[312] Assim,

---

[309] LE CORBUSIER. **A Carta de Atenas**. São Paulo: USP, Hucitec, 1986. s.p.. Nota à proposição 67.

[310] ICOMOS. **Carta internacional sobre conservação e restauração de monumentos e sítios, de 23 a 31 de maio de 1964.** Disponível em: portal.iphan.gov.br/uploads/ckfinder/arquivos/Carta%20de%20Veneza%201964.pdf . Acesso em: 30 abr.2016.

[311] KUHL, Beatriz Mugayar. Notas sobre a Carta de Veneza. **Anais do Museu Paulista: História e Cultura Material.** São Paulo, v. 18, n. 2, p. 287-320, Dez. 2010. Disponível em: <http://www.scielo.br/scielo.php?script=sci_arttext&pid=S0101-47142010000200008&lng=en&nrm=iso>. Acesso em: 20 dez.2018.

[312] Cf. ICOMOS. Carta do Turismo Cultural (1976). Disponível em: portal.iphan.gov.br/uploads/.../Carta%20de%20Turismo%20Cultural%201976.pdf. Acesso em: 20 dez.2018.

simultaneamente, o edifício isolado ou o conjunto deles, além do valor cultural, de enriquecimento pessoal, tem valor de uso. A proteção conferida pelo Estado ou por organismos internacionais se torna um "selo de qualidade" da mercadoria a ser consumida pelos turistas. Em referência a esse ponto, Ulpiano Toledo Bezerra de Meneses critica o uso da palavra "centro", porque a ela se opõe a periferia, o que já indica o desprestígio para com a cultura periférica. Musealizações de cidades e dos centros históricos seriam enganos paliativos aos desequilíbrios da vida contemporânea. Para esse mesmo autor, o turismo é, hoje, espécie de "voyeurismo cultural", em que os turistas são desterritorializados, alienados, desvinculados do local, com guias turísticos precisando narrar o que estão vendo. Esta prática prejudica a vida dos habitantes locais. O exemplo dado pelo autor é o de um *cartoon* em que uma senhora está orando fervorosamente em uma catedral gótica e o guia interrompe a oração dela para dizer-lhe que está atrapalhando as fotografias dos turistas.[313]

7. A legislação relativa à proteção do patrimônio na Europa

Enquanto debates entre arquitetos ocorriam na Europa em termos de restauração do patrimônio e, posteriormente, na modernização das cidades para atendimento das necessidades urbanísticas do século XX, leis sobre a proteção do patrimônio eram editadas na Europa. Se, de um lado, a legislação pretendia conservar imóveis antigos ou conjuntos arquitetônicos em seu estado original, tem-se, de outro lado, o funcionalismo na arquitetura e no urbanismo, assim como o pensamento moderno sobre restauração, que parece passar ao largo da legislação editada ao longo do século XX nos diversos países. Observar-se-á que se construiu um arcabouço jurídico comum entre os Estados. A seguir, serão apresentados quatro países: França, Itália, Espanha e Portugal. O critério usado para a escolha desses países foi, em relação à França, por ser a matriz doutrinária sobre a matéria; Itália e Espanha, pelo vasto patrimônio cultural. Por

---

[313] MENESES, Ulpiano Toledo Bezerra de. Os 'usos culturais' da cultura: contribuição para uma abordagem crítica das práticas e políticas culturais. *In*: YAZIGI, Eduardo; CARLOS, Ana Fani Alessandri; CRUZ, Rita de Cássia Ariza da (Orgs). **Turismo: espaço, paisagem e cultura**. São Paulo: Hucitec, 1996. p.94-95-96-97-98.

fim, Portugal, especialmente pelo desenvolvimento legislativo através dos diplomas legais editados, como também pela influência da Constituição desse País. É certo que se trata de uma descrição normativa, a qual se sugeriu figurasse nesse trabalho, para que o leitor brasileiro pudesse conhecer as eventuais fontes legislativas nas quais o legislador brasileiro se inspirou para a edição do Decreto-lei n.° 25, de 1937, assim como se procurou tão-somente concentrar-se na legislação relativa a bens imóveis, deixando-se de analisar a matéria para móveis, assim como aos patrimônio arqueológico, subaquático e imaterial.

7.1. França

A legislação francesa é a primeira a ser descrita, porque, ao que parece, serviu de modelo para a legislação de seus vizinhos, devido à influência cultural desse País.

A primeira ideia usada para a proteção do patrimônio cultural consistiu na tarefa de conscientização, como também pelo *classement* – algo equivalente ao registro - do bem no inventário artístico da França, conforme sugerido por Guizot. Em 1862 fez-se a primeira lista provisória e uma nova lista foi editada em 1875.[314] Porém, entendendo ser insuficiente a proteção por meio dessa lista, M. Wallon, ministro da instrução pública francês, propôs neste mesmo ano de 1875 um projeto de lei para limitar o direito de propriedade dos bens registrados. Conforme relatou Jules Challamel, esta ideia não foi adiante, porque, durante os trabalhos legislativos, entendeu-se que se tratava de atentado a esse direito. Houve a tentativa de emenda, mas, ao final, este projeto acabou sendo arquivado. Em 1882, novo projeto foi apresentado e este acabou sendo aprovado em 1887.[315]

Assim, o primeiro diploma legal com as características que se mantêm nessa matéria, isto é, mediante intervenção do Estado na propriedade privada, foi a Lei de 30 de março de 1887,[316] relativa à conservação de monumentos históricos e objetos de arte. Assim, esta lei estabele-

---

[314] CHALLAMEL, Jules. Id. p. 5.

[315] CHALLAMEL, Jules. Id. p. 11-13.

[316] FRANÇA. **Loi du 30 mars 1887 sur la conservation des monuments historiques et des objets d'art**. *In*: CHALLAMEL, Jules. Id. p. 27-35.

cia no art. 1º que o imóvel qualificado como de interesse nacional seria *classé* (agora, com o significado de "tombado"), total ou parcialmente, pelo Ministério da Instrução Pública. A partir de então, de acordo com o art. 4º, não poderia sofrer restauração, reparação ou modificação sem consentimento do referido Ministério. Curiosamente, para que esta lei fosse aprovada, estabeleceu-se que o *classement* somente podia ser feito mediante consentimento do proprietário (art. 3º). Apenas na hipótese de recusa se previa a desapropriação (art. 5º), uma vez que, de acordo com Jules Challamel, apenas cinco por cento dos imóveis era de propriedade de particulares.[317] Já a desapropriação por utilidade pública somente poderia ser realizada após a aprovação pelo ministério, dispensando-se a obediência às servidões de alinhamento das ruas (art. 4º), o que se justificava pela retificação dos contornos das cidades. A sanção era a condenação ao pagamento de indenização por perdas e danos em caso de obras realizadas sem autorização do ministério (art. 12).

Em 31 de dezembro de 1913,[318] promulgou-se nova lei sobre monumentos históricos cujo centenário foi inclusive celebrado na França.[319] De acordo com o art. 5º desta lei, o *classement* do bem requeria o consentimento do proprietário. Porém, nesse mesmo artigo, diferentemente da Lei de 1887, em caso de oposição do proprietário, previa-se, nesse caso, o pagamento de indenização pela servidão imposta ao proprietário pelo prejuízo sofrido por meio de propositura de ação em até seis meses a contar da data do decreto de *classement*. Também se manteve a previsão de desapropriação do imóvel por utilidade pública (art. 6º). Os efeitos da qualificação do bem como de interesse nacional consistiam em informar o adquirente sobre a existência desse gravame relativo ao imóvel (art. 8º), em razão da peculiaridade do regime da compra e venda, cuja transferência do imóvel se opera sem a necessidade de

[317] CHALLAMEL, Jules. Id. p. 14.

[318] FRANÇA. **Loi sur les monuments historiques. Le 31 décembre 1913.** Disponível em: http://www.culture.gouv.fr/content/download/75027/572280/version/1/file/JO1914_01_04. pdf. Acesso em: 20 dez.2018.

[319] FRANÇA. Ministério da Cultura. **Centenaire de la loi de 1913.** Disponível em: http://www.culture.gouv.fr/Thematiques/Monuments-historiques-Sites-patrimoniaux-remarquables/Presentation/Focus/Centenaire-de-la-loi-de-1913. Acesso em: 20 dez.2018.

registro na matrícula do imóvel. Entre as obrigações do proprietário, estatuiu-se a necessidade de notificação ao Ministério das Belas-Artes sobre a intenção de venda do imóvel (art. 8º), a proibição da destruição parcial ou total do imóvel, a reparação ou modificação sem aprovação do referido Ministério (art. 9º) e a proibição de aquisição de bens culturais por usucapião (art. 12). O artigo 9º também estabeleceu a possibilidade do Estado fazer as reformas necessárias no imóvel sob *classement* à custa do Erário.

Posteriormente, a Lei Malroux (Loi 62-903, de 4 de agosto de 1962), bastante festejada, estabeleceu incentivos para a recuperação de conjuntos de imóveis históricos componentes patrimônio cultural francês para fins de revitalização do espaço urbano.

Atualmente, a proteção aos bens culturais na França está consolidada no *Code du Patrimoine* (Ordonnance nº. 2004-178, de 20 de fevereiro),[320] o qual contém disposições gerais sobre o tema, entre as quais a circulação e restituição de bens culturais, assim como o regime dos arquivos, bibliotecas, museus e patrimônio arqueológico, que já eram objeto de leis específicas. Define-se patrimônio como o "conjunto dos bens, imóveis ou móveis, de propriedade pública ou privada, que apresentam um interesse histórico, artístico, arqueológico, estético, científico ou técnico" (artigo L1) e considerados como tesouros nacionais (L111-1). No Livro VI, encontra-se a disciplina dos monumentos históricos, sítios patrimoniais de destaque e de qualidade arquitetônica. Por tratar-se de consolidação, repetem-se as normas então existentes na lei de 1913, sendo algumas delas *ipsis litteris*. Manteve-se aquela regra de que o *classement* se opera com o consentimento do proprietário, mas quando este se recusa, este é realizado compulsoriamente pelo Conselho de Estado, assegurando-se indenização em caso de prejuízo (L621-6). Quando o bem for inscrito como monumento nacional pelo *classement*, este não poderá ser modificado ou demolido sem prévia comunicação prévia à autoridade (L621-27) e torna-se obrigado a conservá-lo (L621-29-1), podendo receber, inclusive, assistência gratuita do Estado (L621-29-2).

---

[320] FRANÇA. **Ordonnance nº. 2004-178, du 20 février 2004 relative à la partie législative du code du patrimoine**. Disponível em: www.legifrance.gouv.fr. Acesso em: 20ddez.2018.

Definiu-se como área de entorno aquela inclusa no raio de quinhentos metros do bem protegido (art. L621-30-1).

A autoridade administrativa pode, por conta do Estado, realizar trabalhos de reparação indispensáveis à conservação dos monumentos (L621-11), assim como pode notificar o proprietário para que o faça, mas o Estado suportará até cinquenta por cento do valor da reforma (L621-12), garantindo-se o reembolso do que se gastou em nome do proprietário por meio de imposto, exigível em parcelas em até quinze anos, ou por meio de hipoteca legal (L621-14), cujo valor será exigido imediatamente no ato da venda do imóvel, ou por meio da desapropriação (L621-13). Pode-se ainda determinar que permaneça protegido o imóvel ameaçado, mas que não tenha passado por processo de *classement*, pelo prazo de um ano, para a tomada de providências para sua proteção definitiva, caso sejam pertinentes (L621-7).

7.2. Itália

A legislação italiana tinha e ainda tem por característica voltar-se, precipuamente, à proteção dos bens culturais de titularidade do Estado. Nessas leis, há referência a bens de particulares, mas em caráter subsidiário. Uma explicação para esse fato é o entendimento de que os bens culturais pertencentes aos particulares são de "alto risco" e merecem maior controle, porque podem visar ao lucro e desnaturá-los enquanto bens culturais, fazendo-os perder valor. Por isso, o Estado tem o direito de preferência, a desapropriação e vale-se de sanções criminais para fins de proteção desse patrimônio.[321]

Embora houvesse leis dos antigos reinos voltada à proteção do patrimônio, considera-se como primeira lei a Legge n.º 364, de 1909,[322] a qual estabelecia aos particulares a prévia autorização do Ministério da Instrução Pública para alienação de imóveis considerados bens de interesse histórico, arqueológico, paleoetnológico, paleontológico ou artístico, posto que o Estado tinha direito de preferência na aquisição

---

[321] CORTESE, Wanda. **I beni culturali e ambientali. Profili normativi**. Padova: Cedam, 1999. p. 117-118.

[322] ITALIA. **Legge 20 giugno 1909, n. 364.** Disponível em: www.archeologia.beniculturali.it/getFile.php?id=429. Acesso em: 20 dez.2018.

(artigos 5º e 6º). A partir de então, o imóvel não poderia ser demolido, removido, modificado nem restaurado sem autorização ministerial (artigo 12). Definia-se a possibilidade de criação de área envoltória do imóvel protegido, com o intuito de assegurar a perspectiva e a incidência de luz originais (artigo 14). Em caso de deterioração ou iminência de que isso acontecesse, o Estado poderia desapropriar o imóvel (artigo 7º).

Em 1939, promulgou-se a Legge n.° 1089[323], a qual, embora mais analítica, não modificou substancialmente as regras relativas aos particulares cujos bens fossem considerados de interesse artístico, histórico, arqueológico e etnográfico. Manteve-se a proibição de demolição, remoção, modificação ou restauração sem autorização ministerial (artigo 11) e permitiu que superintendentes fizessem a inspeção do estado de conservação da coisa (artigo 9º). Destaca-se que o particular deveria reembolsar o Estado pelas despesas com a obra realizada no imóvel; caso não houvesse o reembolso, o Estado poderia adquiri-la, fixando o preço estimado (artigo 17). Previu-se o direito de preferência do bem (artigo 31), tanto em caso de alienação *inter vivos* quanto por sucessão *causa mortis*, ao mesmo tempo em que se mantinha a previsão da criação da área envoltória (artigos 30 e 31).

O governo italiano, por meio da Lei de 26 de abril de 1964, designou comissão para levantamento do estado do patrimônio cultural italiano nos mais diversos segmentos e elaboração de propostas de reforma da legislação vigente. Essa comissão, conhecida por "Comissão Franceschini", elaborou trabalho de três volumes, intitulado "Atti e documenti della Commissione d'indagine per la tutela e la valorizzazione del patrimonio storico, archeologico, artístico e del paesagio". Nesse trabalho, foram apresentadas oitenta e quatro declarações e nove recomendações. Nela se sintetizam os entendimentos já previstos nas legislações.[324]

---

[323] ITALIA. **Legge 1 Giugno 1939, n. 1089. Tutela delle cose d'interesse artístico o storico**. Disponível em: https://librari.beniculturali.it/export/sites/dgbid/it/documenti/Normativa/Legge_1_giugno_1939_n_1089.pdf . Acesso em: 20 dez.2018.

[324] ITALIA. **Atti della Commissione Fraceschini. Dichiarazioni I-LVII**. Disponível em www.icar.beniculturali.it/biblio/pdf/Studi/franceschini.pdf . Acesso em: 30 abr.2016.

Todavia, a Lei de 1939 só foi revogada em 2004, com a promulgação do vigente *Codice dei Beni Culturali*,[325] o qual continua predominantemente voltado aos bens do Estado, tratando de forma subsidiária os bens privados e os bens da Igreja Católica. Tal entendimento infere-se do artigo 2.2, de acordo com o qual "são bens culturais as coisas imóveis e móveis, que, nos termos dos artigos 10 e 11, apresentam interesse artístico, histórico, arqueológico, etnoantropológico, arquivístico e bibliográfico, bem como as outras coisas individualizadas pela lei ou com base na base nesta, cujo testemunho tenha valores de civilização". Como princípio, pelo artigo 1.2, afirma-se que "a tutela e a valorização do patrimônio cultural concorrem a preservar a memória da comunidade nacional e do seu território e a promover o desenvolvimento da cultura".

Define-se patrimônio cultural como o conjunto de bens culturais e de bens paisagísticos (artigo 2.1). Por sua vez, o artigo 10.1 define que "são bens culturais as coisas imóveis e móveis que pertencem ao Estado, às regiões, a outros entes públicos territoriais, assim como a qualquer outro ente ou instituto público e a pessoas jurídicas privadas sem fins lucrativos que têm interesse artístico, histórico, arqueológico ou etnoantropológico".

Quanto ao particular, o artigo 839 do Código Civil italiano dispõe que "as coisas de propriedade privada, imóveis e móveis, que tenham interesse artístico, histórico, arqueológico ou etnográfico, são sobrepostas às disposições de lei especial". Em consulta aos Comentários ao Código Civil italiano, afirmou-se expressamente que este artigo não tem aplicação direta.[326] Dessa forma, aplica-se o *Codice dei Beni Culturali*, cuja disciplina é reduzida aos particulares, ante o conjunto de normas contidas neste texto legal. O artigo 1.5 e o artigo 30.3 estabelecem que os proprietários privados, possuidores ou detentores de bens culturais devem garantir a conservação destes bens.

---

[325] ITALIA. **Decreto Legislativo 22 gennaio 2004, n. 42 recante il "Codice dei beni culturali e del paesaggio", ai sensi dell'articolo 10 della Legge 6 luglio 2002, n. 137.** Disponível em: https://www.beniculturali.it/mibac/multimedia/MiBAC/documents/1226395624032_Codice2004.pdf. Acesso em: 20 dez.2018.

[326] CENDON, Paolo (Org.). **Comentario al Codice Civile. Artt. 810-951. Beni – Pertinenze – Frutti – Demanio – Proprietà**. Milano: Giuffrè, 2009. p. 388.

O *Codice dei Beni Culturali* estabelece medidas de conservação do patrimônio cultural nos artigos 29 e seguintes. Em termos principiológicos, afirma-se que esta se efetua mediante uma "coerente, coordenadas e programada atividade de estudo, prevenção, manutenção e restauro", cabendo aos proprietários essa obrigação (artigo 30.3), a qual pode ser voluntária (artigo 31) ou imposta (artigo 32).

O artigo 31.1 impõe que "o restauro e outras intervenções conservativas em bens culturais por iniciativa do proprietário, possuidor ou detentor a qualquer título devem ser autorizadas nos termos do artigo 21", o qual se refere sobre a necessidade de autorização ministerial para demolição e reconstrução de bens culturais. Já, pelo artigo 32.1, "o Ministério pode impor ao proprietário, possuidor ou detentor a qualquer título as intervenções necessárias para assegurar a conservação dos bens culturais, ou fazê-la diretamente" e, de acordo com o artigo 34.1, "os ônus pela intervenção sobre bens culturais, impostos ou exigidos diretamente pelo Ministério nos termos do artigo 32, ficam a cargo do proprietário, possuidor ou detentor. Todavia, se as intervenções são de particular relevância ou são exigidas sobre bens de uso ou fruição públicos, o Ministério pode concorrer total ou parcialmente com essas despesas (...)". Nesse caso, nos termos do artigo 35 o Ministério pode financiar até metade da obra; caso seja de interesse público, poderá financiar a totalidade da obra, assim como, no artigo 37, pode financiar empréstimo para a realização da obra a juros de seis por cento ao ano.

7.3. Espanha

Na Espanha, houve diversas leis de proteção do patrimônio cultural. Em 14 de março de 1915, promulgou-se a Lei dos Monumentos,[327] segundo a qual se estabelecia o direito de preferência do Estado na aquisição do bem considerado como monumento arquitetônico-artístico e vedava-se a realização de obras sem a autorização do Ministro da Instrução Pública. Todavia, interessante destacar que, em caso de reconstrução ou reparação de um monumento, isentavam-se os impostos municipais,

---

[327] ESPANHA. **Ley de los monumentos de 5 de marzo de 1915**. Disponível em: www.boe.es/datos/pdfs/BOE/1915/064/A00708-00709.pdf . Acesso em: 20 dez.2018.

além de impor às companhias ferroviárias o dever de transportar os materiais de reconstrução mediante cobrança da tarifa mínima, além de permitir o usufruto de monumentos do Estado para administração de particulares.

Em 1926, editou-se o Real Decreto Ley sobre proteção e conservação da riqueza artística, em cujo preâmbulo apontava a ineficácia da Lei de 1915 na proteção do "tesouro artístico-histórico espanhol".[328] Aliás, definiu-se no artigo 1º que "constitui o tesouro artístico arqueológico nacional o conjunto de bens móveis e imóveis dignos de ser conservados para a nação por razões de arte e cultura" e o artigo 2º explicitou os bens imóveis que comporiam tal conjunto, entre os quais, por exemplo, aqueles definidos na alínea "b", como "edificações ou o conjunto delas, sítios e lugares de reconhecida e peculiar beleza, cuja proteção e conservação sejam necessárias para manter o aspecto típico, artístico e pitoresco da Espanha, sempre que assim se tenha declarado ou venha a ser declarado pelo Ministério de Instrução Pública e Belas Artes", como também os do artigo 3º, nos seguintes termos: "Entende-se por monumento do tesouro artístico não somente os edifícios, ruínas, sítios, covas e abrigos que, por serem recordações de alguma época ou sucesso de relevo culminante na História, mereçam tal declaração, além daqueles que, por seu mérito artístico ou antiguidade, qualquer que seja o seu estilo, obtenham tal declaração, de acordo com os preceitos desse decreto-lei".

Vale destacar que, nesta lei, entendia-se ser de utilidade pública a conservação dos monumentos e do caráter típico dos povos e cidades que mereçam proteção (artigo 7º). O artigo 8º dispunha que os monumentos não podiam ser demolidos sem autorização prévia do Ministério, salvo quando fosse impossível a sua conservação; do mesmo modo, vedavam-se obras de modificação e reparação dos edifícios (artigo 14). O Estado poderia compelir o proprietário a restaurar o imóvel, concedendo subvenção a ser paga na ocasião da alienação do imóvel (artigo 12) ou promovendo a desapropriação, quando a manutenção fosse muito onerosa ao dono (artigo 13). Previu-se a desapropriação por uti-

---

[328] ESPANHA. **Real Decreto-Ley de 9 de agosto de 1926 sobre protección y conservación de la riqueza artística**. Disponível em: https://www.boe.es/datos/pdfs/BOE//1926/.../A01026-01031.pdf Acesso em: 20 dez.2018.

lidade pública de imóveis contíguos que impedissem a contemplação ou causassem dano ao monumento, muralha, castelo e torre (artigo 12). Proibiu-se a exportação de imóveis desmontados ou de suas partes integrantes (artigo 8º), assim como a retirada de materiais e elementos de construção de monumentos sem dono que, de tempos imemoriais, se reputem como propriedade do Estado (artigo 18).

Nessa lei já havia alguma preocupação com o planejamento urbano em face do patrimônio cultural. Autorizou-se a concessão de monumentos do Estado, assim como monastérios, conventos, castelos e ruínas, para custódia por corporações ou entidades particulares mediante isenção de impostos por noventa e nove anos (artigos 15 e 16), e a determinação de elaboração de inventário do estado dos monumentos na Espanha (artigo 17). Merece destaque a previsão do artigo 21 sobre cidades e povoados total ou parcialmente declarados como inclusos no tesouro artístico-nacional, para os quais se deveriam elaborar plano topográfico e marcações com tinta especial os locais em que se não poderia fazer obras sem autorização prévia, bem como, no artigo 22, impôs-se o dever da prefeitura de criar preceitos obrigatórios e especiais dos monumentos típicos e o destaque do que, nas construções modernas, se deve conservar por sua originalidade e caráter.

Em 1933, promulgou-se nova lei na Espanha,[329] cujo conteúdo é bastante peculiar. De um lado, incorporaram-se importantes instrução sobre restauro no artigo 19, segundo a qual, neste caso, se limitaria ao absolutamente indispensável e se deveriam deixar reconhecíveis os acréscimos feitos. Definia, no artigo 30, que "consideram-se os edifícios declarados monumentos histórico-artísticos como monumentos públicos para os efeitos contributivos", bem como especificava a regra de proibição de exportação total ou parcial de imóveis com mais de cem anos de antiguidade (artigo 35). De outro lado, tem-se lado que esta lei também tinha aspecto intervencionista do Estado. Por exemplo, o artigo 2º estabelecia que "os proprietários, possuidores e usuários de imóveis e dos objetos móveis definidos no artigo anterior,

---

[329] ESPANHA. Ley de 25 de mayo de 1933 relativa ao Patrimonio Artistico Nacional. Disponível em: https://www.boe.es/datos/pdfs/BOE/1933/.../A01393-01399.pdf Acesso em: 20 dez.2018.

sejam Corporações oficiais, entidades civis e eclesiásticas, pessoas jurídicas ou naturais, responderão perante os Tribunais pelas obrigações que por esta lei se estabelecem". No mesmo sentido, estabeleceu-se no artigo 5º que "A Direção-Geral de segurança, de acordo com a de Belas-Artes, constituirá certo número de policiais especializados nas matérias de que se ocupa esta lei e destinados a perseguir as infrações (...)".

Assim como as demais legislações da época, o artigo 17 estabelecia que, uma vez iniciado o processo de declaração de um imóvel como monumento histórico-artístico, este não podia mais ser demolido, reformado e as obras em andamento seriam paralisadas. O proprietário não podia realizar obras sem aprovação da Junta Superior do Tesouro Artístico, em conformidade com o parecer do arquiteto conservador da zona. Seriam obrigados a restaurar o imóvel, quando determinado pela referida Junta e poderiam receber auxílio financeiro para tanto ou, então, sofrer desapropriação (artigo 24). Previa-se a desapropriação em caso de uso indevido (artigo 26) ou na hipótese de os imóveis contíguos estarem impedindo a contemplação ou oferecendo risco ao imóvel protegido (artigo 34).

Em 1978, a Constituição espanhola[330] declarou, no artigo 46, que "os poderes públicos garantirão a conservação e promoverão o enriquecimento do patrimônio histórico, cultural e artístico dos povos da Espanha e dos bens que o integram, qualquer que seja o seu regime jurídico e sua titularidade. A lei penal sancionará os atentados contra esse patrimônio". Em vista disso, em 1981, elaborou-se projeto de uma nova lei de proteção ao patrimônio, com o intuito de corrigir os defeitos da lei de 1933.[331] Em 1985, converteu-se em lei[332] e atualmente em vigor.

---

[330] ESPANHA. **Constitución de 29 de diciembre de 1978**. Disponível em: http://www.senado.es/web/conocersenado/normas/constitucion/index.html . Acesso em: 20 dez.2018.

[331] ALEGRE ÁVLIA, Juan Manuel. **Evolución y regimen jurídico del patrimonio histórico. Tomo 1. La configuración dogmática de la propriedade histórica en la ley 16/1985, de 25 de junio, del Patrimonio HIstorico Español**. Getafe-Madrid: Ministério de Cultura, 1994. p. 281

[332] ESPANHA. **Ley 16/1985, de 25 junio, del Patrimonio Historico Español**. Disponível

A Ley 16/1985 menciona em seu preâmbulo que os bens protegidos são testemunhos da contribuição histórica dos espanhóis à civilização universal e à capacidade criativa contemporânea deles. Faz referência à função social dos bens culturais como expressão do direito à cultura nos artigos 4º e 7º.[333] Estabeleceu-se que estes bens de interesse cultural serão inscritos no Registro Geral (artigo 12). Em se tratando de imóveis, enfatiza-se a proteção dos monumentos, jardins, conjuntos, sítios históricos e zonas arqueológicas, bem como o entorno, considerando-o como inseparável do bem. Proíbe-se a demolição ou remoção, assim como a realização de obras sem autorização dos organismos competentes (artigos 19 e 23). Veda-se a colocação de publicidade comercial, cabos, antenas e condutores aparentes (artigo 19), assim como a construção que altere o caráter do imóvel. Pelo artigo 36, segundo o qual "os bens integrantes do Patrimônio Histórico Espanhol deverão ser conservados, mantidos e custodiados pelos seus proprietários ou, em seu caso, pelos titulares de direitos reais ou pelos possuidores de tais bens". Nesse mesmo artigo, define-se que, caso o proprietário não faça as obras necessárias, a administração poderá realizar por si mesma ou ordenar a sua execução subsidiária, incluindo antecipação de recursos para a obra, mediante inscrição do crédito concedido no registro do imóvel, ou, em último caso, realizar a desapropriação. Caso o bem seja potencialmente considerado de interesse cultural, pode-se impedir a demolição do mesmo e a administração terá trinta dias para decidir se prosseguirá com não com a abertura de processo de declaração do bem como de interesse cultural (artigo 37). Manteve-se o direito de prefe-

em: https://www.boe.es/eli/es/l/1985/06/25/16/con. Acesso em: 20 dez.2018.

[333] Ley 16/1985. "Artigo quarto. Para efeitos da presente Lei, entende-se por espoliação toda ação ou omissão que coloque em perigo de perda ou destruição todos ou alguns dos valores dos bens que integram o Patrimônio Histórico Espanhol, ou que perturbe o cumprimento de sua função social. (...)" e "Artigo sétimo. Os 'Ayuntamientos' cooperarão com os organismos competentes para a execução desta Lei na conservação e custódia do Patrimônio Histórico Espanhol, compreendido em seu termo municipal, adotando medidas oportunas para evitar sua deterioração, perda ou destruição. Notificarão à Administração competente qualquer ameaça, dano ou perturbação de sua função social que tais bens sofram, assim como as dificuldades e necessidades que tenham para o cuidado destes bens.(...)".

rência na aquisição (artigo 38) e, por fim, que qualquer pessoa possa solicitar a inscrição de declaração do bem como de interesse cultural (artigo 10) e levar a conhecimento da administração o perigo de destruição ou deterioração (artigo 8º).

Por fim, o artigo 39 leva em conta as questões relativas ao restauro, ao determinar-se que não se deve proceder à reconstrução, exceto com partes originais ali encontradas e desde que assegurada a sua autenticidade. Na hipótese de reconstrução para a estabilidade e manutenção da construção, as adições devem ser evidenciadas. Do mesmo modo, pode-se proceder à eliminação de partes do imóvel, quando isso for necessária para melhor interpretação histórica do mesmo, desde que se documente a remoção da supressão feita.

7.4. Portugal

A legislação portuguesa moderna relativa à proteção do patrimônio cultural merece atenção especial por causa de seu conteúdo bem desenvolvido, como por sua forma peculiar de exposição da matéria. Houve a edição de vários diplomas legais, os quais podem ser agrupados em dois conjuntos. O primeiro deles refere-se àqueles editados entre décadas de 1910 e 1930, com projeções pelas décadas seguintes; o segundo deles refere-se àqueles editados entre as décadas de 1980 e 2000. Dessa forma, observa-se que a lei vigente consiste na somatória das contribuições das leis anteriores, renovada por conta da própria transformação da visão sobre o patrimônio cultural.

Como já mencionado anteriormente, o Alvará de 20 de agosto de 1721 é considerado um marco da proteção do patrimônio em Portugal. Tal diploma legal foi reeditado por D. João VI em 4 de fevereiro de 1802.[334] Ademais, o Decreto de 30 de dezembro de 1901 aprovou bases para a classificação dos imóveis como monumentos nacionais.[335] Assim,

---

[334] SILVA, Antonio Delgado da. **Collecção da Legislação Portugueza desde a última compilação das Ordenações, oferecida a El Rei Nosso Senhor pelo Desembargador Antonio Delgado da Silva.** Legislação de 1802 a 1810. Volume 5. Lisboa: Typographia Maigrense, 1826. p. 44. Disponível em: books.google.com

[335] ICOMOS Portugal. **Resumo Histórico da Legislação Nacional sobre o Patrimônio Arquitetônico e Arqueológico.** Disponível em: http://www.icomos.pt/index.php/

percebe-se que, com a proclamação da República em Portugal em 5 de outubro de 1910, houve a natural reorganização do país nos mais diversos aspectos, entre os quais a proteção do patrimônio. Tanto que, no mês seguinte se deu o primeiro passo nesse sentido por meio do Decreto de 19 de novembro de 1910, publicado três dias depois,[336] o qual regulou a proteção de coisas móveis de cunho histórico. Conforme apontado na exposição de motivos desse diploma legal, registrou-se que, embora houvesse aumento do número de pessoas interessadas nessa matéria, ainda existiam pontos incompletos, desencontrados e obscuros da história artística portuguesa, apontando-se muito foi mutilado e perdido pelo Santo Ofício, assim como no terremoto de 1755 e na invasão napoleônica. Lamentava-se que o restante desse acervo era comercializado, deixando o país sem qualquer salvaguarda. Na visão do legislador, o esvaziamento desse patrimônio traria prejuízos à formação da educação e elevação do povo português. Assim, em linhas gerais, estabeleceu-se a proibição da alienação, no todo ou em parte, de obra de arte ou objeto arqueológico sem prévia autorização do Ministério a que estivessem subordinados, instituindo-se o direito de preferência do Governo para sua aquisição, com seu preço fixado por arbitragem, em caso de não se ter acordo quanto ao seu preço, assim como se vedava a restauração ou conserto do objeto sem aprovação da Academia de Belas Artes de Lisboa ou Porto. Determinava-se, ao final, que obras ameaçadas de ruína ou perda, poderiam ser compulsoriamente acondicionadas em museu público. No ano seguinte, editou-se o Decreto com força de Lei de 20 de abril de 1911, publicado no dia seguinte, por meio do qual se estabeleceu a separação do Estado das Igrejas.[337] De acordo com o art. 62 desse diploma legal, os bens da Igreja Católica passaram a ser de propriedade do Estado, cabendo no processo de arrolamento e inventário desses bens a análise de seu valor histórico.

---

recursos/legislacao-nacional . Acesso em: 20.abr.2020.

[336] PORTUGAL. **Direcção Geral da Instrucção Secundária, Superior e Especial. 1ª repartição. Decreto de 19 de novembro de 1910.** Disponível em: https://dre.pt/application/conteudo/450398

[337] PORTUGAL. **Lei da separação do Estado das Igrejas, de 20 de abril de 1911.** Disponível em: https://dre.pt/application/dir/pdfgratis/1911/04/09200.pdf

Importante salto legislativo deu-se com o Decreto n.° 1, de 29 de maio de 1911,[338] que reorganizou os serviços artísticos e arqueológicos em Portugal, e que serviu de estrutura para a legislação portuguesa subsequente. Na exposição de motivos desse diploma legal, apontou-se que o desleixo dos antigos dirigentes levou à depredação do patrimônio artístico português, bem como a falta de esforço para constituir ensino artístico no país. Visando à solução desses problemas, instituiu-se um Conselho de Arte e Arqueologia, que, nos termos do art. 2º, teria diversas funções, entre as quais a de classificação dos monumentos, velar pela sua conservação, propor ou apreciar projetos de reparação e restauração, proceder à realização do arrolamento da riqueza artística e arqueológica na circunscrição e avaliar os bens da Igreja incorporados pelo Estado, de acordo com o art. 62 do Decreto com força de Lei de 20 de abril de 1911.

Importa, todavia, destacar o capítulo V desse Decreto, que passou a disciplinar a proteção dos bens imóveis de valor artístico, histórico ou arqueológico. Criou-se a distinção entre monumentos nacionais e bens de interesse artístico, histórico e arqueológico. Assim, de acordo com esta lei, monumentos nacionais seriam aqueles "imóveis cuja conservação represente, pelo seu valor artístico, histórico ou arqueológico, interesse nacional" (art. 42); de acordo com o art. 43, imóveis de propriedade particular poderiam ser classificados pelo Estado através de Decreto, mediante proposta do Conselho de Arte e Arqueologia. Vale destacar que, em caso de oposição à classificação, dever-se-ia proceder à expropriação por utilidade pública.

Uma vez classificados como monumentos nacionais, os proprietários de imóveis passavam a sofrer limitações: não podiam aliená-los sem prévia aprovação, nem demoli-los, no todo ou em parte, ou fazer qualquer reparação ou modificação, sem prévia aprovação da comissão de monumentos, podendo o governo subsidiar a reforma nos termos dos arts. 46 a 48, quando fosse comprovada a ausência de recursos do proprietário. Por outro lado, de acordo com o art. 45,

---

[338] PORTUGAL. **Decreto n.° 1, de 29 de maio de 2011. Reorganisação dos serviços artísticos e archeologicos e das Escolas de Bellas Artes de Lisboa e Porto.** Disponível em: https://dre.pt/application/conteudo/593104

na hipótese de o imóvel não ser merecedor da qualidade de monumento nacional, mas capaz de despertar interesse do ponto de vista artístico ou histórico, seria classificado em cadastro especial. A partir de então, não seria permitida a realização de obras de conservação ou restauração sem previa aprovação. Admitia-se a anulação da classificação (art. 44). Porém, tanto na hipótese de classificação como monumento nacional ou bem imóvel de valor artístico, histórico ou arqueológico, atribuiu-se a natureza jurídica de servidão ao imóvel classificado, (art. 49) a qual se mantinha, independentemente da alienação do imóvel, e a estes não se aplicariam servidões de alinhamento (art. 50).

Em 1924, a Lei n.° 1:700,[339] de 18 de dezembro, modificou a organização administrativa relativa ao patrimônio português. Estatuiu-se o Conselho Superior de Belas Artes, ao lado dos Conselhos de Arte e Arqueologia, alterando-se as competências entre si. Importa destacar que a disciplina jurídica da proteção do patrimônio imóvel sofreu complementações, que se conservaram nas legislações posteriores, razão pela qual merecem ser mencionadas.

No que concerne à questão da proteção do patrimônio imóvel, esta Lei estabeleceu, em seu capítulo V, o arrolamento das obras de arte e peças arqueológicas e, na seção I do Capítulo VI, a disciplina dos monumentos nacionais. Em linhas gerais, fez-se o detalhamento das regras já existentes no Decreto com força de Lei de 1911, mantendo-se a ideia de monumento nacional e o arrolamento dos bens com apenas valor histórico, arqueológico, numismático e artístico.

Como inovações trazidas pela Lei n.° 1:700 em relação ao Decreto com força de Lei de 1911, tem-se o acréscimo do direito de preferência do Governo na aquisição de imóvel classificado como "monumento nacional", a ser exercido no prazo de sessenta dias (art. 64). Além disso, em caso de proposta ou pedido alienação do imóvel classificado, nos termos do art. 63, exigia-se o compromisso de inserir no diploma de transmissão que o adquirente aceitava o encargo de conservação do monumento. Como desdobramento desse artigo, dever-se-ia inserir nas escrituras de

---

[339] PORTUGAL. **Ministério da Instrução Pública. Lei n.° 1:700.** Disponível em: https://dre.pt/application/conteudo/562631

transmissão que o novo possuidor se obrigava a comunicar à Direcção Geral de Belas Artes quaisquer modificações ou estragos sofridos pelo imóvel (art. 56, § 2º).

Outra inovação importante consistiu na extensão de efeitos aos imóveis do entorno, autorizando-se a expropriação de "quaisquer construções ou instalações que prejudiquem a boa conservação dos monumentos, ofendam ou desvirtuem o seu característico, dentro da zona de proteção fixada para cada um dos imóveis classificados" no raio de cinquenta metros, bem como a exigência de parecer favorável para alienação, modificação ou destinação, nos termos dos arts. 49 e 50. Pelo art. 50, § 2º, tornou-se obrigatório constar o parecer do Conselho nos contratos de venda de terrenos ou edifícios do Estado, de corporações ou particulares. Não se permitia a instalação, construção ou reconstrução de imóvel do entorno sem aprovação do Conselho Superior de Belas Artes, confirmada por despacho ministerial (art. 69), e tornava expressamente proibida a afixação de anúncios de qualquer natureza no próprio imóvel ou em local que prejudicasse seu aspecto ou observação (art. 70), excetuando-se os avisos de caráter oficial.

A Lei n.º 1:700 também previu a organização do arrolamento de móveis e imóveis de valor histórico, arqueológico, numismático ou artístico dignos de inventariação, voltando-se a bens de posse do Estado ou de entes por este subvencionados, como também a bens de propriedade particular (arts. 38 e 39). A consequência direta da inclusão do bem nesse arrolamento era a proibição de alienação sem prévio consentimento do Ministério da Instrução Pública, estatuindo-se o direito de preferência do Governo, cujo valor seria definido por arbitragem, caso não houvesse acordo entre Governo e proprietário (arts. 40 e 41). A alienação do bem em desacordo com esta Lei implicava nulidade de pleno direito e sujeitava os infratores à pena de multa de três vezes o valor da coisa alienada (art. 42). Entretanto, o art. 43 desta Lei era assaz polêmico, porque, em caso de coisa deteriorada ou em perigo iminente de deterioração sem que o seu possuidor realizasse o restauro determinado pelo Ministério da Instrução Pública, esta poderia ser expropriada ou vendida em hasta pública, devendo o adquirente assumir o compromisso de restaurá-la.

Em 1932, o Governo editou o Decreto n.° 20:985,[340] por meio do qual se buscou a reforma institucional dos serviços de belas artes em Portugal, sob a alegação de que, apesar dos esforços, o funcionamento era burocrático por exigirem-se manifestações de três conselhos na preservação do patrimônio, além da escassez de recursos na realização dessas atividades. Estimulou-se a municipalização da proteção – o que vai se conservar de certa forma na estrutura portuguesa - mediante a criação de comissões municipais de arte e arqueologia, com a participação de "homens bons", tais como o presidente da câmara municipal, o diretor do museu da localidade, um professor do liceu ou do ensino primário, párocos das freguesias e vogais nomeados entre sócios de grupos de amigos dos monumentos (art. 21).

Acerca da disciplina dos monumentos nacionais, transcreveram-se no Decreto n.° 20:985 as regras então vigentes, exceto quanto à possibilidade de o Conselho Superior de Belas Artes informar a conveniência de o Estado manter ou adquirir a posse de terrenos e edifícios do entorno (art. 26). Do mesmo modo, no que concerne ao arrolamento, este transformou-se na disciplina da guarda e proteção das obras de arte e peças arqueológicas, substituindo-se o termo "arrolamento" por "inventário". De igual modo, transcreveu-se a disciplina anterior, com breves inserções que não alteram seu conteúdo.

Com a redemocratização de Portugal por meio da Revolução de 25 de abril de 1974, promulgou-se a Constituição Portuguesa de 1976, a qual conferiu destaque especial aos direitos culturais, tratando especialmente da proteção ao patrimônio cultural, em especial, pelos arts. 9º, alínea "e"; art. 66, alíneas "c" e "e"; art. 73, 3; e art. 78, incisos 1 e 2, alínea "c".[341] Nesse sentido, a legislação portuguesa subsequente ao

---

[340] PORTUGAL. Ministério da Instrução Pública. **Decreto n.° 20:985. Institue o Conselho Superior de Belas Artes e extingue os Conselhos de Arte e Arqueologia das três circunscrições.** Disponível em: https://dre.pt/application/conteudo/523016

[341] Na Constituição Portuguesa, o art. 9º, alínea "e", estabeleceu que "Art. 9º - São tarefas fundamentais do Estado: e) Proteger e valorizar o património cultural do povo português, defender a natureza e o ambiente, preservar os recursos naturais e assegurar um correto ordenamento do território;". No art. 66, alínea "c", estabeleceu a obrigação do Estado de "criar e desenvolver reservas e parques naturais e de recreio, bem como classificar e proteger paisagens e sítios, de modo a garantir a conservação da natureza e a preservação de

texto constitucional passou a ter duas características: a preservação legislativa do que se desenvolveu quanto aos fundamentos da proteção do patrimônio cultural desde 1910, com a repersonalização da matéria por meio desses valores constitucionais.

Assim, a Lei n.° 13/85, de 6 de julho, passou a disciplinar o patrimônio cultural português. Dividida em cinco títulos, dentro dos quais se dispunha sobre a forma e regime de proteção do patrimônio cultural, bem como das garantias e sanções, merecem destaque o título I, que trata dos princípios fundamentais e o título III, que cuida do fomento da conservação e valorização do patrimônio cultural. Em primeiro lugar, no art. 1º, estabeleceu-se que o patrimônio cultural português é o conjunto dos bens materiais e imateriais que têm interesse relevante para a permanência e identidade da cultura portuguesa através do tempo, indicando, corretamente, a importância do patrimônio cultural para a formação desse aspecto do ser humano. Também no art. 2º estatuiu-se que, além do Estado, é direito e dever de todos os cidadãos preservar, defender e valorizar o patrimônio cultural. Por isso, além das referências às associações de defesa do patrimônio (art. 6º), reconheceu-se a função social da propriedade dos bens culturais no art. 4º, 4, que "independentemente do tipo de propriedade, os bens culturais serão submetidos a regras especiais, que estabelecerão, designadamente, a sua função social, alienação e forma de intervenção".

No tocante às formas e regime de proteção do patrimônio cultural, houve aprimoramento em relação à legislação anterior. Em primeiro lugar, a Lei n.° 13/85 tratou dos bens materiais, mas reconheceu que bens imateriais também merecem proteção. Os bens materiais imóveis e móveis continuavam assumindo o caráter de integrantes do patrimônio cultural mediante classificação (art. 7º). Por influência da Conven-

---

valores culturais de interesse histórico ou artístico;" e, na alínea "e", a de "Promover, em colaboração com as autarquias locais, a qualidade ambiental das povoações e da vida urbana, designadamente no plano arquitetónico e da proteção das zonas históricas;". No art. 73, 3, ao tratar da democratização da cultura, mencionou a atuação das associações de defesa do patrimônio cultural, e, por fim, no art. 78, 1, estatuiu-se que "Todos têm direito à fruição e criação cultural, bem como o dever de preservar, defender e valorizar o patrimônio cultural", incumbindo ao Estado, no inciso 2, alínea "c", "promover a salvaguarda e a valorização do patrimônio cultural, tornando-o elemento vivificador da identidade cultural comum".

ção Relativa à Proteção do Patrimônio Mundial, Cultural e Natural de 1972, bens imóveis passaram a ser classificados como monumento, conjunto e sítio, e bens móveis passaram a ser classificados como de valor local, regional, nacional ou internacional. Ao mesmo tempo em que se estabeleceu o dever de autarquias locais promoverem a classificação dos bens culturais em suas respectivas áreas (art. 9º), assegurava-se audiência prévia ao proprietário e à câmara municipal (art. 11), o que não deixa de ser reminiscência da legislação da década de 1930. Embora praticamente se mantivera nessa lei o que já estava na Lei 1:700, tem-se que, no entanto, enquanto antes se estabelecia a nulidade de pleno direito em caso de alienação de imóvel em desacordo com a lei, passou-se a estabelecer a anulabilidade do ato (art. 55º). Interessante foi a regra do art. 53º, de acordo com a qual o promotor, o mestre-de-obras e o técnico diretor respondem solidariamente com o proprietário pela realização de obras não autorizadas.

Porém, de acordo com Nabais, a Lei n.° 13/85 não teria sido eficaz:[342]

"Efectivamente, para além de o legislador não ter produzido legislação excessiva nesse sector, a disciplina jurídica do patrimônio cultural tem-se pautado por uma relativa estabilidade. O que não quer dizer que toda a disciplina legal dos bens culturais tenha sido eficaz, pois não podemos esquecer o que aconteceu, por exemplo, com a LPC de 1985, a Lei n.° 13/85, de 6 de Julho, que praticamente não chegou a ser aplicada, o que implicou que se tenha mantido em vigor a legislação sobre os bens culturais de 1932".

Na nossa opinião, todavia, ainda que, eventualmente, não tenha sido eficaz, a Lei n.° 13/85 contribuiu para a atual lei vigente em Portugal, a saber, Lei n.° 107/2001, que estabelece as bases da política e do regime de proteção e valorização do património cultural. Trata-se de um verdadeiro código, que trata dos mais diversos tipos de produção cultural,

---

[342] NABAIS, José Casalta. Considerações sobre o quadro jurídico do património cultural em Portugal. **Revista de Direito da Cidade**, [S.l.], v. 2, n. 1, p. 1-19, abr. 2020. Disponível em: https://www.e-publicacoes.uerj.br/index.php/rdc/article/view/11285. Acesso em: 20 dez. 2018

e apenas serão feitas aqui considerações gerais acerca da proteção do patrimônio cultural material imóvel, que é objeto desta obra.

A primeira observação a ser feita em relação a esta Lei de 2001 é a própria definição de bem cultural, que seguiu a definição da Comissão Franceschini. No artigo 14º, 1, estatuiu-se que "consideram-se bens culturais os bens móveis e imóveis que, de harmonia com o disposto nos n.os 1, 3 e 5 do artigo 2º, representem testemunho material com valor de civilização ou de cultura", desde que tenham interesse cultural relevante. No caso, o artigo 2º, 3, define as qualidades de um bem cultural, que, são, entre outros, justamente aqueles apresentados por Alois Riegl, isto é, os "valores de memória, antiguidade, autenticidade, originalidade, raridade, singularidade ou exemplaridade".

Tal como já se observava na Lei de 1985, a Lei atual de 2001 tem um aspecto diferente das demais leis relativas ao patrimônio cultural: a democratização da cultura. Em vez da estrutura típica desse tipo de legislação, em que o interesse público se sobrepõe ao interesse particular, observa-se no texto legal a postura cooperativa entre todos, entre o Estado e os cidadãos, e entre Portugal e os demais países. Por exemplo, tem-se o art. 3º da Lei, que estabelece a tarefa fundamental do Estado na matéria, ao demostrar preocupação de solidariedade intergeracional na transmissão do patrimônio cultural, assim como, no inciso 2, que "O Estado protege e valoriza o património cultural como instrumento primacial de realização da dignidade da pessoa humana, objecto de direitos fundamentais, meio ao serviço de democratização da cultura e esteio da independência e da identidade nacionais".

O art. 6º da Lei prevê diversos princípios relativos à matéria, mas destacam-se aqui dois deles, que indicam a democratização do ponto de vista da matéria e o equilíbrio entre os interesses do proprietário e os interesses da sociedade e do Estado. São, pois, o princípio da equidade (art. 6º, "g"), de acordo com o qual se assegura "a justa repartição dos encargos, ónus e benefícios decorrentes da aplicação do regime de proteção e valorização do patrimônio cultural" e o princípio da responsabilidade (art. 6º, "h"), pelo qual "garantindo prévia e sistemática ponderação das intervenções e dos actos susceptíveis de afectar a integridade ou circulação lícita de elementos integrantes do património cultural". Assim, destaca-se novamente a busca do equilíbrio de interesses entre a sociedade e o indivíduo. Embora não tenha mantido o termo "função social", estabeleceu-se no artigo 7º o direito à fruição do patrimônio cultural e, no artigo 20º, os direitos especiais dos detentores de bens culturais e, por outro lado, no artigo 11º, o dever de preservação, defesa e valorização do patrimônio cultural, assim como no artigo 21º os deveres especiais dos detentores dos bens culturais.

Como consequência desses princípios, reconhece-se a importância dos bens culturais para a formação da pessoa humana, bem como a necessidade de respeito ao titular do bem cultural, consubstanciando-se os conceitos técnicos de cultura, pelo disposto o artigo 7º, o qual estabelece que "todos têm direito à fruição dos valores e bens que integram o património cultural, como modo de desenvolvimento da personalidade através da realização cultural"; que "a fruição por terceiros de bens culturais, cujo suporte constitua objeto de propriedade privada ou outro direito real de gozo, depende de modos de divulgação concertados entre a administração do patrimônio cultural e os titulares das coisas"; e "a fruição pública dos bens culturais deve ser harmonizada com as exigências de funcionalidade, segurança, preservação e conservação destes". De forma específica, o artigo 20º reconhece aos proprietários de bens culturais o "direito de informação quanto aos actos da administração do património cultural que possam repercutir-se no âmbito da respectiva esfera jurídica", o "direito de se pronunciar sobre a definição da política e de colaborar na gestão do património cultural, pelas formas organizatórias e nos termos procedimentais que a lei definir", e, sobretudo, "o direito a uma indemnização sempre que do acto de classificação resultar uma proibição ou uma restrição grave à utilização habitualmente dada ao bem" e "o direito de requerer a expropriação, desde que a lei o preveja".

Já quanto aos deveres, o artigo 11º estatui-se a todos o preservar, defender e conservar o patrimônio cultural, abstendo-se de não destruí-lo, evitando sua deterioração ou perda. De forma específica, observa-se que os deveres gerais impostos aos proprietários, possuidores e demais titulares não são exorbitantes. Consistem, no artigo 21º, em prestar informações à administração do patrimônio cultural, os esperados deveres de "conservar, cuidar e proteger devidamente o bem, de forma a assegurar a sua integridade e a evitar a sua perda, destruição e deterioração" e, de forma coerente e justa, o dever de "adequar o destino, o aproveitamento e a utilização do bem à garantia da respectiva conservação". Impõe-se a execução dos trabalhos e obras para a sua conservação e exige-se que se permita o acesso e visita pública, tendo em vista que estes bens se destinam à contemplação de terceiros – o que, uma vez mais, reflete as ideias contemporâneas de bem cultural - excetuando-se tal dever quando restar incompatível com direitos, liberdades, garantias pessoais ou outros valores constitucionais.

A Lei de 2001 manteve a classificação de monumento, conjunto e sítio para os bens imóveis, bem como a categoria de "monumento nacional" para aqueles de interesse nacional. Para bens móveis, atribui-se a qualidade de "tesouro nacional", conforme disposto no artigo 15º. É interessante o aperfeiçoamento trazido no inciso 5 deste artigo, de acordo com o qual quando um bem tem interesse nacional, mas a qualificação como sendo de interesse nacional se torne desproporcional, este será qualificado como bem de interesse público. Do mesmo modo, conservam-se os conceitos de classificação (artigo 18º), que é o ato final de determinação de um bem como possuidor de inestimável valor cultural, assim com a inventariação (artigo 19º).

No mais, a Lei prevê os tradicionais deveres ao proprietário do imóvel qualificado como bem cultural, entre os quais o de comunicação da transmissão, seja por alienação ou sucessão, para que se assegure o direito de preferência do Estado, Regiões Autônomas e municípios, sob pena de impedimento de lavratura da escritura ou do registro do título de aquisição; se, apesar disso, a alienação for realizada, manteve-se o prazo decadencial de um ano para anulação da transferência, conforme disposto nos artigos 36º a 38º. Enquanto a Lei de 1985 estatuía que bens culturais móveis eram insuscetíveis de usucapião, a Lei de 2001 estendeu tal inalienabilidade a todos os bens culturais (artigo 34º). Há ainda os deveres de abstenção de intervenção ou obra (artigo 51º), realização de pinturas, inscrições, colocação de anúncios ou cartazes (artigo 41º), bem como de deslocamento ou remoção do imóvel para outro local (artigo 48º), demolição total ou parcial do imóvel sem autorização prévia (artigo 49º), assim como os deveres positivos de realização de obras de conservação (artigos 45º e 46º). Igualmente foram mantidas as regras sobre o entorno, considerados como zona *non aedificandi* no raio de cinquenta metros (artigo 43º), mas o artigo 52º inovou, ao prever expressamente a proteção do contexto, nos termos do artigo 52º, que consiste no enquadramento paisagístico do monumento, para que não haja perturbação na perspectiva ou contemplação do bem em termos de volume, natureza, morfologia ou cromatismo, o que, ao que parece, é uma contribuição da legislação portuguesa para a matéria.

CAPÍTULO 3
A História da Proteção do Patrimônio Cultural no Brasil

1. A construção da identidade brasileira

Durante o período colonial, o Brasil era considerado um local para homens que buscavam riquezas naturais para que fossem vendidas na Europa. Havia uma relação predatória entre elas e a terra ocupada e nada deveria deter essa ação. Por isso, é minimamente surpreendente que, em 5 de abril de 1742, o Conde das Galveias tenha requerido ao Governador de Pernambuco a não transferência de quarteis ao Palácio das Duas Torres, construído por Maurício de Nassau, para que seja preservado como memória da restauração portuguesa naquela cidade.[343]

Um dos temas centrais da "República Brasileira das Letras"[344] era a questão da formação da identidade brasileira, como decorrência de

---

[343] CONDE DAS GALVEIAS. **Trecho da Carta enviada em 5 de abril de 1742 pelo Conde das Galveias ao Governador de Pernambuco, Luis Pereira Freire de Andrade**. *In*: IPHAN. **Proteção e revitalização do patrimônio cultural no Brasil: uma trajetória**. Brasília: Ministério da Educação e da Cultura: Secretaria do Patrimônio Histórico e Artístico Nacional: Fundação Nacional Pró-Memória, 1980. p. 31-32.

[344] Cf. BURKE, Peter. A República das Letras Europeia, 1500-2000. **Estudos Avançados**. São Paulo. v. 25. n. 72. São Paulo. p. 277-288. mai/ago 2011. Disponível em: http://www.scielo.br/scielo.php?script=sci_arttext&pid=S0103-40142011000200021 . Acesso em: 30 abr.2016.

uma questão jurídica e política: a definição de quem era brasileiro. Esse tema era fundamental, por exemplo, na década de 1820, enquanto se elaborava a Constituição Política do Império. Os debates na Assembleia Nacional Constituinte, de 1823 giraram em torno dessa questão. Naquela época, ainda era bastante forte a filosofia política contratualista, segundo a qual as pessoas aderiam à sociedade política, abandonando o Estado de Natureza. Debateu-se se seriam brasileiros os indígenas, os africanos e seus descendentes nascidos no Brasil, os portugueses que emigraram ao Brasil e os descendentes de portugueses nascidos no Brasil. José Bonifácio apresentou à Assembleia Nacional Constituinte de 1823 uma representação sobre o fim da escravidão, porque seria inviável o Brasil ter uma constituição liberal e uma multidão de escravos,[345] e outra representação para que os índios fossem aculturados e fizessem parte da sociedade como cidadãos.[346] Porém, pelo art. 6º da Constituição de 1824, outorgada por D. Pedro I, ficaram de fora do denominado "grêmio político" os indígenas e os escravos africanos.

Ainda durante o século XIX, houve a eclosão dos ditos nacionalismos e a busca às origens de cada povo.[347] No caso brasileiro, o Brasil recebeu forte influência do romantismo francês. De acordo com Arno Wehling, pelo fato do Brasil não ter um passado medieval, a inspiração foi o índio.[348] Na literatura, em que se manifesta a lusofobia, as

---

[345] BONIFÁCIO, José. Representação à Assembleia Geral Constituinte e Legislativa do Império do Brasil sobre a Escravatura. [Extraído de Obra Política de José Bonifácio vol. II, p. 85-104]. *In*: DOLHNIKOFF, Miriam (Org). **José Bonifácio de Andrade e Silva – Projetos para o Brasil**. São Paulo: São Paulo: Companhia das Letras: Publifolha, 2000. p. 23-45.

[346] BONIFÁCIO, José. Apontamentos para a civilização dos índios bravos do império do Brasil. In: DOLHNIKOFF, Miriam (Org). Id. p. 47-77.

[347] Por exemplo, o debate entre Savigny e Thibaut sobre a necessidade ou não de uma codificação é exemplo típico de um debate nacionalista acerca da identidade do povo, uma vez que a manutenção do direito romano como direito civil, por força da tradição e do "Volksgeist" era nada mais do que a afirmação à afiliação a uma tradição, como sucessores de um Império, em reação à irradiação de novos valores e à adesão à identidade do vizinho, no caso, a França.

[348] WEHLING, Arno. **Estado, História, Memória. Varnhagen e a construção da identidade nacional**. Rio de Janeiro: Nova Fronteira, 1999. p. 36.

riquezas naturais, com a "Canção do exílio", de Gonçalves Dias e os romances de José de Alencar.

Outra discussão da identidade brasileira deu-se pelo estudo da história do Brasil. Naquela época, a historiografia brasileira era estrangeira, baseada em relatos de religiosos, como Jean de Léry e Frei Vicente do Salvador, de um ou outro autor paulista, como Pedro Taques e Frei Gaspar da Madre de Deus, ou de estudiosos, como os ingleses John Armitage e Robert Southey.[349] Este último escreveu uma extensa história do Brasil, o que era motivo de constrangimento entre os intelectuais brasileiros pelo fato de um inglês ser o grande autor da história do Brasil. Em 1838, fundou-se no Rio de Janeiro o Instituto Histórico e Geográfico do Brasil – IHGB, a partir de atuação do Cônego Januário da Cunha Barbosa. O primeiro presidente do IHGB foi o Senador José Feliciano Fernandes Pinheiro, o Visconde de São Leopoldo. Tratava-se de importante instituição no Brasil oitocentista, por ter reunido os grandes políticos do Segundo Reinado, além de funcionários públicos e militares.[350]

A missão do IHGB foi a de buscar a escrita de uma história nacional única e coerente, inclusive por meio de dissertações baseadas em perguntas, tais como quem teria sido o primeiro povo europeu a chegar ao Brasil, quem teria pregado primeiro o Evangelho no Brasil, por que se julgou o clima do Brasil inabitável ou por que não há terremotos no Brasil. Vale destacar que, nesses concursos de monografias, o alemão Karl Friedrich Phillip von Martius apresentou o texto "Como se deve escrever a historia do Brazil",[351] que influenciou a produção da historiografia no Brasil por muitas décadas.

---

[349] Cf. SOUTHEY, Robert. **História do Brasil (3 volumes)**. Tradução: Luis Joaquim de Oliveira e Castro. Brasília: Senado Federal, 2010.

[350] GUIMARÃES, Lucia Maria Paschoal. **Debaixo da imediata proteção de sua Majestade Imperial: o Instituto Histórico e Geográfico Brasileiro (1838-1889)**. 1994. Tese (Doutorado em História) - Universidade de São Paulo. Faculdade de Filosofia, Letras e Ciências Humanas. São Paulo. 1994. p. 54-58-70-77.

[351] VON MARTIUS, Karl Friedrich Phillip. Como se deve escrever a história do Brazil. **Revista Trimensal de Historia e Geographia ou Jornal do Instituto Historico e Geographico Brazileiro**. Rio de Janeiro. V. 24. Janeiro de 1845. p. 381-403.

O IHGB também teve papel geopolítico, porque não se sabiam ao certo as fronteiras do país e a pesquisa histórica tinha essa finalidade de contribuir para o esclarecimento desses fatos.[352] Outra tarefa importante foi o envio de pesquisadores à Europa para pesquisar a história do Brasil, entre eles, o mesmo Gonçalves Dias e Varnhagen (futuro Visconde de Porto Seguro), que escreveu a "Historia Geral do Brazil", cuja primeira edição deu-se em 1854. O conteúdo dessa obra é, por meio dos fatos da história do Brasil, discutir as contribuições das matrizes europeia, indígena e africana na formação da identidade brasileira.

Além da preocupação com a história do Brasil, houve a intenção de criarem-se monumentos relativos à história nacional. Em 1824, o Presidente da Província de São Paulo, Lucas Antonio Monteiro de Barros, o Visconde de Congonhas do Campo, tentou dar início à construção de um monumento à Independência do Brasil em São Paulo.[353] Em 1854, o IHGB encaminhou à Assembleia uma representação para que se construísse o "Monumento à Independência Nacional" no Campo do Ypiranga, bem como uma cruz colossal em Porto Seguro e uma estátua equestre de D. Pedro I.[354] Em 1875, constituiu-se a "Comissão do Monumento", cujo presidente era o Barão de Ramalho.

A ideia inicial era a de construir um monumento que funcionasse como estabelecimento educacional. O projeto inicial foi do arquiteto italiano Thommaso Bezzi, mas seu contrato foi rescindido. Novo contrato foi celebrado entre a Província de São Paulo e o arquiteto Luiz Pucci, com a condição de que se diminuísse o tamanho da obra para adequá-la ao orçamento. Em 1895, foram inaugurados em São Paulo o "Monumento do Ypiranga" e o "Museu Paulista", cujo primeiro diretor foi o médico e cientista Hermann von Jhering, filho de Rudolf von Jhering. Nele se inaugurou a famosa tela de Pedro Américo, intitulada "Independência". Inicialmente, a proposta do Museu Paulista era a de museu de história natural, com ênfase na América do Sul, a qual se formou a partir da coleção do Coronel Sertório.[355]

---

[352] GUIMARÃES, Lucia Maria Paschoal. Id. p. 103-144.
[353] VON JHERING, Herman. Historia do Monumento do Ypiranga e do Museu Paulista. **Revista do Museu Paulista**. São Paulo. v. 1. 1895. p. 9-31.
[354] Essa estátua foi inaugurada em 1962 e encontra-se na Praça Tiradentes, no Rio de Janeiro.
[355] VON JHERING, Herman. Id. p. 10-13.

Entre o fim do século XIX e o início do século XX, havia muito pouco a ser preservado, porque ainda restava um grande território a ser desbravado e ocupado. Por outro lado, as cidades passavam por transformações em busca do progresso e da modernidade. No caso de São Paulo, pelo fato de as típicas casas paulistas de pau-a-pique, de inspiração portuguesa e adaptadas à realidade dos trópicos, remeterem ao passado colonial, eram simplesmente demolidas e substituídas por edificações novas. Por exemplo, havia a intenção da elite de que a cidade deixasse de ser uma vila colonial para tornar-se uma cidade neoclássica, espécie de miniatura de Paris, para que impressionasse os viajantes estrangeiros. As antigas casas no centro transformaram-se em estabelecimentos comerciais. Instalou-se iluminação pública e o tráfego de animais na região central, cujas ruas passaram a receber calçamento de paralelepípedos. Chácaras em torno da região central tornaram-se novos bairros, como o de Higienópolis.[356] Novas avenidas foram abertas, como a Avenida Paulista, na qual os "barões do café" construíram seus palacetes. Chácaras loteadas, pântanos aterrados, novos bairros surgiram, tanto elitistas quanto operários. O arquiteto Ramos de Azevedo teve papel decisivo nessa transformação, pelo fato de seu escritório ter projetado imóveis residenciais e importantes edifícios de São Paulo, como o Teatro Municipal, a Pinacoteca do Estado, o Liceu de Artes e Ofícios, o Colégio Caetano de Campos, o Mercado Municipal e o Palácio da Justiça, os quais não têm traços de brasilidade, mas de uma racionalidade cosmopolita.[357]

De acordo com Renato Ortiz, os intelectuais brasileiros sofriam na busca de explicações para a realidade nacional, no que se refere à inexistência de civilização no Brasil, e na compreensão de uma identidade brasileira. Alguns se apoiavam em explicações deterministas, como Euclides da Cunha, Nina Rodrigues e Aluísio Azevedo; outros tinham visão pessimista da realidade, como Paulo Prado, ou até mesmo

---

[356] ROLNICK, Raquel. **A cidade e a lei: legislação, política urbana e territórios na cidade de São Paulo**. São Paulo: Nobel, 1997. p. 104-108

[357] THEODORO, Janice. São Paulo de Ramos de Azevedo: da cidade colonial à cidade romântica. **Anais do Museu Paulista: História e Cultura Material**. São Paulo. v.4. pp. 201-208. Jan/dez 1996.

os que procuravam reinterpretar positivamente fatos negativos, como no caso de Gilberto Freyre.[358]

Na década de 1920, havia uma frustração grande com a República. Em 1922, comemorava-se o centenário da Independência do Brasil e surgiu uma espécie de "nostalgia" da época imperial. Ouro Preto, valorizada durante a República por causa da frustração da Inconfidência Mineira pela coroa portuguesa, estava deteriorada. Inclusive a capital de Minas Gerais havia sido transferida para a nova cidade, Belo Horizonte. Parati, que também era importante porto no ciclo do ouro, também estava em ruínas. Como reação a esse enfraquecimento do sentimento de brasilidade, realizou-se em São Paulo a Semana de Arte Moderna de 1922. Oswald de Andrade, por exemplo, fez sátira da "Canção do Exílio" de Gonçalves Dias, ao escrever a "Canção de Regresso à Pátria", na qual se questionava aquela identidade buscada no século XIX e se satirizava o "progresso" de São Paulo. Mário de Andrade teve atuação destacada na preservação da cultura brasileira ao ter registrado tradições do folclore e ter realizado levantamento das antigas construções coloniais paulistas.[359] Ademais, estava ocorrendo espécie de "pilhagem" das obras de arte brasileiras, levadas sem restrições para leilões no exterior. Logo, era preciso "congelar" os objetos, documentos, músicas e imóveis para evitar a destruição do passado do Brasil. Além de Mario de Andrade, merecem lembrança por sua atuação nessa época o presidente Washington Luiz, que fundou o Arquivo Histórico de São Paulo e promoveu a edição de diversos livros com documentos históricos de São Paulo, além de Heitor Penteado e Affonso d'Esgragnolle Taunay, diretor do Museu Paulista por vinte e oito anos. Nesse contexto, surgiu a necessidade de elaboração de legislação sobre o patrimônio cultural brasileiro.

---

[358] ORTIZ, Renato. **Cultura brasileira e identidade nacional**. 5. ed. São Paulo: Brasiliense, 1994. p. 19-39-43.

[359] ANDRADE, Mário de. **Cartas de trabalho: correspondência com Rodrigo Mello Franco de Andrade (1936-1945)**. Brasília: Ministério da Educação e Cultura, Secretaria do Patrimônio Histórico e Artístico Nacional, 1981.

2. A institucionalização da proteção do patrimônio cultural
2.1. Projetos de lei e leis para a proteção do patrimônio (1922-1937)

Antes da entrada em vigor do Decreto-lei nº 25, de 1937, houve tentativas de regulação dessa matéria no Brasil. Poucos dias antes do centenário da Independência do Brasil, o Decreto n.º 15.596, de 2 de agosto de 1922, criou o Museu Histórico Nacional, para que se reunissem nele os objetos relativos à história do Brasil dispersos pelos estabelecimentos oficiais, além da aquisição, a título oneroso ou gratuito, de outros objetos para exposição ao público, com o intuito de que este museu servisse de "escola de patriotismo, para o culto do passado".

Em 1923, o deputado Luiz Cedro Carneiro Leão, de Pernambuco, propôs a criação de uma Inspetoria dos Monumentos Históricos para conservar os imóveis públicos ou particulares que, do ponto de vista da história ou da arte revistam um interesse nacional, à semelhança do que se passava na Europa. Este órgão contaria com um inspetor com conhecimentos de arte e história e um arquiteto. A técnica usada seria a da classificação, a qual seria formalizada com o consentimento do proprietário mediante assinatura de termo de responsabilidade de conservação do imóvel, obrigando-se a não destruí-lo no todo ou em parte, modificá-lo ou restaurá-lo sem prévia aprovação da inspetoria. Caso o proprietário não pudesse arcar com as despesas para seu restauro, o imóvel seria desapropriado. Por fim, previa-se a aposição de uma placa com os dizeres "Monumento Nacional" na fachada do imóvel.[360]

José Wanderley de Araújo Pinho, neto do Barão de Cotegipe, foi ex-prefeito de Salvador e professor de história do Brasil, especializando-se na história dos engenhos do Recôncavo Baiano.[361] Como deputado federal, apresentou projeto de lei em 1930 sobre proteção do patrimônio histórico-artístico nacional, que serviu de base para a legislação vigente.

---

[360] BRASIL. Projeto de Lei do Deputado Luiz Cedro sobre Inspetoria dos Monumentos Históricos dos Estados Unidos do Brasil. *In:* IPHAN. **Proteção e revitalização do patrimônio cultural no Brasil: uma trajetória.** Brasília: Ministério da Educação e da Cultura: Secretaria do Patrimônio Histórico e Artístico Nacional: Fundação Nacional Pró-Memória, 1980. p. 33-34.

[361] VIANA FILHO, Luiz. Centenário de Wanderley Pinho. Bahia, 1990. Disponível em: http://www2.senado.leg.br/bdsf/bitstream/handle/id/94268/centenario%20de%20wanderley%20pinho.pdf?sequence=5 Acesso em: 30 abr.2016.

Com efeito, trata-se de projeto de lei bastante interessante do ponto de vista do direito civil.[362] O objeto de proteção seria o patrimônio histórico-artístico nacional, formado por bens imóveis e móveis aos quais o Estado daria proteção, como as "edificações isoladas ou em conjunto", bem como os "sítios de reconhecida e peculiar beleza". Ainda se considerariam imóveis para fins de proteção os materiais retirados de um imóvel, quando tivessem mutilado ou desnaturado o estilo do imóvel, em analogia ao disposto no Código Civil sobre a regra segundo a qual não se perdem o caráter de imóvel os materiais temporariamente tirados da edificação. Por outro lado, considerar-se-iam como móveis para fins de proteção apenas os livros, códices e manuscritos. Havia a preocupação com os sítios arqueológicos e pré-históricos, ao estabelecer como objeto de proteção os rochedos e túmulos com inscrições de valor arqueológico ou histórico, e terrenos nos quais houvesse coisas de valor arqueológico ou histórico. O entorno sofreria restrições para compor o patrimônio histórico-artístico nacional, e não prejudicar a visão do imóvel tombado. A proteção a esse patrimônio iniciar-se-ia com a catalogação do imóvel pela Inspetoria de Defesa do Patrimônio Histórico-Artístico Nacional ou em repartições congêneres dos Estados, no registro público das hipotecas, por considerar-se uma restrição ao imóvel. Nesse sentido, essas restrições seriam equivalentes ao registro de uma escritura de hipoteca, por meio da qual o credor tem poderes sobre a coisa ofertada em garantia. Previa-se, tanto para imóveis quanto móveis, o direito de preferência do Estado na aquisição de qualquer bem protegido e a desapropriação como medida de proteção ou salvação.

No que concerne a obras, os imóveis catalogados ou vizinhos não poderiam ser alterados, reformados ou demolidos sem prévio consentimento da Inspetoria. Vale destacar que esta última poderia, sem consentimento do proprietário ou do possuidor, realizar as reformas necessárias para evitar destruição, estragos ou alterações que estivessem diminuindo o valor histórico ou artístico do imóvel.

Este projeto de lei, caso fosse aprovado, proibiria a exportação de coisas móveis ou fragmentos de imóveis catalogados. Os colecionadores

---

[362] BRASIL. Projeto de Lei do Deputado José Wanderley de Araújo Pinho. *In:* IPHAN. Id. p. 46-52.

seriam obrigados a fornecer catálogos de antiguidades e obras de arte para facilitar esse controle e os negociantes de antiguidades, de obras de arte ou de livros antigos eram obrigados a registrarem-se na Inspetoria, além de terem a obrigação de escrituração dos estoques, entrada e saída de peças com a respectiva descrição, procedência e adquirente.

Ante a falta de legislação específica, o Decreto n.º 22.928, de 12 de julho de 1933, erigiu a cidade de Ouro Preto à categoria de monumento nacional. Em seu texto, afirmou-se que era "(...) dever do Poder Público defender o patrimônio artístico da Nação e que fazem parte das tradições de um povo os lugares em que se realizaram os grandes feitos de sua história", pois

> (...) a cidade de Ouro Preto, antiga capital do Estado de Minas Gerais, foi teatro de acontecimentos de alto relevo na formação da nossa nacionalidade e que possue velhos monumentos, edifícios e templos de arquitetura colonial, verdadeiras obras d'arte que merecem defesa e conservação.

Pelo art. 2º deste Decreto, os monumentos seriam "entregues à vigilância e guarda do Governo do Estado de Minas Gerais (...)".

Ainda na década de 1920 e também na década de 1930, surgiu um movimento destinado à promoção de uma revolução educacional no Brasil, liderado por Fernando de Azevedo e do qual participaram outros intelectuais, como o mencionado Luiz Cedro Carneiro Leão, Abgar Renault e Anísio Teixeira.[363] O governo provisório de Getúlio Vargas então criou o Ministério dos Negócios da Educação e da Saúde Pública, pelo Decreto n.º 19.402, de 14 de novembro de 1930. Era o período em que se inicia maior intervencionismo estatal nas relações de direito privado, mas também a intensificação da interferência nos currículos escolares.

A partir de 1934, as Constituições brasileiras trouxeram disposições acerca do patrimônio histórico. A Constituição de 1934 dispunha no art. 148 que caberia "(...) à União, aos Estados e aos Municípios favorecer e animar o desenvolvimento das ciências, das artes, das letras e da

---

[363] VIANA FILHO, Luis. **Anísio Teixeira: a polêmica da educação.** 3. ed. São Paulo: Ed. Unesp: Ed. UFBA, 2008. p. 12.

cultura em geral, proteger os objetos de interesse histórico e o patrimônio artístico do País, bem como prestar assistência ao trabalhador intelectual". Já a Constituição de 1937 dedicou um artigo específico a esse tema, enfatizando que danos ao patrimônio histórico, artístico e natural, bem como às paisagens, seriam considerados atentados ao patrimônio nacional. Embora esta carta tenha origem ditatorial, trata-se da melhor regulamentação da matéria em nível constitucional entre as constituições, com exceção a de 1988:

> Art. 134 – Os monumentos históricos, artísticos e naturais, assim como as paisagens ou os locais particularmente dotados pela natureza, gozam da proteção e dos cuidados especiais da Nação, dos Estados e dos Municípios. Os atentados contra eles cometidos serão equiparados aos cometidos contra o patrimônio nacional.

Quanto à legislação, pelo Decreto n.º 24.735, de 14 de julho de 1934, que aprovou o novo regulamento do Museu Histórico Nacional, atribuiu-se a esta entidade a função de inspeção dos monumentos nacionais. De acordo com o art. 72, nenhum monumento nacional poderia ser demolido, reformado ou transformado sem permissão do referido museu, dispensando-se, no entanto, de autorização, os trabalhos de conservação e conserto que não implicassem modificação essencial do prédio. Também se previu a catalogação dos monumentos e a exportação de objetos históricos somente poderia ser feita com autorização do diretor-geral, nos termos dos arts. 73 e 74 deste Decreto.

Em 1936, Gustavo Capanema solicitou a Mário de Andrade a elaboração de anteprojeto de Serviço do Patrimônio Artístico Nacional,[364] no qual se empregou o termo "tombamento", em suposta inspiração no Arquivo da Torre do Tombo, em Portugal. A perspectiva adotada, portanto, era a artística, a qual incluía imóveis históricos, mas enfatizava, sobretudo, os objetos de cultura material e imaterial brasileiras, exemplificadas pelo escritor paulista, como aqueles de caráter arqueológico

---

[364] BRASIL. Anteprojeto elaborado por Mario de Andrade, a pedido do Ministro da Educação e Saúde, Gustavo Capanema. In: IPHAN. Id. p. 55-59.

e ameríndio,[365] arte popular,[366] arte histórica,[367] arte erudita nacional[368] e estrangeira[369] e artes aplicadas nacional[370] e estrangeira.[371] Previu-se a criação de quatro livros de tombo: Livro de Tombo Arqueológico e Etnográfico; Livro de Tombo Histórico; Livro de Tombo das Belas-Artes e Livro de Tombo das Artes Aplicadas.[372] Assim, a Lei n.º 378, de 13 de janeiro de 1937, a qual dava nova organização ao Ministério da Educação e Saúde Pública, criou o Serviço do Patrimônio Histórico e Artístico Nacional.

Em outubro de 1936, o governo apresentou novo projeto de lei sobre a disciplina jurídica da proteção do patrimônio histórico, baseado nos anteprojetos anteriores, o qual sofreu pequenas modificações no Senado e estava em fase final de elaboração na Câmara dos Deputados, quando houve a instauração do Estado Novo em 10 de novembro de 1937. Gustavo Capanema solicitou a conversão do projeto em texto legal e assim se fez vinte dias depois: em 30 de novembro de 1937, promulgou-se o Decreto-Lei n.º 25, que organiza a proteção do patrimônio histórico e artístico nacional até os dias atuais.[373]

---

[365] Instrumentos de caça, pesca e agricultura; objetos de uso doméstico; jazidas funerárias, sambaquis, gravações em pedras; paisagens, grutas, aldeamentos e caminhos; folclore (cantos, lendas, magias, medicina, culinária).

[366] Cerâmica, arquitetura popular, cruzeiros, capelas, cruzes mortuárias de beira de estrada, vilarejos, mocambo e folclore (músicas, contos, lendas, superstições, medicina, culinária, provérbios e ditos, danças).

[367] Monumentos arquitetônicos, esculturas, pinturas, objetos históricos, gravuras, mapas, porcelanas, etc.

[368] Obras premiadas em escolas oficiais de belas-artes ou em exposições organizadas pelo poder público ou por indicação do SPAN.

[369] Obras de artistas mencionados em livros de história da arte, ou ter obras em museus oficiais de qualquer país ou por indicação do SPAN.

[370] Móveis, tapeçaria, joalheria, decorações murais feitas por artista nacional falecido, ou importado "do Segundo Império para trás".

[371] Qualquer obra de arte aplicada de artista estrangeiro, que figure em histórias da arte e museus universais.

[372] BRASIL. Anteprojeto.... Id. p. 59.

[373] BRASIL. Exposição de motivos elaborada por Rodrigo de Melo Franco de Andrade, submetida pelo Ministro Gustavo Capanema ao Presidente Getúlio Vargas em novembro de 1937. In: IPHAN. Id. p. 72-73.

2.2. O Decreto-lei nº 25, de 1937

O Decreto-lei n.º 25, de 1937, visa à proteção aos bens culturais aos bens móveis e imóveis vinculados a "fatos memoriáveis da história do Brasil, quer por seu excepcional valor arqueológico ou etnográfico, bibliográfico ou artístico". Esta limitação, sem dúvida, está intimamente relacionada com o art. 134 da Constituição outorgada naquele mesmo ano.

Como características essenciais, acolheu-se o termo "tombamento" em vez de "catalogação", e adotaram-se os livros de tombo previstos por Mario de Andrade no "Anteprojeto de Regulamento do SPAN", conforme disposto no art. 4º do Decreto-lei n.º 25. Contudo, a ênfase desse Decreto-lei está nos imóveis de caráter histórico e artístico, muito provavelmente pelo momento de nacionalismo cívico pelo qual atravessava o país.

Estabelecem-se no art. 8º os tombamentos voluntário e compulsório, aplicando-se este último quando o proprietário se recusa a anuir com a inscrição da coisa no livro do tombo. Nessa parte já se observa uma alteração em relação ao projeto anterior de Luiz Cedro Carneiro Leão, que previa o consentimento do proprietário. Explica-se esse fato, notadamente, pela difusão, à época, das ideias jurídicas de intervenção do Estado nas relações privadas. Para evitar a destruição do bem, estatuiu-se no art. 10, caput e parágrafo único, o tombamento provisório, com efeitos de definitivo, enquanto estivesse em análise a inscrição da coisa nos livros do tombo.

Além dos efeitos do tombamento, que serão analisados adiante, previu-se a criação de outros museus para a conservação e exposição das obras históricas e artísticas, conforme disposto no art. 24. Obriga-se, ainda, no art. 25, que os comerciantes de arte devem apresentar relação semestral dos objetos históricos e artísticos ao Serviço do Patrimônio Histórico e Artístico Nacional, exigindo-se, pelo art. 28, prévia autenticação desse órgão a realização de leilões. A maneira como se divulgou essa questão referente à proteção, gerou repercussões negativas, mas, nesse momento, era imprescindível a atuação do Estado na proteção do patrimônio cultural brasileiro. De acordo com Maria Cecília Londres Fonseca, o Estado era quem podia ser o "intérprete e guardião dos valores culturais da nação, uma vez que a sociedade ainda não tinha alcançado a consciência desses valores".[374] Ademais, o SPHAN serviu para que o Estado Novo pudesse, inicialmente, estabelecer limites entre o governo e os intelectuais, assegurando-se autonomia a estes na condução do órgão em troca de uma não intromissão nos demais assuntos governamentais, em uma tentativa de cooptação das elites.[375] Tempos depois, este fato teria resultado no isolamento do órgão não apenas na estrutura de governo, como também da sociedade, pelo fato do desinteresse do Estado na área.[376]

Pelo Decreto-lei n.º 3.365, de 21 de junho de 1941, que disciplina as desapropriações por utilidade pública, previu-se a realização desse processo para fins de preservação do patrimônio histórico ou artístico, arquivos, documentos ou outros bens móveis, além de edifícios públicos e monumentos comemorativos, como alternativa ao tombamento:

> Art. 5º Consideram-se casos de utilidade pública:
> k) a preservação e conservação dos monumentos históricos e artísticos, isolados ou integrados em conjuntos urbanos ou rurais, bem como as medidas necessárias a manter-lhes e realçar-lhes os aspectos mais valiosos ou característicos e, ainda a proteção de paisagens e locais particularmente dotados pela natureza;
> l) a preservação e a conservação adequada de arquivos, documentos e outros bens moveis de valor histórico ou artístico;
> m) a construção de edifícios públicos, monumentos comemorativos e cemitérios;

Devido aos protestos existentes contra o tombamento de imóveis, promulgou-se o Decreto-lei n.º 3.866, de 29 de novembro de 1941, que autorizava o Presidente da República a cancelar o tombamento realizado pelo Serviço do Patrimônio Histórico e Artísitico Nacional.

Importante mencionar que houve oposição ao Decreto-lei n.º 25, de 1937, sob a alegação de ofensa ao direito de propriedade. Esse fato

---

[374] FONSECA, Maria Cecília Londres. **O patrimônio em processo: trajetória da política federal de preservação no Brasil**. 3. ed. Rio de Janeiro: Editora UFRJ, 2009. p. 110.
[375] FONSECA, Maria Cecília Londres. Id. p. 121-122.
[376] FONSECA, Maria Cecília Londres. Id. p. 123.

deu-se no caso relativo a imóvel tombado no Rio de Janeiro por ter sido construído sobre o referido arco, o qual compunha, com o chafariz de D. Maria I e o Palácio de Bobadela um conjunto histórico no velho Largo do Paço, reproduzido em gravuras de viajantes estrangeiros, servindo, portanto, de relíquia da cidade antiga. No julgamento do caso em 1941,[377] entendeu-se não ser inconstitucional o Decreto-lei n.º 25, tornando desnecessária a desapropriação para fins de proteção ao patrimônio histórico. Curioso notar que houve divergências entre os ministros do Supremo Tribunal Federal, porque parte deles entendeu ser o tombamento atentatório ao direito de propriedade, devendo-se desapropriar o imóvel, uma vez que a lei sobre a matéria tinha sido recentemente promulgada no Brasil. Porém, prevaleceu o entendimento de que "a defesa dos nossos monumentos históricos e artísticos é um dever de todos, inclusive dos particulares e – por estranho que isso pareça aos apelantes – é dever dos proprietários dos monumentos", o qual encontrava amparo no art. 134 da Constituição. Em 1943,[378] neste mesmo recurso, entendeu-se que o Poder Judiciário deveria analisar apenas a legalidade dos atos, sustentando-se a argumentação na doutrina norte-americana.

Nesse período entre as décadas de 1940 a 1970, três aspectos relativos ao patrimônio histórico podem ser apontados. O primeiro deles é a atenção para com a proteção de monumentos e edifícios ligados à defesa da época colonial, como também à Igreja Católica, com o intuito de começar o trabalho de salvamento do patrimônio brasileiro. Foram realizados estudos sobre fortes, casas antigas, edifícios da região de Ouro Preto, igrejas mineiras, baiana e obras de Aleijadinho.[379] A lite-

[377] BRASIL. Supremo Tribunal Federal. Apelação Cível nº. 7.377/DF. Relator: Min. Carvalho Mourão. Julgado em 24 nov.1941.

[378] BRASIL. Supremo Tribunal Federal. Apelação Cível nº. 7.377/DF. 1ª Turma. Relator: Min. Castro Nunes. Julgado em 19 ago.1943.

[379] BRASIL. Ministério da Educação e Saúde. **Revista do Serviço do Patrimônio Histórico e Artístico Nacional. Rio de Janeiro**. n.2. 1938; BRASIL. Ministério da Educação e Saúde. **Revista do Serviço do Patrimônio Histórico e Artístico Nacional**. Rio de Janeiro. n.5. 1941; BRASIL. Ministério da Educação e Saúde. **Revista do Serviço do Patrimônio Histórico e Artístico Nacional. Rio de Janeiro**. n.9. 1945; BRASIL. Ministério da Educação e Saúde. **Revista do Serviço do Patrimônio Histórico e**

ratura das diversas áreas destaca a atuação de Rodrigo de Mello Franco de Andrade como primeiro diretor do Serviço do Patrimônio Histórico e Artísitico Nacional, denominando de "fase heroica" o período em que esteve à frente do órgão, entre 1937 a 1967.[380] Na opinião de Maria Cecília Londres Fonseca, os funcionários do SPHAN, a despeito da todas as dificuldades, tinham compromisso com a autenticidade e postura criteriosa nos processos de tombamento e a defesa do interesse público acima do interesse particular e até mesmo do interesse governamental, buscando-se a transparência na gestão dos recursos públicos.[381]

O segundo aspecto é a convivência do modernismo com a preservação do patrimônio histórico brasileiro. Nesse sentido, Ana Lúcia Cerávolo[382] destacou a intervenção nas ruínas no Conjunto das Missões de São Miguel, no Rio Grande do Sul, realizada por Lucio Costa, seguindo as instruções da Carta do Restauro de 1931. Outro episódio interessante foi a construção do Grande Hotel de Ouro Preto, projetado por Oscar Niemeyer em 1940, o qual segue os preceitos preconizados por Le Corbusier para as construções modernas, como as grandes janelas de vidro e uso de pilotis.

O terceiro ponto é a aplicação direta das ideias modernista na arquitetura brasileira, contando inclusive com a presença de Walter Gropius e de Le Corbusier no Brasil. Em 1929, construiu-se a primeira "casa modernista" em Higienópolis[383] e edifícios de apartamentos com vários andares, projetados por Rino Levi.[384] Houve também a construção da sede do MEC no Rio de Janeiro, concluída em 1947, elaborado sob dire-

Artístico Nacional. Rio de Janeiro. n.15. 1961.

[380] Cf. ANDRADE, Rodrigo de Melo Franco de. **Rodrigo e o SPHAN. Coletânea de textos sobre patrimônio cultural**. Rio de Janeiro: Ministério da Cultura: Secretaria do Patrimônio Histórico e Artístico Nacional: Fundação Pró-Memória, 1987.

[381] FONSECA, Maria Cecília Londres. Id. p. 126.

[382] CERÁVOLO, Ana Lucia. **Interpretações do patrimônio: arquitetura e urbanismo moderno na constituição de uma cultura de intervenção no Brasil, 1930-1960**. São Carlos: EdUfscar, 2013. p. 112-118.

[383] BARDI, P.M. **Lembrança de Le Corbusier. Atenas, Itália, Brasil**. São Paulo: Nobel, 1984. p. 49.

[384] BARDI, P.M. Id. p. 61.

ção do próprio Le Corbusier, de acordo com os preceitos modernos de uso de vidros e andar térreo livre para circulação, com a construção erguida do solo por pilotis.[385] Inclusive para São Paulo, Le Corbusier elaborou um plano urbanístico, com as ideias de dois grandes eixos de circulação, de norte a sul e de leste a oeste.[386]

O ponto alto do modernismo na arquitetura e urbanismo, em contrataste com o Brasil real, foi a construção de Brasília, fundada em 1960. Esta cidade representa um dos exemplos mais contundentes da aplicação das ideias de Le Corbusier, constantes em suas obras e consolidadas na Carta de Atenas de 1933. Como apontou James Holston,[387] em estudo sobre os motivos que levaram à construção da cidade e os valores consubstanciados no projeto, quis-se fazer da arquitetura um modo de transformação social e, na cidade construída, a gênese de uma nova sociedade brasileira. O projeto elaborado por Lucio Costa inspirou-se notadamente na obra de Le Corbusier – aliás, tanto Lucio Costa quanto Oscar Niemeyer eram discípulos dele – e quis-se implantar o modelo de "igualdade", preconizado entre os socialistas.

Chama a atenção esse relacionamento devido à influência da arquitetura soviética nos arquitetos brasileiros. Essa influência foi bastante significativa para arquitetos de esquerda, sobretudo Oscar Niemeyer, membro do Partido Comunista Brasileiro desde a juventude. A influência da arquitetura soviética deve-se em parte às relações de parentesco desta com os CIAM, mas de modo mais específico em função dos seus objetivos explicitamente revolucionários. Assim, tanto o construtivismo soviético como funcionalismo pós-stalinista proporcionaram aos brasileiros mais do que simples exemplos de soluções arquitetônicas específicas. Proporcionaram também o modelo daquilo que Niemeyer (...) chamou de 'arquitetura social' na 'solução de problemas coletivos'. 'Enquanto nos demais países [o arquiteto] atende quase que exclusivamente às soluções de uma minoria das classes dominantes, lá [na União

---

[385] BARDI, P.M. Id. p. 77.

[386] BARDI, P.M. Id. p. 50.

[387] HOLSTON, James. **A cidade modernista: uma crítica de Brasília e sua utopia**. Tradução: Marcelo Coelho. São Paulo: Companhia das Letras, 1993. p.28, 38, 42.

Soviética], ao contrário, seu trabalho é dirigido para os grandes projetos de urbanismo, que visam à felicidade e ao bem-estar comuns.[388]

Ademais, em Brasília, vê-se também a existência de vias expressas de elevada velocidade sem semáforos, superquadras sem esquinas e edifícios para moradia apoiados em pilotis e uso de vidro como revestimento externo. Em 1980, Brasília foi tombada como patrimônio da humanidade e o Plano-piloto da cidade foi tombado pelo IPHAN, por meio da Portaria n.º 314, de 8 de outubro de 1992.

Com a saída de Rodrigo de Mello Franco de Andrade em 1967, viu-se que o órgão tinha destaque apenas pela atuação carismática deste; portanto, houve um ocaso até que outro diretor carismático, Aloísio Magalhães, conseguisse recolocar o órgão em posição de destaque.[389] Este último, igualmente engajado, teria uma visão idealista do patrimônio cultural, alinhada com o pensamento da UNESCO, o que não era bem visto por certos setores da época, sobretudo no início da década de 1980, quando o Brasil se preparava para uma abertura política.[390]

3. A legislação correlata e a jurisprudência (1961-1988)

Em termos jurídicos, nas Constituições de 1946, 1967 e 1969, a previsão da proteção ao patrimônio cultural era bastante simples, reproduzindo, em linhas gerais, o disposto no art. 1º do Decreto-lei n.º 25, de 1937.[391] Promulgou-se também a Lei n.º 3.924, de 26 de julho de 1961, que trata dos monumentos arqueológicos e pré-históricos, voltada especialmente à pro-

---

[388] HOLSTON, James. Id. p. 45.
[389] FONSECA, Maria Cecilia Londres. Id. p. 141.
[390] FONSECA, Maria Cecilia Londres. Id. p. 162-163.
[391] Constituição de 1946: "Art 175 – As obras, monumentos e documentos de valor histórico e artístico, bem como os monumentos naturais, as paisagens e os locais dotados de particular beleza ficam sob a proteção do Poder Público". Constituição de 1967: "Art. 172. O amparo à cultura é dever do Estado. Parágrafo único – Ficam sob a proteção especial do Poder Público os documentos, as obras e os locais de valor histórico ou artístico, os monumentos e as paisagens naturais notáveis, bem como as jazidas arqueológicas". Emenda Constitucional nº. 1/1969: "Art. 180. O amparo à cultura é dever do Estado. Parágrafo único. Ficam sob a proteção especial do Poder Público os documentos, as obras e os locais de valor histórico ou artístico, os monumentos e as paisagens naturais notáveis, bem como as jazidas arqueológicas".

teção dos sambaquis e jazigos dos indígenas, além de grutas, lapas e abrigos, bem como sua cerâmica. Em seu art. 3º, tornou-se proibido, no Brasil, o aproveitamento econômico, a destruição ou mutilação, para qualquer fim, de jazidas arqueológicas ou pré-históricas, antes de serem devidamente pesquisadas. Os demais artigos disciplinam o controle e fiscalização do Estado na pesquisa desses objetos, vedando-se a saída de qualquer um deles sem autorização do órgão competente, nos termos do art. 20 desta Lei. Com efeito, a exploração desses locais necessita ser feita por especialistas em arqueologia, que usam metodologias de pesquisa adequadas, a começar do fato de que não se podem simplesmente retirar as peças do local, porque o contexto em que foram encontradas, é informação relevante para a explicação e compreensão dos hábitos dos povos que viveram anteriormente a 1500 no Brasil, sobretudo pelo fato de não terem escrita.

Do mesmo modo, a Lei n.º 7.542, de 26 de setembro de 1986, que trata do patrimônio subaquático, disciplina a exploração e pesquisa de coisas ou bens afundados, submersos, encalhados e perdidos no mar, em terrenos de marinha e em terrenos marginais em decorrência de sinistro, alijamento ou fortuna do mar. Nos termos do art. 20 desta Lei, pertencem à União as coisas de valor artístico, de interesse histórico ou arqueológico resgatadas por particulares, devidamente autorizados por meio de contrato ou ato de autorização. Em sua redação original, não se previa recompensa, mas a Lei nº 10.166, de 27 de dezembro de 2000, prevê a adjudicação de até quarenta por cento do valor total atribuído às coisas resgatadas a título de recompensa pelos serviços de remoção.

Além disso, existem duas leis que tratam de medidas judiciais para a preservação do bem cultural. A Lei da Ação Popular (Lei nº 4.717, de 29 de junho de 1965) dispõe no art. 1º que qualquer cidadão é parte legítima para pleitear a anulação ou a declaração de nulidade de atos lesivos ao patrimônio público em geral. No parágrafo 1º deste artigo, dispõe-se que "Consideram-se patrimônio público para os fins referidos neste artigo, os bens e direitos de valor econômico, artístico, estético, histórico ou turístico".

A Lei da Ação Civil Pública (Lei n.º 7.347, de 24 de julho de 1985) dispõe, no art. 1º, III, sobre o pedido de indenização por danos materiais e morais causados, entre outros, a bens e direitos de valor artístico, estético, histórico, turístico e paisagístico. O art. 4º desta Lei prevê a ação cautelar para evitar danos "ao patrimônio público e social, ao meio ambiente, ao consumidor, à honra e à dignidade de grupos raciais, étnicos ou religiosos, à ordem urbanística ou aos bens e direitos de valor artístico, estético, histórico, turístico e paisagístico".

Curiosamente, a quantidade de acórdãos sobre tombamento é muito pequena no período. Em consulta à jurisprudência do Supremo Tribunal Federal, há onze acórdãos até 1988. O primeiro deles é o acórdão extremamente resumido acerca da liberação de construção de edifício de doze andares no entorno do Mosteiro de São Bento, no Rio de Janeiro, por concluir-se que não prejudicava a visibilidade do local.[392] O segundo deles trata de dois imóveis voluntariamente tombados no município de Vassouras, por terem, à época, mais de cento e quarenta anos e, de acordo com os proprietários, estavam devidamente conservados às suas custas. Porém, o Decreto federal n.° 70.678, de 6 de junho de 1972, considerou de utilidade pública para fins de desapropriação os imóveis. Relatou que havia rumores de que instituição privada de ensino queria os imóveis para si; certo dia, um grupo de pessoas invadiu o imóvel e tirou fotografias do seu interior. Dessa forma, requereu a anulação do decreto expropriatório, porque a motivação era a entrega dos imóveis a entidade privada e não por falta de manutenção. No voto, no qual se faz longa referência à Apelação n.° 7.377/DF, discutiu-se se o Estado, ao tombar o imóvel, renunciou o seu poder de desapropriá-lo, concluindo-se que tal prerrogativa era possível. Embora boa parte do acórdão se refira a tombamento, concluiu-se ser cabível a segurança pretendida, porque houve desvio de finalidade na edição do decreto.[393]

O terceiro caso refere-se a mandado de segurança impetrado por proprietário de imóvel no município de Curitiba, o qual foi adquirido em 1949 e, em 1979, o Decreto municipal n.° 1.547 criou o "Setor Especial das Unidades de Interesse de Preservação", cujos imóveis nela contidos, os quais eram "verdadeiros testemunhos da memória de Curitiba", não poderiam sofrer qualquer tipo de alteração física e de uso sem prévia anuência da Comissão Especial criada por esse Decreto. O proprietário quis demolir

---

[392] BRASIL. Supremo Tribunal Federal. Agravo de Instrumento n.° 18.925. Relator: Min. Hahnemann Guimarães. Segunda Turma. Julgado em 20 ago.1957.

[393] BRASIL. Supremo Tribunal Federal. Mandado de Segurança n.° 19.961. Relator: Min: Xavier de Albuquerque. Tribunal Pleno. Julgado em 12 jun.1974.

o imóvel e teve autorização negada, razão pela qual o proprietário recorreu, alegando ofensa ao direito de propriedade. Entendeu-se que não era hipótese de direito adquirido do proprietário de demolir o imóvel pelo fato de o referido Decreto ter sido baixado após a aquisição do imóvel, nem hipótese de tombamento, mas uma limitação ao direito de propriedade, a qual todos deveriam acatar e inclusive havia previsão legal de concessão de incentivo construtivo para a sua recuperação.[394]

4. A Constituição Federal de 1988

A Constituição Federal de 1988 é um marco importante na disciplina jurídica do patrimônio cultural no Brasil. Deve-se esse fato à oportunidade que a sociedade brasileira teve de discutir o seu conteúdo, entre 1986 e 1988, de maneira ampla, livre e democrática.

O anteprojeto de Constituição, apresentado por Afonso Arinos, de setembro de 1986, tratava da cultura em quatro artigos. Por terem redação distinta da redação final de 1988, merecem ser transcritos:

> Anteprojeto Afonso Arinos:
> "Art. 395. Compete ao Poder Público garantir a liberdade de expressão criadora dos valores da pessoa e a participação nos bens da cultura, indispensáveis à identidade nacional na diversidade da manifestação particular e universal de todos os cidadãos.
> § 1º Esta expressão inclui a preservação e o desenvolvimento da língua e dos estilos de vida formadores da realidade nacional.
> § 2º É reconhecido o concurso de todos os grupos historicamente constitutivos da formação do País, na sua participação igualitária e pluralística para a expressão da cultura brasileira."
>
> "Art. 396. Para o cumprimento do disposto no artigo anterior, o Poder Público assegurará:
> I – o acesso aos bens da cultura na integridade de suas manifestações;
> II – a sua livre produção, circulação e exposição para toda a coletividade;

---

[394] BRASIL. Supremo Tribunal Federa. Recurso Extraordinário n.º 114.468. Relator: Min. Carlos Madeira. Segunda Turma. Julgado em 31 mai.1988.

III - a preservação de todas as modalidades de expressão dos bens de cultura socialmente relevantes, bem como a memória nacional."

"Art. 397. O Poder Público proporcionará condições de preservação da ambivalência dos bens da cultura, visando a garantir:
I - o acautelamento de sua forma significativa, incluindo, entre outras medidas, o tombamento e a obrigação de restaurar;
II - o inventário sistemático desses bens referenciais da identidade nacional."

"Art. 398. São bens de cultura os de natureza material ou imaterial, individuais ou coletivos, portadores de referência à memória nacional, incluindo-se os documentos, obras, locais, modos de fazer de valor histórico e artístico, as paisagens naturais significativas e os acervos arqueológicos"

Nessa proposta original, usaram-se indistintamente os termos "bens de cultura" e "bens da cultura". Nota-se no projetado art. 395 o conceito de cultura em termos de desenvolvimento pessoal como de identidade nacional. As normas projetadas estabeleciam obrigações ao Poder Público de assegurar o acesso e participação nestes bens, bem como a sua livre produção, circulação e exposição para toda a coletividade, com vista à garantia do acesso a bibliotecas, o fim da censura, a qual ainda existia,[395] e a importação de "lixo cultural". Competiria ao Poder Público a preservação de todas as modalidades de expressão de bens de cultura socialmente relevantes por meio do acautelamento, o qual compreenderia o tombamento e a obrigação de restaurar, sendo ambos, coisas distintas, além do inventário sistemático dos mesmos. Além disso, pretendia-se a valorização dos bens de cultura socialmente relevantes e da memória coletiva nacional.

Ao contrário do que havia no século XIX em termos de discussão sobre a contribuição de cada grupo étnico para a formação da sociedade

---

[395] BRASIL. Assembleia Nacional Constituinte (Atas de Comissões). **Subcomissão de Educação, Cultura e Esportes.** Disponível em: <http://www.senado.gov.br/sf/publicacoes/anais/constituinte/constituinte.zip>. Acesso em: 30 abr.2016. p. 260.

brasileira, essa ideia foi retomada ao declarar-se que todos os grupos historicamente constitutivos da formação do País tiveram participação igualitária e pluralística na expressão da cultura brasileira. Nos debates da Subcomissão da Educação, Cultura e Esportes, o primeiro ponto levantado consistiu na defesa do ensino de história da África, porque o ensino escolar enfatizava a história da Europa, o que permitia aos descendentes de europeus conhecerem suas origens, mas esse mesmo direito não se assegurava aos descendentes de africanos no Brasil.[396]

Outro tema que se discutiu foi a estratégia de preservação do patrimônio histórico. Na opinião do constituinte Octavio Elisio, de Ouro Preto. São interessantes as palavras dele:

> A estratégia política de preservação do patrimônio histórico ainda é alguma coisa autoritária, de cima para baixo, que desconhece que, naquela cidade, vivem pessoas que não podem se sentir – como eu me senti – quando criança e jovem lá vivendo, como peça de museu. Um lugar, onde você não vive e não convive com a coisa que é sua. Eu não vejo outro jeito de se preservar um patrimônio, sem que a população participe, de modo efetivo, desse ato de preservação.[397]

Destacou-se a necessidade de preservação do patrimônio cultural não pelo Estado, mas pela sociedade civil, de forma plural e não linear, cabendo ao Estado ajudar as cidades a desenvolverem-se com respeito ao patrimônio ambiental urbano.[398] Aventou-se o dever de toda pessoa, física ou jurídica, de defender o patrimônio cultural do Brasil, denunciando as ameaças de crime contra o mesmo.[399]

Em 1988, a Constituição foi promulgada com os artigos 215 e 216 sobre a cultura:

---

[396] BRASIL. Assembleia Nacional Constituinte (Atas de Comissões). Id. p. 252-253.

[397] BRASIL. Assembleia Nacional Constituinte (Atas de Comissões). Id. p. 277.

[398] BRASIL. Assembleia Nacional Constituinte (Atas de Comissões). Id. p. 280.

[399] BRASIL. Assembleia Nacional Constituinte (Atas de Comissões). Id. p. 417.

Constituição Federal, na redação original de 5 de outubro de 1988:
Art. 215. O Estado garantirá a todos o pleno exercício dos direitos culturais e acesso às fontes da cultura nacional, e apoiará e incentivará a valorização e a difusão das manifestações culturais.

§ 1º O Estado protegerá as manifestações das culturas populares, indígenas e afro-brasileiras, e das de outros grupos participantes do processo civilizatório nacional.

§ 2º A lei disporá sobre a fixação de datas comemorativas de alta significação para os diferentes segmentos étnicos nacionais.

Art. 216. Constituem patrimônio cultural brasileiro os bens de natureza material e imaterial, tomados individualmente ou em conjunto, portadores de referência à identidade, à ação, à memória dos diferentes grupos formadores da sociedade brasileira, nos quais se incluem:

I – as formas de expressão;
II – os modos de criar, fazer e viver;
III – as criações científicas, artísticas e tecnológicas;
IV – as obras, objetos, documentos, edificações e demais espaços destinados às manifestações artístico-culturais;
V – os conjuntos urbanos e sítios de valor histórico, paisagístico, artístico, arqueológico, paleontológico, ecológico e científico.

§ 1º O poder público, com a colaboração da comunidade, promoverá e protegerá o patrimônio cultural brasileiro, por meio de inventários, registros, vigilância, tombamento e desapropriação, e de outras formas de acautelamento e preservação.

§ 2º Cabem à administração pública, na forma da lei, a gestão da documentação governamental e as providências para franquear sua consulta a quantos dela necessitem.

§ 3º A lei estabelecerá incentivos para a produção e o conhecimento de bens e valores culturais.

§ 4º Os danos e ameaças ao patrimônio cultural serão punidos, na forma da lei.

§ 5º   Ficam tombados todos os documentos e os sítios detentores de reminiscências históricas dos antigos quilombos.[400]

A redação final dos artigos sobre cultura não incorporou o próprio conceito de cultura, afastando-se a ideia de preservação de memória nacional com a supressão da expressão "bens de cultura socialmente relevantes", ante a possibilidade de juízos de valor sobre quais deles atenderiam a tais critérios. Em vez de usar-se o termo "bens de cultura", optou-se pelo termo "patrimônio cultural brasileiro", não apenas por uma questão tradicional, pelo fato de no Decreto-lei n.º 25, de 1937, registrar a expressão "patrimônio", mas, sobretudo, para indicar que todos os bens culturais, e não apenas aqueles de caráter histórico e artístico, receberiam proteção do Estado. Aperfeiçoou-se a redação do art. 216, ao elencarem-se exemplos desses bens, que, aliás, são similares aos concebidos por Mario de Andrade em 1936 em seu Anteprojeto de Lei para criação do SPHAN, os quais justificam a proteção da cultura popular, material e imaterial, antiga ou contemporânea. Ampliaram-se as formas de preservação, entre as quais a desapropriação, e eliminou-se a obrigação de restaurar o bem. Por isso, é considerado um avanço na disciplina dos bens culturais, porque ampliou a proteção a todos eles, e não apenas aqueles de caráter histórico, arquitetônico e artístico.[401]

---

[400] Em 2003, a Emenda Constitucional nº. 42 inseriu o parágrafo sexto ao art. 216 para prever a possibilidade de os Estado e Distrito Federal vincularem parte de sua receita tributária líquida para o financiamento de programas e projetos culturais. Em 2005, a Emenda Constitucional nº. 48 inseriu o parágrafo terceiro ao art. 215 da Constituição para estabelecer a previsão legal de um Plano Nacional de Cultura, destinado ao desenvolvimento cultural do país, voltado à: "I – defesa e valorização do patrimônio cultural brasileiro; II – produção, promoção e difusão de bens culturais; III – formação de pessoal qualificado para a gestão da cultura em suas múltiplas ações; IV – democratização do acesso aos bens de cultura; V – valorização da diversidade étnica e regional". Por fim, em 2012, a Emenda Constitucional nº 71 inseriu o art. 216-A, que criou o Sistema Nacional de Cultura, o qual tem por princípios, entre outros: "I – diversidade de expressão culturais; II – universalização do acesso aos bens e serviços cultuais; III – fomento à produção, difusão e circulação de conhecimento e bens culturais; (...) X – democratização dos processos decisórios com participação e controle social; (...)".

[401] Para José Afonso da Silva (**Ordenação Constitucional da Cultura**. São Paulo: Malheiros, 2001. p. 100): "Patrimônio cultural é expressão mais adequada e mais abrangente

O desejo dos constituintes era que o Estado financiasse as manifestações culturais, mas isso esbarrava nos limites orçamentários, uma vez que as demais comissões também previam dotações orçamentárias, inviabilizando a gestão do país. Entendeu-se que seria melhor não prever recursos fixos para a cultura. No entanto, inseriu-se a previsão de leis de incentivo e conhecimento de bens e valores culturais. Estava em vigor a Lei n.º 7.505, de 2 de julho de 1986, também conhecida como Lei Sarney, bastante citada nos debates, que estabelecia a concessão de benefícios fiscais a operações de caráter cultural ou artístico. Quanto à ideia de obrigar qualquer pessoa a denunciar os danos ao patrimônio cultural, optou-se apenas pela previsão de punição nos termos da lei, tal como já havia sido previsto na Constituição de 1937. Estabeleceu-se o tombamento de todos os documentos e sítios históricos de reminiscências históricas de antigos quilombos, por ser uma reivindicação pela valorização da cultura negra no Brasil.

5. Leis e decretos posteriores à Constituição Federal de 1988

Em 1991, promulgou-se a Lei n.º 8.313, de 23 de dezembro de 1991, conhecida por Lei Rouanet, a qual revogou a Lei Sarney, instituindo o Programa Nacional de Apoio à Cultura (PRONAC), o qual se destina à preservação e ao incentivo à cultura. Para tanto, previu a criação de dois fundos e o mecanismo de incentivo a projetos culturais, nos termos do art. 18 desta Lei, para a promoção do financiamento de atividades culturais mediante dedução do pagamento de parcelas do Imposto de Renda.

Em 4 de agosto de 2000, editou-se o Decreto n.º 3.551, que criou o Registro de Bens Culturais do patrimônio cultural brasileiro. Também se aventava essa proteção nos debates da Assembleia Nacional Constituinte, ao pretender a preservação de canções tradicionais, que se poderiam perder com a chegada do "progresso" a regiões mais afastadas do Brasil.

do que patrimônio histórico e artístico. Menos adequado, embora não menos abrangente, é falar-se em patrimônio histórico, artístico ou cultural, porque o "cultural" já inclui o "histórico" e o "artístico"; por isso a Constituição andou bem empregando a expressão sintética "patrimônio cultural", no art. 216, embora já não o tenha feito tão bem quando se refere a bens de valor histórico, artístico ou cultural, nos arts. 23, III e IV, e 24, VII".

Com efeito, a previsão deste registro está no art. 216, § 1º da Constituição Federal. Não há a necessidade de lei ordinária para a previsão desse registro em diferentes livros, entre os quais o Livro de Registro de Saberes, Livro de Registro das Celebrações, Livro de Registro das Formas de Expressão e Livro de Registro de Lugares, porque se trata de uma declaração de que determinada prática cultural merece o reconhecimento da sociedade. Por outro lado, este registro é importante, porque servirá, no futuro, como fonte documental para pesquisas sobre todas essas manifestações culturais. No caso concreto, dificilmente surgirão conflitos relacionados à inscrição dessas manifestações culturais nos respectivos livros, porque não afetam eventuais direitos de autor que estejam em domínio público ou, eventualmente, na titularidade da comunidade. O art. 45, II, da Lei nº. 9.610, de 19 de fevereiro de 1998, põe em domínio público as obras de "autor desconhecido, ressalvada a proteção legal aos conhecimentos étnicos e tradicionais", a qual, até o presente momento, dá-se, no direito interno brasileiro, pelo próprio Decreto nº. 3.551, de 2000.

Em 10 de julho 2001, a Lei n.º 10.257, conhecida por Estatuto da Cidade, regulamentou os arts. 182 e 183 da Constituição Federal e estabeleceu diretrizes gerais da política urbana. O art. 2º desta Lei, que estabelece que a "política urbana tem por objetivo ordenar o pleno desenvolvimento das funções sociais da cidade e da propriedade urbana", elencou como um de seus princípios, no inciso XII, a "proteção, preservação e recuperação do meio ambiente natural e construído, do patrimônio cultural, histórico, artístico, paisagístico e arqueológico".

Em 2002, o Código Civil instituiu o art. 1.228, § 1º, segundo o qual:

> Art. 1.228. (...)
> § 1º O direito de propriedade deve ser exercido em consonância com as suas finalidades econômicas e sociais e de modo que sejam preservados, de conformidade com o estabelecido em lei especial, a flora, a fauna, as belezas naturais, o equilíbrio ecológico e o patrimônio histórico e artístico, bem como evitada a poluição do ar e das águas.

Em 11 de janeiro de 2009, promulgou-se a Lei n.º 11. 904, que instituiu o Estatuto dos Museus. Trata-se de lei importante pelo fato de disciplinar a função social dos bens culturais em termos de acesso aos mesmos. O art. 1º desta Lei define museus:

> Art. 1º Consideram-se museus, para os efeitos desta Lei, as instituições sem fins lucrativos que conservam, investigam, comunicam, interpretam e expõem, para fins de preservação, estudo, pesquisa, educação, contemplação e turismo, conjuntos e coleções de valor histórico, artístico, científico, técnico ou de qualquer outra natureza cultural, abertas ao público, a serviço da sociedade e de seu desenvolvimento.

Pela leitura deste artigo, constata-se que o legislador reconheceu o museu como lugar privilegiado para a preservação e acesso aos bens culturais, sobretudo ao estabelecer que essa atividade é realizada a serviço da sociedade, para sua educação e desenvolvimento, com fundamento no art. 216, §§ 1º e 3º da Constituição Federal. Entre os princípios jurídicos relativos aos museus, previstos no art. 2º desta Lei, destacam-se: "II – a promoção da cidadania; III – o cumprimento da função social; IV – a valorização e preservação do patrimônio cultural e ambiental; V – a universalidade do acesso, o respeito e a valorização à diversidade cultural". Deve-se destacar, ainda, que o Estatuto dos Museus prevê, no art. 41, a proteção dos bens culturais dos museus pelo registro dos mesmos no inventário nacional, denominado de Inventário Nacional dos Bens Culturais Musealizados – INBCM, coordenado pelo Instituto Brasileiro de Museus – IBRAM, e que, nos termos do art. 41, § 2º, não tem "implicações na propriedade, posse ou outro direito real", o que já afasta, de pronto, qualquer possibilidade de conflito dos museus com o IBRAM, decorrente do registro desses bens nesse inventário.

PARTE II
ANÁLISE JURÍDICO-NORMATIVA

CAPÍTULO 4
O Direito de Propriedade

Retomando-se a tese de que, em se tratando de proteção do patrimônio cultural, o conflito de interesses materializa-se, de um lado, pelo direito de propriedade sobre um bem material e, de outro lado, no interesse da sociedade na preservação desse mesmo por bem, será apresentada nessa parte do trabalho a construção paulatina do direito de propriedade, com o intuito de compreender como esse instituto jurídico se estruturou no modelo em que se consolidou nos códigos civis, entre eles, o do Brasil. É importante conhecer como se formou o conceito de propriedade, para entender, a partir de sua estrutura, por que este instituto jurídico aparentemente conflita com a proteção do patrimônio cultural. Curiosamente, percebe-se que os estágios de desenvolvimento da proteção de um bem cultural estão em correspondência com o estágio de desenvolvimento do que veio a tornar-se o direito de propriedade.

1. Idade Antiga
Como ponto de partida para a compreensão do tema, tem-se que, desde muito tempo atrás, reconhecia-se que as pessoas tinham coisas e este fato deveria ser respeitado por todos. As principais legislações daquela época puniam quem desrespeitasse o que estivesse atribuído como sendo seu. Embora se devam usar com muitas reservas as fontes antiquíssimas por faltarem elementos de pré-compreensão para uma acu-

rada interpretação do texto, como, por exemplo, o Código de Hamurábi (séc. XVIII a.C), sabe-se que, na Babilônia, era punida com a morte a pessoa que tomasse para si a coisa alheia.[402] Disposição acerca do mesmo fato está no Velho Testamento, no qual um dos mandamentos é "não furtarás". Do mesmo modo, na Lei das XII Tábuas também havia regras da mesma natureza,[403] assim como na legislação romana subsequente, que considerava delitos do direito civil o *furtum* e a *rapina*.[404] A primeira ideia a formar-se foi a de que não se pode interferir nessa relação material entre uma pessoa e uma coisa.

1.1. A atribuição do que é de cada um. O *meu esse*
Da Antiguidade clássica, podem-se extrair três aspectos relacionados à relação entre a proteção do patrimônio cultural e o direito de propriedade, que são retomados muito tempo depois, mas que merecem ser mencionadas para que se saiba a gênese dessas ideias. A primeira delas está na relação entre o uso individual de uma coisa e o acesso das demais pessoas a essa mesma coisa. Nesse sentido, importa conhecer o pensamento de Aristóteles sobre o tema.

No mundo antigo, distinguiam-se as pessoas de acordo com o seu status na sociedade. Como se sabe, nem todas as pessoas participavam da esfera política, da *polis*, na qual todos eram iguais e discutiam os destinos da cidade. Oposta a essa esfera política estava a esfera privada, da casa (*oikós*), na qual se exerciam as atividades produtivas. Aristóteles, em "A política", tratou da economia, ou "normas da casa" (*oikós nomos*),

---

[402] CÓDIGO DE HAMURÁBI. *In*: **Código de Hamurábi; Código de Manu, excertos (livros oitavo e nono); Lei das XII Tábuas.** Bauru: Edipro. 2000. p. 14. "Art. 6º Se um homem roubou bens do deus do palácio ou do palácio, deverá ser morto juntamente com aquele que recebeu o objeto roubado"; "Art. 7º Se um homem comprou ou recebeu em custódia prata ou ouro, escravo ou escrava, boi ou ovelha, asno ou qualquer outro valor da mão do filho de alguém ou do escravo de um homem, sem testemunha, nem contrato, esse homem é ladrão e deverá ser morto".

[403] LEI DAS XII TÁBUAS. *In*: **Código de Hamurábi; Código de Manu, excertos (livros oitavo e nono); Lei das XII Tábuas.** Bauru: Edipro. 2000. Tab. VI, 4. "Se o furto ocorre durante o dia e o ladrão é flagrado, que seja fustigado e entregue como escravo à vítima. Se é escravo, que seja fustigado e precipitado do alto da rocha Tarpeia".

[404] GAIUS. Institutas. Id. p. 171. Gai. 3,182.

que são as atividades da esfera privada. Nessa obra, ele já fazia àquela época a reflexão sobre a atribuição das coisas de acordo com sua função. Por exemplo, objetos materiais: havia coisas cuja utilidade estava na produção - como uma lançadeira – e outras cuja utilidade estava no uso, como no caso do vestuário. A "propriedade" – aqui grafada entre aspas por não corresponder ao conceito contemporâneo - seria tudo aquilo que serve para uso, ou qualquer coisa além de si própria.[405] Ele também sustentou que as coisas teriam valor de uso e valor de troca. O exemplo seria o calçado, que serve para uso de alguém, como serve de mercadoria para o vendedor.[406]

Quanto à "propriedade" das coisas, Aristóteles defendia que estas pudessem ser usadas por todos, pelo uso que delas se faz, porque o prazer de tomar algo como seu decorre do amor próprio, da avareza e do egoísmo, enquanto o verdadeiro prazer está no auxílio dos amigos, hóspedes e companheiros, o que se dá por meio dos objetos que lhe pertencem.[407] Por outro lado, quanto à terra, houve, de fato, discussões concretas quanto à sua atribuição entre as pessoas, como o caso da malsucedida reforma agrária de Sólon, que viveu dois séculos antes do filósofo. Esse tema também foi objeto de reflexão por Aristóteles, quando ele analisou se seria melhor que fosse privada ou coletiva, ou de que modo deveria ser atribuída. Para ele, a melhor solução seria que os bens pertencessem aos particulares, porque a experiência mostrava que as coisas em comum geravam muito mais conflitos do que as coisas apropriadas, nem seria possível distinguir um lavrador de um guerreiro dentro da sociedade.[408] Aristóteles era contrário à igualdade dos bens, porque essa situação gerava discórdia entre as pessoas, porque não se incentiva o mérito entre elas.[409] Na Ética a Nicômaco,[410] ele discorreu

---

[405] ARISTÓTELES. **A política**. Tradução: Nestor Silveira Chaves. 4. ed. São Paulo: Atena Editora, 1955. p. 17.

[406] ARISTÓTELES. Id. p. 27.

[407] ARISTÓTELES. Id. p. 51-52.

[408] ARISTÓTELES. Id. p. 54.

[409] ARISTÓTELES. Id. p. 65.

[410] ARISTÓTELES. **Ética a Nicômacos**. 3. ed. Tradução: Mário da Gama Kury. Brasília: Editora UnB, 1999. p.95-96-97.

sobre a justiça, que, em sua opinião, seria a virtude suprema. Entre as várias acepções de justiça, uma delas estava na distinção entre justiça distributiva de um lado e justiça comutativa ou diortótica, de outro. A justiça distributiva era aquela segundo a qual se deveria atribuir a cada um de acordo com as suas dignidades, em que a igualdade é proporcional ou geométrica, enquanto a justiça comutativa, ou justiça das trocas, cada um deveria receber o equivalente, sendo, aritmética a igualdade neste caso. Embora sejam abstratas essas definições de justiça, percebe-se que, na justiça distributiva, quem tinha dignidades ou status superior, tinha a aptidão para receber mais; quem não tinha dignidades ou status inferior, não tinha nada a receber.

Já a segunda ideia importante refere-se a quem se poderia atribuir determinada coisa, do ponto de vista formal. No caso, no direito romano, a disciplina do status é fundamental para a compreensão de diversas situações jurídicas entre eles. Pelo *status libertatis*, classificavam-se as pessoas como livres ou servos. Pelo *status civitatis*, entre cidadãos romanos e estrangeiros, além dos latinos. Pelo *status familiae*, entre *sui iuris* e *alieni iuris*. O *sui iuris* era aquele que tinha capacidade para ter domínio sobre as coisas. O *paterfamilias*, homem mais velho dentro desse grupo, era *sui iuris*. Ele tinha o *erus*, que era o poder sobre as pessoas e coisas da sua família, além dos animais domésticos.[411] O poder do *paterfamilias* sobre a terra explicava-se pela lenda de que Romulo teria dividido as terras em duas partes (*bina iugera*) divididos em *heredia*, inalienáveis e indivisíveis, transmitidas dos ascendentes aos descendentes[412] e atribuídas a cada família para fins de moradia.[413] Esse espaço denominava-se *heredium*. Era inalienável e, em princípio, inapropriável pelas famílias. Com o falecimento do *paterfamlias*, transmitia-se este para o homem mais velho entre os sobreviventes, o que incluía, portanto, o controle

---

[411] Domínio vem de dominus, que deu origem as palavras dono (domino), domus (casa), doméstico, domicílio (domicilium), e domingo (dia do senhor). Família vem de famulus, que significa servo.

[412] PELLERINO, Giovanni. **L'idea di proprietà. Storia come evoluzione**. Lecce: Pensa Multimedia, 2004. p. 60; BONFANTE, Pietro. **Scritti Giuridici Varii. II. Proprietà e Servitù**. Torino: UTET, 1918. p. 8-9.

[413] BONFANTE, Pietro. Ibid.

do *heredium* e das pessoas pertencentes ao grupo familiar. A partir do segundo século antes de Cristo, o termo *erus* foi substituído por *dominus*.[414] Com efeito, o termo *dominium* está associado a poder absoluto, como também a poder ilimitado no exercício do direito de propriedade, inclusive porque se previa na Lei das XII Tábuas o poder de vida ou morte sobre seus filhos ou vendê-los.[415]

Porém, com a expansão romana, essa ordem de atribuição das coisas sofreu alterações. A primeira delas é que gerou desigualdade na distribuição de terras. Também os *alieni iuris*, sobretudo os soldados, não desejavam entregar ao *paterfamilias* o que foi espoliado (*spolia*) durante as campanhas militares. Daí ter surgido o conceito de pecúlio (*peculium castrense*), que, nesse sentido, é a antítese do *heredium*. Além disso, o *peculium* foi usado como uma forma primitiva de limitação de responsabilidade, ao atribuírem-se coisas ao *alieni iuris* para que fossem destinadas aos credores. Observa-se, pois, que, do que era levado pelos soldados em suas campanhas junto aos povos vencidos, certamente havia aqueles de especial valor. Inclusive, devido à importância destes, acerca dos quais se desejava conservar a posse, deu-se origem à ideia de pecúlio, como também a de patrimônio, como acervo formado por esses objetos.

A terceira ideia refere-se à inexistência do conceito de um direito de propriedade similar ao que existe nos Códigos Civis. Prevalece na doutrina o entendimento acerca da impossibilidade de um conceito de "direito de propriedade" em Roma, pelo também inexistente conceito de direito subjetivo. Apenas se encontram nas fontes os termos *meu esse, meum, tuum, suum* e *proprius*.[416] Em vez de direito subjetivo, havia a *actio*, que era o meio pelo qual alguém exigia o que entendia como sendo da pessoa, para garantir o meu esse. Por outro lado, existe corrente segundo a qual os romanos reconheciam a categoria de direito subjetivo, mas apenas não haviam teorizado sobre isso, pelo fato de se ter perdido muito do direito romano no processo de consolidação orde-

---

[414] PELLERINO, Giovanni. Id. p. 57-58.

[415] LEI DAS XII TÁBUAS. Id. p. 140. Tab. 4, 2. "O pai terá sobre os filhos nascidos do casamento legítimo o direito de vida e de morte e o poder de vendê-los".

[416] PELLERINO, Giovanni. Id. p. 19.

nado por Justiniano.[417] De acordo com Ignacio Maria Poveda Velasco, a ideia de *ius* associada à lei é relativamente recente, porque ius, numa acepção genuína, era o ato de dar a cada um o que era devido. É nesse sentido que se falava de direito objetivo, por referir-se à res devida, correspondente, ou que lhe deve ser atribuída. Assim,

A esse *suum* os antigos davam, numa acepção primeira, o nome de *ius*, do que podemos denominar 'direito em sentido objetivo'. É o primeiro e genuíno dos diversos significados do termo 'direito'. Nessa visão das coisas 'direito' e 'lei' não se identificam, não são a mesma coisa.[418]

No mesmo sentido, Peter Garnsey apresenta uma fórmula interessante, que ajuda a entender a mentalidade da época: um romano, por exemplo, diria que uma pessoa não tem direito a uma coisa, mas que é certo (*ius*) a pessoa ter a coisa consigo.[419]

1.2. O que não era de ninguém: a relação dos romanos com os "bens culturais"

Embora não houvesse a mesma tensão entre direito de propriedade e proteção do patrimônio cultural no direito romano, tal como se configura atualmente, havia, no entanto, a ideia jurídica relativa à proteção do patrimônio, ao se ter feito a divisão das coisas que podiam pertencer às pessoas. Nas Institutas de Gaio, como também nas Institutas de Justiniano, encontram-se as explicações sobre as coisas e suas classificações, o que permite compreender ainda mais a relação elas e as pessoas, independentemente de reconhecer nesses fatos uma relação entre pessoa e coisa.

Como visto no capítulo 2, os romanos preocupavam-se com a proteção das artes e com povos com quem tinham contato, como no caso da pilhagem promovida por Gaius Verres e a construção de templos reli-

---

[417] GARNSEY, Peter. **Thinking about property. From Antiquity to the Age of Revolution**. Cambridge: Cambridge University Press: 2007. p. 185.

[418] POVEDA VELASCO, Ignacio Maria. Direito, jurisprudência e justiça no pensamento clássico (greco-romano). **Revista da Faculdade de Direito da Universidade de São Paulo.** São Paulo. v. 101. p. 21-32. Jan/dez 2006. p.24-27.

[419] GARNSEY, Peter. Id. p. 180.

giosos – entendidos aqui como elementos culturais - e monumentos. É interessante notar que a principal divisão das coisas entre os romanos está diretamente ligada aos bens que, nos dias atuais, são denominados de bens culturais. Gaio colocou a divisão da seguinte maneira: "A principal divisão das coisas reparte-as em dois grupos, porque umas são de direito divino, outras de direito humano".[420] O regime jurídico dessas coisas de direito divino era distinto das demais coisas e destacavam-se por critérios e procedimentos similares aos que existem nos dias atuais.

As coisas de direito divino foram classificadas em coisas sagradas, coisas religiosas e coisas santas. As coisas sagradas eram aquelas consagradas aos deuses superiores, enquanto as coisas religiosas eram consagradas aos deuses manes.[421] Porém, a coisa somente se tornava sagrada quando sacramentada pela autoridade do povo romano, por meio de lei ou por um *senatusconsultus*. Já as coisas se tornavam religiosas voluntariamente, pelo enterro de uma pessoa em prédio. Gaio também falava das coisas santas, como os muros e as portas da cidade.

Nas Institutas de Justiniano, essa divisão permanece, mas não é mais apresentada como a *summa divisio* das coisas, embora esteja presente no texto, com nítidas influências cristãs. As coisas divinas continuam sendo dividias em três categorias: coisas sagradas, religiosas e santas. As coisas sagradas são aquelas consagradas a Deus; as religiosas são aquelas voluntariamente criadas pela inumação de cadáver; as santas eram os muros e portas, porque não podiam ser destruídas.[422]

Em termos de consequências jurídicas, as coisas de direito divino, na opinião de Gaio, não podiam estar entre os bens de uma pessoa,[423] tampouco podiam ser objeto de usucapião.[424] Para a obtenção desses mesmos efeitos jurídicos, Gaio explicou que se considerava o território provincial como religioso por "definição legal", porque, embora não tivesse essa qualidade pelo fato de pertencer ou ao povo romano (esti-

---

[420] GAIUS. Id. p. 75. Gai. 2, 2.
[421] GAIUS. Id. p. 75-86. Gai. 2.3,4,5,68.
[422] JUSTINIANUS. Id. p. 78. Inst. 2, 8.
[423] GAIUS. Id. p. 76. Gai. 2, 9.
[424] GAIUS. Id. p. 82. Gai. 2, 48.

pendiário) ou a Cesar (tributário), as pessoas tinham apenas a posse ou usufruto dos mesmos.[425] Nas Institutas de Justiniano, as coisas sagradas, religiosas e santas pelo direito divino eram consideradas *res nullius* ou de ninguém. Não podiam ser alienadas ou suscetíveis a obrigação, salvo para redenção dos cativos.[426] Além disso, ninguém teria poder para transformar uma coisa sagrada por sua própria vontade – esta continuaria com a qualidade de profana (fora do templo) e não, sagrada – mas o terreno em que o edifício sagrado estava erguido, não perderia essa qualidade, mesmo que fosse destruído.[427] Aqui, neste último caso, nota-se a contextualização das regras do direito clássico para a realidade do século VI, de um império cristianizado, que assistia à demolição dos templos para a construção de outros.

Por sua vez, as coisas de direito humano eram públicas ou privadas. As coisas públicas eram aquelas que não pertenciam a ninguém, sendo usadas pela comunidade. As coisas privadas eram aquelas pertencentes aos particulares.[428] Nas Institutas de Justiniano, essas classificações foram realizadas conforme o direito natural e o direito das gentes. Logo, "algumas coisas, pelo direito natural, são comuns a todos, outras são públicas, outras pertencem a corporações [*universitatis*], outras a ninguém e, a maior parte, aos particulares (...)".[429] Na sequência, discute-se a aquisição dessas coisas por ocupação, aluvião, avulsão, álveo abandonado, especificação, comissão, acessão, além da tradição. Ao tratar das coisas comuns a todos, afirmou-se que "Todos têm o direito de chegar até a praia do mar, contanto que não toquem nas chácaras [vilas], nos monumentos e nos edifícios, pois não são de direito das gentes como o mar".[430]

A valorização das artes pelo direito justifica-se pelos famosos excertos sobre a pintura em relação à tela. Gaio colocou que "se alguém pintar

---

[425] GAIUS. Id. p. 75. Gai. 2, 7.
[426] JUSTINIANUS. Id. p. 78. Inst. 2. 7,8.
[427] JUSTINIANUS. Id. p. 78. Inst. 2, 8.
[428] GAIUS. Id. p. 76. Gai. 2.10,11.
[429] JUSTINIANUS. Id. p. 77. Inst. 2,1.
[430] JUSTINIANO. Ibid. Inst. 2,1.

em tela minha, admite-se o contrário, pois se entende que a tela acompanha a pintura".⁴³¹ Nas Institutas de Justiniano essa ideia se repete:

Se alguém pintou em tela de outrem, entendem alguns que a tela acompanha a pintura, e outros que a pintura, qualquer que seja, acompanha a tela. A tela deve acompanhar a pintura, pois seria ridículo que a obra de um Apeles ou de um Parrásio seguisse, como acessório, vulgaríssima tela. Daí se conclui que, se o dono da tela tiver a pintura em seu poder, o pintor, que pretendia reivindicar a pintura sem pagar a tela, pode ser repelido com a exceção de dolo mau [*per exceptionem doli mali*]. Quando o pintor tem a tela em seu poder, o proprietário tem ação útil contra ele, e se o proprietário não lhe quiser pagar o preço da pintura, estando o pintor de boa-fé, pode ser repelido com a exceção de dolo mau; mas, se a tela foi furtada pelo pintor, ou por outrem, o proprietário [domino] tem a ação de furto.⁴³²

Gaio explicou que certas coisas eram alienadas pelo direito natural, outras pela *traditio*, além das coisas alienadas pelo direito civil, mas a *mancipatio*, a *in iure cessio*, e a *usucapio* eram exclusivas dos cidadãos romanos.⁴³³ Porém, como lembrou esse mesmo jurista, nem sempre o proprietário poderia alienar a coisa nem os estrangeiros podiam tê-la como sua. Havia, pois, uma divisão de domínios: um domínio pelo direito quiritário e outro domínio por *in bonis habere*. Neste último caso, trata-se da denominada "propriedade pretoriana", obtida pela *actio publiciana*. Com efeito, o pretor impedia a perda da posse da coisa pelo possuidor, até que este pudesse usucapi-la.⁴³⁴

2. Idade Média
Diversas transformações socioeconômicas provocaram mudanças no mundo antigo, entre elas a decadência do Império Romano no Oci-

---

⁴³¹ GAIUS. Id. p. 87. Gai. 2,78.
⁴³² JUSTINIANUS. Id. p. 84. Inst. 2,34.
⁴³³ GAIUS. Id. p. 85. Gai. 2,65.
⁴³⁴ GAIUS. Id. p. 81. Gai. 2.40,41.

dente. Tradicionalmente, atribuem-se às invasões germânicas o fim de Roma, a qual se deu com a deposição de Rômulo Augusto, embora não se possa esquecer que Justiniano, por meio de seu general Belisário, tivesse recuperado a cidade durante seu império. Embora os elementos ostensivos dessas mudanças tenham sido as batalhas entre romanos e bárbaros, a historiografia contemporânea tem sustentado que não houve queda, mas uma transição ou mudança. Roma manteve sua estrutura de poder hígida, enquanto conseguiu manter lei e da ordem por meio do exército e custear-se por meio da cobrança de tributos. A partir do momento em que essa se desintegrou pelos altos custos de manutenção, provocando crise fiscal e delegação de atividades do exército a outros exércitos mercenários, estes puderam obter parte da arrecadação e alteraram as fronteiras existentes.[435] As invasões em Roma foram provocadas pela pressão dos tártaro-mongois contra os germânicos, mas, por outro lado, havia a atração despertada pela crença da superioridade da cultura romana. Aconteciam casamentos entre membros das famílias imperiais romanas e dos reis germânicos. As estruturas sociopolíticas romanas mantiveram-se, como a administração pública, as igrejas e o direito romano, como se pode, neste último caso, observar com as denominadas *Lex Romana Visogothorum* e *Lex Romana Burgundiorum*.[436]

Do ponto de vista econômico, a desarticulação do Império Romano fez com que importantes canais de comunicação entre as regiões fossem interrompidos, dificultando a manutenção do estilo de vida no mundo antigo. A chegada de outros povos após os germânicos, como os árabes, húngaros e escandinavos, resultou em maior instabilidade e insegurança sociais, o que levava às pessoas a buscar um protetor.[437] Dessa forma, por meio da cerimônia denominada "homenagem",[438] uma pessoa passava

---

[435] GUARINELLO, Norberto Luiz. **História Antiga**. São Paulo: Contexto, 2014. p. 162-163.

[436] WARD-PERKINS, Bryan. **The fall of Rome and the End of Civilization**. Oxford: Oxford University Press, 2006. p. 23-44.

[437] BLOCH, Marc. **A sociedade feudal**. Tradução: Liz Silva. Lisboa: Edições 70, 1987. p. 160.

[438] A homenagem, na Espanha, de acordo com a Lei das *Siete Partidas*, consistia no beijar a mão do senhor. Marc Bloch relata o seguinte: "Eis dois homens a frente: um, que quer

para o domínio da outra, sendo que um o servia em troca de comida e o outro lhe dava proteção. Como explicou Marc Bloch, o senhor buscava não apenas o domínio das pessoas, mas o acesso aos bens delas. Essas relações jurídicas de transferência de bens, denominadas de *casamentum*, *beneficium*, não tinham previsão no direito romano, mas eram realizadas comumente em razão da força do protetor.[439] Além disso, estabeleciam-se cláusulas onerosas de entrega de parte da produção e de prestação, que acabaram se tornando costumes jurídicos.[440] Dessa forma, o senhor atribuía o feudo ao vassalo, para que nele vivesse. Essas relações jurídicas foram compiladas no século XII pelos Lombardos com o título de *Consuetudos Feudorum*, o qual era estudado em conjunto com as compilações justinianeias e também foi incorporado à Lei das *Siete Partidas*. Na Partida IV, Título XXV, explica-se que "senhor é chamado propriamente aquele que tem mandamento e poderio sobre todos aqueles que vivem em sua terra; (...) vassalos são aqueles que recebem honra e benefício dos senhores, assim como cavalaria ou terra ou dinheiro pelos serviços que devem fazer".[441] O rei continuava a ser o grande senhor, por ter o *merum imperium*. Para Susan Reynolds, ser senhor (*senior*) era o status; *dominium* era o poder sobre o outro por meio do controle da terra.[442] Durante esse período, a mobilidade das pessoas era reduzida. Os servos ficaram presos à terra pelo feudo. A produtividade agrícola era muito

servir; o outro, que aceita, ou deseja, ser chefe. O primeiro une as mãos e, assim, juntas, coloca-as nas mãos do segundo: claro símbolo de submissão, cujo sentido, por vezes, era acentuado pela genuflexão. Ao mesmo tempo, a personagem que oferece as mãos, pronuncia algumas palavras, muito breves, pelas quais se reconhece "o homem' de quem está na sua frente. Depois, chefe e subordinado beijam-se na boca: símbolo de acordo e de amizade. Eram estes – muito simples e, por isso, eminentemente adequados para impressionar espíritos tão sensíveis às coisas – os gestos que serviam para estabelecer um dos vínculos mais fortes que a época feudal conheceu". p. 160.

[439] BLOCH, Marc. Id. p. 170.

[440] BLOCH, Marc .Id. p. 262.

[441] LAS SIETE PARTIDAS DEL REY DON ALFONSO EL SABIO. TOMO III. Partida Quarta, Quinta, Sexta y Septima. Madrid: Imprenta Real, 1807. p. 134-140 Disponível em: books.google.com. Acesso em: 30 abr.2016.

[442] REYNOLDS, Susan. **Fiefs and vassals. The medieval evidence reinterpreted**. Oxford: Clarendon Press, 2001. p. 35.

baixa e as doenças proliferavam-se, exterminando parcela da população europeia em poucos anos. A passagem do tempo era marcada pelo ritmo da agricultura, pela época da prestação dos serviços ao senhor e pelo ano litúrgico.[443]

Nessa época, surgiu outra ideia importante relativa a essa tensão entre o direito da pessoa e o direito do detentor do poder no que concerne ao controle de uma coisa. No caso, trata-se da distinção entre o domínio direto, que era do senhor, e o domínio útil, do vassalo. Na opinião de Paolo Grossi, a divisão entre domínio direto e domínio útil, correspondente à *substantia* e *utilitas*, decorreria de uma mentalidade antiindividualista da época, humildade em relação à realidade, ou, ainda, reflexo de um paralelismo entre carne e espírito, típica da Idade Média.[444] Também surgiu o termo "domínio eminente" – ideia presente até o século XX no direito administrativo - por meio do qual o Rei tinha o poder sobre todos os bens do reino. Com isso, concorreu-se para a aceitação de que era possível mais de um direito absoluto sobre determinada coisa. No senso comum, ter-se-ia produzido a "cisão do direito de propriedade".

Entretanto, é equivocado afirmar, genericamente, que, na Idade Média, a regra era a de "nenhuma terra sem senhor" e que divisão entre domínio direto e domínio útil era a única característica da "propriedade medieval". Concomitantemente aos feudos, havia as propriedades alodiais ou alódios, que estavam isentos da prestação de serviços ou pagamento de obrigações.[445] A Igreja Católica tinha propriedades alodiais, como as igrejas e terras, obtidas por doações de reis e nobres ou legadas por testamento. Os religiosos administravam suas propriedades.[446] Inclusive as Decretais de Gregório IX, no Livro II, Título X, tratavam das causas relativas à posse e à propriedade (*De causa possessio-*

---

[443] LE GOFF, Jacques. **A civilização do ocidente medieval**. Tradução: José Rivair de Macedo. Bauru: Edusc, 2005. p. 171-174-175.

[444] GROSSI, Paolo. **História da propriedade e outros ensaios**. Tradução: Luiz Ernani Fritoli e Ricardo Marcelo Fonseca. Rio de Janeiro: Renovar, 2006. p. 52.

[445] LE GOFF, Jacques. Id. p. 226.

[446] WOOD, Susan. **The proprietary church in the medieval west**. Oxford: Oxford University Press, 2008. p. 9.

nis et proprietatis).⁴⁴⁷ Aliás, a propriedade da Igreja foi tema de discussão entre os franciscanos, porque, para que vivessem como Cristo mandou, não bastava a renúncia às propriedades, mas viver em pobreza (*usus pauper*), o que implicaria não ter os objetos destinados ao culto, nem templos suntuosos, como as catedrais. Contudo, esse entendimento foi rejeitado e considerado herético.⁴⁴⁸

Outra ideia que surge nessa época e que vai ser retomada adiante, guardando relações com o tema da proteção do patrimônio cultural, consistiu na discussão do uso dos bens entre os franciscanos, como os bens duráveis, entre os quais as bibliotecas e as igrejas, e, de outro, os bens consumíveis, como a comida, pois não faria sentido o Papa ter o domínio sobre a alimentação do monge. Dessa forma, o Cardeal Bertrand de la Tour retomou a distinção romana entre bens não consumíveis e bens consumíveis, sobre os quais se exerceria o *ius abutendi*,⁴⁴⁹ ou direito de destruir a coisa. Além disso, São Tomás de Aquino retomou as ideias aristotélicas sobre a atribuição das coisas às pessoas na Questão 66, sobre o furto e o roubo.⁴⁵⁰ Quando analisou ser natural a posse de bens exteriores, sustentou que as coisas não estão naturalmente na posse de ninguém, mas entram na posse com o uso. Entendia que era lícito ter algo como próprio, porque se cuida melhor do que é próprio do que aquilo que é comum e tem-se a paz quando cada um tem o que é seu. Coisas *pro indiviso* eram fonte de contendas. Destacou, do mesmo modo que o filósofo grego, que era lícito ter coisas próprias, mas estas deveriam ser usadas simultaneamente para o atendimento das necessidades dos demais.

---

⁴⁴⁷ IGREJA CATÓLICA. **Corpus iuris canonici**. Graz: Akademische Druck-u. Verlagsanstalt, 1959. Electronic reproduction. Vol 1-2. New York, N.Y.: Columbia University Libraries, 2007. JPEG use copy available via the World Wide Web. Master copy stored locally on [7] DVDs for Vol. 1 #: ldpd_6029936_001 01, 02, 03, 04, 05, 06, 07 and [8] DVDs for Vol. 2 #: ldpd_6029936_002 01, 02, 03, 04, 05, 06, 07, 08. Columbia University Libraries Electronic Books. 2006. Disponível em:<http://www.columbia.edu/cu/lweb/digital/collections/cul/texts/ldpd_6029936_001> Acesso em: 30 abr.2016. p. 278.

⁴⁴⁸ GARNSEY, Peter. Id. p. 100-101.

⁴⁴⁹ GARNSEY, Peter. Id. p. 104.

⁴⁵⁰ TOMÁS DE AQUINO. **Suma de Teologia**. III. Parte II-II (a). Madrid: Biblioteca de Autores Cristianos, 1990. p. 543-544.

3. Idade Moderna
3.1. Os internacionalistas: Francisco de Vitoria e Hugo Grotius

Na Idade Moderna, a discussão em torno da propriedade esteve relacionada a dois temas dessa época: a expansão ultramarina europeia e o absolutismo político. No primeiro caso, existem dois autores, considerados os fundadores do direito internacional moderno, que discutem, entre outros temas, a aquisição dos bens dos vencidos.

O primeiro deles é Francisco de Vitória. Em seu texto *Os índios e o direito de guerra*, os assuntos centrais eram a quem pertenciam os bens dos índios e a possibilidade dos espanhóis se tornarem proprietários na América. Esse autor, ao discorrer se os índios, antes da chegada dos europeus, eram os verdadeiros donos de suas terras, sustentou, dentro da ótica cristã, que Deus era quem concedia aos seres humanos o domínio sobre as coisas. A infidelidade deles, por não serem cristãos antes da chegada dos europeus, não os impedia de serem considerados verdadeiros donos da terra, porque todo ser humano era criado à imagem e semelhança de seu criador.[451] Ademais, segundo Francisco de Vitória, os índios não eram dementes, o que, em tese, os poderia impedir de serem donos. Na opinião dele, os índios apenas tiveram uma educação distinta da do europeu e viviam de modo peculiar, já que entre eles havia magistrados, leis, artesãos, mercadores e senhores.[452] Por isso, seria equivocado que imperadores e papas autoproclamarem-se donos do mundo inteiro e, consequentemente, dos índios, porque somente Cristo podia ter tamanho império, que não era o caso dos imperadores, e o império dEle não era temporal, o que não autorizava seu vigário arrogar-se nessa pretensão.[453] Contudo, Francisco de Vitória, ao discutir a possibilidade dos espanhóis serem proprietários na América, colocou, com fundamento nas Institutas de Justiniano, que o direito natural assegurava o livre trânsito de todos pelo território, inclusive para que se pudesse levar o Evangelho. Desse modo, tanto os indígenas quanto os espanhóis não podiam impedir-se reciprocamente para andar por

---

[451] FRANCISCO DE VITORIA. **Os índios e o direito da guerra**. Tradução: Ciro Mioranza. Ijuí: Editora Unijuí: Fondazione Casamarca, 2006. p. 44-45-46-47.

[452] FRANCISCO DE VITORIA. Id. p. 56-57.

[453] FRANCISCO DE VITORIA. Id. p. 69.

toda parte. Mas, se houvesse uma resistência injustificada, poder-se-ia empreender a guerra justa e ocupar os territórios deles.[454] Com esse argumento, os europeus provocavam os indígenas e os escravizavam, tomando-lhes as terras.

Hugo Grotius, em seu *Direito da Guerra e da Paz*, tratou de assuntos relacionados à política e ao direito civil. Em certa parte do texto, ele apresentou a visão contratualista sobre o Estado, o qual é a união perfeita de homens livres, associados para viver sob a proteção das leis.[455] Relacionado ao Estado, estava o tema da propriedade. Ele demonstrou a relação entre poder e propriedade, ao ter explicado que os juristas denominavam o *sui* como o termo "faculdade", a qual se dividia em poder sobre si mesmo, liberdade, além do poder sobre outrem, como o pátrio poder, o domínio, o usufruto, o penhor e o crédito.[456] Essa faculdade podia ser particular, como o poder do pai sobre o filho, ou poderia ser do monarca, com o domínio eminente sobre os bens dos particulares em nome do interesse público.[457] A propriedade decorreria da convenção tácita entre os homens, porque Deus teria conferido um direito geral sobre as coisas da natureza para que fossem usadas por todos. Porém, essa situação somente é possível em sociedades simplórias. Como não se vivia mais daquela maneira, fez-se necessário criar a propriedade.[458]

Apoiando-se em Gaio, Hugo Grotius afirmou que, de acordo com o direito das gentes, a guerra legítima permite tornar-se proprietário das coisas tiradas do inimigo, denominadas de propriedade no que concerne aos seus efeitos externos. Adquirir-se-ia a propriedade quando o inimigo perdesse a esperança de recuperá-la e o novo dono tivesse a posse duradoura da mesma.[459] Não se deveriam realizar pilhagens sem motivos, pois isso seria contrário à conduta cristã e pouco produtiva para

---

[454] FRANCISCO DE VITORIA. Id. p. 99-103.

[455] GROTIUS, Hugo. **O direito da guerra e da paz**. V. 1. 2. ed. Tradução: Ciro Mioranza. Ijuí: Editora Ijuí: Fondazione Casamarca, 2005. p. 88.

[456] GROTIUS, Hugo. Id. p. 74.

[457] GROTIUS, Hugo. Id. p. 75.

[458] GROTIUS, Hugo. 309-312-314.

[459] GROTIUS, Hugo. **O direito da guerra e da paz**. V. 2. 2. ed. Tradução: Ciro Mioranza. Ijuí: Editora Ijuí: Fondazione Casamarca, 2005 p. 1129.

os objetivos da guerra, por ser tudo contrário à justiça, pelo horror que despertam entre os inocentes.[460] Somente se deveria retirar dos inimigos o necessário para a satisfação dos danos sofridos.[461]

Noutra parte de seu texto, Hugo Grotius tratou da pilhagem durante a guerra. Com fartas referências aos autores da Antiguidade, ele colocou que a pilhagem era prática comum.[462] Contudo, destacou que as coisas sagradas não podiam ser pilhadas, embora nem sempre essa regra tivesse sido respeitada. Fez referência ao discurso de Cícero contra Verres,[463] e recomendou que não se destruíssem as coisas sagradas durante a guerra, porque Santo Agostinho havia elogiado os godos pelo fato de não terem destruído os locais santos dos mártires nem as basílicas dos apóstolos, e respeitaram as igrejas como locais de refúgio. Do mesmo modo, não se deveriam destruir as coisas religiosas, construídas em homenagem aos mortos.[464]

3.2. Os contratualistas: Hobbes, Locke, Pufendorf e Rousseau

O pensamento dos contratualistas é importante para a conformação da propriedade, porque se observa aqui o denominado "individualismo possessivo", ideia segundo a qual a pessoa é proprietária de si mesma e as suas coisas estão ligadas a sua pessoa. Nessa concepção, existe o estado de natureza, em que cada qual é dono de suas coisas. No entanto, devido à insegurança que há nesse estado de coisas, em que o mais forte domina o mais fraco, as pessoas ingressam para o Estado, cedendo, total ou parcialmente, sua liberdade e seus bens em troca de proteção da autoridade estatal, consubstanciada na figura do soberano. De acordo com C.B. Macpherson, essa filosofia substituiu a crença no direito natural cristão, porque os fundamentos do direito eram decorrentes da vontade humana.[465]

---

[460] GROTIUS, Hugo. Id. p. 1286.
[461] GROTIUS, Hugo. Id. p. 1289.
[462] GROTIUS, Hugo. Id. p. 1117.
[463] GROTIUS, Hugo. Id. p. 1178.
[464] GROTIUS, Hugo. Id. p. 1279-1281-1282.
[465] MACPHERSON, C.B. **A teoria política do individualismo possessivo de Hobbes até Locke**. Tradução: Nelson Dantas. Rio de Janeiro: Paz e Terra, 1979. p. 13.

As ideias e institutos jurídicos relacionados à atribuição das coisas criados na Antiguidade, em especial, pelos romanos, traziam consigo a solução entre o interesse individual e o interesse coletivo em termos de coisas móveis e imóveis que, dentro da cultura da época, tinham valor e deveriam seguir regime especial de uso e proteção. Contudo, os contratualistas, devido ao individualismo possessivo, tiveram que se afastar dessa tradição e justificar os fundamentos da exclusão do acesso às coisas. Nesse sentido, foi prevalecendo nos discursos jurídicos o interesse individual – até por necessidade de defesa contra a opressão do monarca – em detrimento do interesse coletivo, o qual ficou em segundo plano.

Thomas Hobbes, por exemplo, colocou a questão da propriedade ligada à ação da pessoa. Diz ele que "porque aquele a quem pertencem bens e posses é chamado de proprietário, em latim *Dominus*, e em grego *Kyrios*; quando se trata de ações é chamado autor. E tal como o direito de posse se chama domínio, assim também o direito de fazer qualquer ação se chama autoridade".[466] Ele sustentou que o fim último do Estado, por meio do qual se impõem restrições, é o cuidado com a sua própria conservação, o respeito aos pactos e ter a segurança de não ser espoliado ou roubado, uma vez que parecia ser maior a honra adquirida quanto maior fosse a espoliação realizada.[467] Porém, para que se tenha essa segurança, seria preciso transferir a um homem ou a uma assembleia todos os poderes, atuando como seu representante, a fim de tratar do que disser respeito à paz e à segurança comuns. Esses poderes seriam transferidos numa única pessoa denominada Estado ou, em latim, *civitas*, ou Leviatã, ou Deus mortal, ao qual se deverá a paz e a defesa.[468] Já para John Locke, cada pessoa tem uma propriedade em si mesma, por ser seu o trabalho de seu corpo e a obra de suas mãos.[469] O

---

[466] HOBBES, Thomas. **Leviatã ou Matéria, forma e poder de um estado eclesiástico e civil**. Tradução: João Paulo Monteiro e Maria Beatriz Nizza da Silva. 3. ed. São Paulo: Abril Cultural, 1983. p. 96.

[467] HOBBES, Thomas. Id. p. 103.

[468] HOBBES, Thomas. Id. p. 105-106.

[469] LOCKE, John. Segundo Tratado sobre o Governo. *In*: LOCKE, John. **Carta acerca da tolerância; Segundo tratado sobre o governo; Ensaio acerca do entendimento humano**. Tradução: E. Jacy Monteiro. São Paulo: Abril Cultural, 1973. p. 51.

fundamento do direito de propriedade estaria no trabalho, o qual permite a ocupação da terra e o consumo dos recursos naturais, inclusive em um estado de natureza.[470] Com o aumento populacional, tornava-se necessário o estabelecimento de estruturas que possibilitassem a preservação dos limites dos territórios e a apropriação das coisas.[471] O que faz uma pessoa abandonar a condição de plena liberdade, decorrente do estado de natureza, para ingressar na sociedade política, é o desejo de conservação da vida, da liberdade e dos bens, denominados de "propriedade".[472] Ao ingressar na sociedade política, a pessoa anexa e submete à comunidade todos os seus bens que tenha ou venha adquirir e que ainda não sejam pertencentes a um governo, porque seria contraditório ingressar na sociedade e imunizar as terras do alcance da jurisdição do governo do qual é súdito. Logo, "pelo mesmo ato, portanto, por meio do qual qualquer pessoa se une, sendo antes livre, a uma comunidade, une igualmente as suas posses que anteriormente também eram livres".[473] Porém, para Locke, a monarquia absoluta era incompatível com a sociedade civil, porque estando o poder concentrado em uma pessoa, tanto o legislativo quanto o executivo, não haverá qualquer juiz nem possibilidade de apelação imparcial, uma vez que esse "grão-senhor" estaria no estado de natureza, tendo tudo sob seu domínio.[474]

Essa concepção trazida pela filosofia política contratualista, a qual continuou se propagando até o século XIX no pensamento dos autores, tem como causa a afirmação do indivíduo perante o Estado absolutista e que o soberano não tem plenos poderes sobre os bens dos súditos, o que torna a propriedade um elemento dessa afirmação. Não é por acaso que John Locke é contemporâneo da Revolução Gloriosa na Inglaterra. As ideias contratualistas, sobretudo as deste último autor, serviram de sustentação para o liberalismo econômico, sendo o tra-

---

[470] LOCKE, John. Id. p. 57.
[471] LOCKE, John. Id. p. 58.
[472] LOCKE, John. Id. p. 88.
[473] LOCKE, John. Id. p. 86.
[474] LOCKE, John. Id. p. 74.

balho o fundamento da propriedade. Como esta faz parte da pessoa, ela poderia vender sua força de trabalho em um país em que todas as terras já estavam ocupadas.[475]

Em Estados em que o absolutismo ainda era forte, a afirmação do indivíduo em face do soberano era tímida. Por exemplo, Samuel Pufendorf adotou uma visão contratualista, ao ter sustentado que o ser humano necessita das coisas para sobreviver. Seria lícito, de acordo com a vontade de Deus, usá-las ou até mesmo destruí-las, como no caso da morte dos animais. Contudo, Deus teria legado todas as coisas a todos, sem que houvesse atribuição delas a cada um. Com o aumento das cidades, tornou-se necessária a definição do que era de cada pessoa, razão pela qual, sendo da vontade de Deus e com o consentimento prévio ou tácito entre os homens, introduziu-se a propriedade no mundo, convencionando-se que as coisas seriam do primeiro ocupante, bem como se admitia a aquisição por meio da sucessão, da usucapião, do testamento e da condenação.[476] Pufendorf ainda sustentava que soberano teria o domínio eminente ou poderes sobre os bens dos súditos, por meio das leis, dos tributos e do domínio extraordinário em caso de urgente necessidade no interesse público.[477] Além disso, havia a propriedade pública, dividida entre os bens do príncipe e os bens do reino, e nada poderia ser alienado sem consentimento do povo, nem se poderia alienar o reino a outrem, porque nenhum súdito era obrigado a desfazer-se dos laços de vassalagem sem consentimento, salvo se não fosse mais possível garantir a segurança contra os inimigos do reino.[478] Pelo fato desta obra de Pufendorf tratar, na verdade, dos deveres do homem e do cidadão, apontava que, quanto às coisas, todo homem tinha o dever de tolerar que o outro pudesse desfrutar sossegadamente delas, abstendo-se de tomá-las para si por fraude ou violência. Assim, eram proibidos o roubo, a pilhagem e a

---

[475] MACPHERSON, C.B. Id. p. 226-229.

[476] PUFENDORF, Samuel. **Os deveres do homem e do cidadão de acordo com as leis do direito natural**. Tradução: Eduardo Francisco Alves. Rio de Janeiro: Topbooks, 2008. p. 197-198-200-205.

[477] PUFENDORF, Samuel. Id. p. 349-350.

[478] PUFENDORF, Samuel. Id. p. 351.

remoção de limites. Do mesmo modo, coisas pertencentes a outrem, mesmo que a pessoa a tenha sem violência nem fraude, deveriam ser restituídas a seu dono.[479]

Outro pensador importante sobre a propriedade é Jean-Jacques Rousseau. Em seu "Discurso sobre a Origem e os Fundamentos da Desigualdade entre os Homens",[480] com o qual concorreu em concurso promovido pela Academia de Dijon em 1753, ele colocou a propriedade como um dos elementos da desigualdade. A crítica feita por ele é bastante contundente:

> O verdadeiro fundador da sociedade civil foi o primeiro que, tendo cercado um terreno, lembrou-se de dizer isto é meu e encontrou pessoas suficientemente simples para acredita-lo. Quantos crimes, guerras, assassínios, misérias e horrores não pouparia ao gênero humano aquele que, arrancando as estacas e enchendo o fosso, tivesse gritado a seus semelhantes: 'Defendei-vos de ouvir esse impostor; estareis perdidos se esquecerdes que os frutos são de todos e que a terra não pertence a ninguém!'[481]

Para Rousseau, a propriedade não se fundava no trabalho, mas, sim, na habitualidade de realização do trabalho em determinada terra. Reconhecia que o ser humano era enganador e ambicioso e que a finalidade do governo era a proteção da propriedade dos ricos, fixando para sempre a propriedade e, consequentemente, a desigualdade social.[482]

---

[479] PUFENDORF, Samuel. Id. p. 209.

[480] ROUSSEAU, Jean Jacques. Discurso sobre a origem e os fundamentos da desigualdade entre os homens. In: ROUSSEAU, Jean Jacques. **Do contrato social; Ensaio sobre a origem das línguas; Discurso sobre a origem e os fundamentos da desigualdade entre os homens; Discurso sobre as ciências e as artes**. Tradução: Lourdes Santos Machado. 3. ed. São Paulo: Abril Cultural, 1983.

[481] ROUSSEAU, Jean Jacques. Id. p. 259.

[482] ROUSSEAU, Jean Jacques. Id. p. 267-269.

3.3. Em direção ao Código Civil francês: Pothier e os Trabalhos Preparatórios

O tratado no qual Pothier analisa a propriedade é intitulado "Tratado do Direito de Domínio de Propriedade", indicando que, na visão dele, a propriedade sobre as coisas (*jus in re*) estava inserida no gênero "domínio", ao lado do direito de domínio de superioridade do senhor feudal, o direito de servidão, tanto pessoal quando predial, e o direito de hipoteca.[483]

Pothier explicou que, em relação aos bens móveis, só havia um único domínio: o domínio de propriedade. Já para as heranças (no caso, o conceito romano de *heredium*), estas se dividiam em dois tipos: o domínio direto e o domínio útil.[484] O domínio direto denominava-se domínio de superioridade, o qual permitia ao senhor feudal de ser o proprietário e possuidor das heranças por eles exigidas, e de receber direitos por essa senhoria. Em contrapartida, o domínio útil denominava-se domínio de propriedade, pelo fato do qual uma coisa lhe seria própria, pertencente privativamente em detrimento dos demais.[485]

Esse direito de propriedade seria absoluto, porque permitia, a critério do proprietário, dispor de uma coisa, desde que não se atentasse contra os direitos de outrem nem às leis. Com base nesse direito, permitia-se ter os frutos da coisa, servir-se da coisa do modo que desejar. Seria, o *jus de re libere disponendi* ou *jus utendi et abutendi*. Ele deu o exemplo que se poderia alugar um imóvel para uma pessoa ou para a guarda de um animal, conforme a conveniência. O proprietário poderia dispor da coisa, mudando a sua forma, como ao transformar terra cultivável em lagoa, ou convertê-la em algo bom ou pior, transformando, uma terra cultivável em não cultivável, e perdê-la completamente, ao apagar um quadro ou jogar um livro no fogo, além de aliená-la. Ademais,

---

[483] POTHIER, Robert Joseph. Traité du droit de domaine de propriété. *In*: POTHIER, Robert Joseph. **Oeuvres de Pothier, contenant les Traités du Droit Français. Nouvelle édition mise en meilleur ordre et publiée par les soins de M. Dupin. Tome huitième.** Paris: Pichon-Béchet, sucesseur de Béché Ainé, 1825. p. 111. Disponível em books.google.com.

[484] POTHER, Robert Joseph. Id. p. 113.

[485] POTHIER, Robert Joseph. Id. p. 113-114.

poderia impedir que outros pudessem se servir da coisa, salvo em caso de servidão ou convenção. O proprietário somente não poderia exercer seu direito em caso de menoridade, interdição, demência, casamento da mulher, que passava ao poder do marido, ou usufruto, que lhe conferia somente a nua-propriedade,[486] tampouco quando a lei lhe permitisse determinado uso, como o caso do proprietário, que tem o direito de plantar o que desejar, mas não poderia plantar tabaco, porque isso era proibido no reino.[487]

Com a Revolução Francesa, extinguiu-se o regime feudal pelo Decreto de 11 de agosto de 1789. A afirmação da propriedade como direito fundamental era, portanto, uma reação à ordem feudal e absolutista que privava a maioria das pessoas de quase todos das coisas, ao serem espoliadas do excedente de produção, sendo-lhes atribuído apenas o domínio útil. Essa reação aconteceu, portanto, cem anos depois do que já se passara na Inglaterra, em que os contratualistas destacavam a limitação do soberano sobre os bens das pessoas e, no caso, houve, de fato, essa limitação do poder soberano do monarca inglês com a Revolução Gloriosa.

Essa é a razão pela qual, muito rapidamente, em 26 de agosto de 1789, foi promulgada a Declaração Universal dos Direitos do Homem e do Cidadão,[488] na qual se afirmou que os homens eram iguais em direitos e que distinções sociais só podiam se fundar em homenagem à utilidade comum (art. I) e que o fim de toda a associação política era a conservação dos direitos naturais e imprescritíveis do homem, sendo estes direitos a liberdade, a propriedade a segurança e a resistência à opressão (art. II). O art. XVII declarava que "as propriedades eram um direito inviolável e sagrado; ninguém podia dela ser privado, salvo se

---

[486] POTHIER, Robert Joseph. Id. p. 114-116.

[487] POTHIER, Robert Joseph. Id. p. 118.

[488] FRANÇA. Suite des articles de la Déclaration des Droits de l'Homme et du Cityoyen, dont voici la teneur. 26 août 1789. *In:* **Collection Générale des Decrets Rendus par l'Assemblée Nationale avec la mention des sanctions et acceptations donées par le Roi, depuis le mois de Mai, jusques et compris les mois de Décembre 1789. Tome 1er.** Paris: L'imprimeur de l'Assamblée Nationale. s.d. p. 71-74. Disponível em : books. google.com. Acesso em : 30 abr.2016.

fosse exigida em caso de necessidade pública legalmente constatada, sob a condição de uma justa e prévia indenização".

Na Declaração dos Direitos do Homem de 1793, inserida na Constituição deste mesmo ano, a propriedade foi reafirmada mais de uma vez em diversos contextos, em termos de individualismo possessivo, como poderes inerentes à propriedade, repulsa ao feudalismo e limitações do domínio eminente do Estado. É o que se observa nos itens II, VIII, XVI, XVII e XIX deste texto. O item II declarava que "Estes direitos são a igualdade, a liberdade, a segurança e a propriedade". O item VIII, por sua vez, definia segurança como "(...) proteção concedida pela sociedade a cada um dos seus membros para a conservação da sua pessoa, de seus direitos e de suas propriedades." O item XVI trata especificamente do direito de propriedade, ao estatuir que "O direito de propriedade é aquele que pertence a todo cidadão de gozar e dispor à vontade de seus bens, rendas, fruto de seu trabalho e de sua indústria". O item XVIII declarava que "Todo homem pode empenhar seus serviços, seu tempo; mas não pode vender-se nem ser vendido. Sua pessoa não é propriedade alheia. A lei não reconhece domesticidade; só pode existir um penhor de cuidados e de reconhecimento entre o homem que trabalha e aquele que o emprega". Por fim, o item XIX estabelecia que "Ninguém pode ser privado de uma parte de sua propriedade sem sua licença, a não ser quando a necessidade pública legalmente constatada o exige e com a condição de uma justa e anterior indenização".[489]

Nos trabalhos preparatórios do Código Civil francês, a propriedade foi tema central. A proposta inicial referente à propriedade era de quatro artigos, correspondentes aos atuais arts. 544, 545 e 546 do texto que se encontra em vigor até os dias atuais. Portalis apresentou à comissão texto sobre a propriedade, destacando, inicialmente, que estas regras sobre esse instituto jurídico se destinavam a determinar o poder do Estado ou da cidade sobre as propriedades dos cidadãos, o que indica, no caso, que a ideia de poder mais absoluto era uma reação ao Estado e

---

[489] FRANÇA. **Declaration des Droits de l'Homme et du Citoyen**. 24 de junho de 1793. Disponível em: <http://www.conseil-constitutionnel.fr/conseil-constitutionnel/francais/la-constitution/les-constitutions-de-la-france/constitution-du-24-juin-1793.5084.html> Acesso em: 30 abr.2016.

não aos demais particulares.[490] Ele apresentou uma crítica aos contratualistas, que apresentavam a origem da propriedade a partir da ocupação dos bens vacantes. Para ele, esse tipo de contrato social jamais existiu. Em sua opinião, o fundamento da propriedade vinha da própria pessoa, não se limitava apenas aos bens móveis, e a propriedade fundiária (imóvel) era imprescindível ao exercício da agricultura.[491] A propriedade seria o fundamento das sociedades humanas, ao permitir que se conservasse o que se adquire, e a indústria humana e o espírito de movimento eclodissem nas diversas partes os germes da riqueza e do poder.[492] O regime feudal, que, no entender daquele autor, era estranho, fez com que as ideias relativas à propriedade ficassem obscuras, pelo fato de que cada príncipe se arrogava nas terras dos particulares e se atribuía como dono absoluto das coisas públicas.[493]

Portalis colocou como grande questão a extensão do poder do Estado sobre os bens dos particulares. Fez referência expressa a Grotius e Pufendorf, quando trataram do domínio eminente, que daria o direito de regular o uso dos bens pelas leis civis, dispor dos mesmos em caso de utilidade pública e tributá-los. Ele sustentou que este não conferia qualquer direito de propriedade, e que a expressão "domínio eminente", aparentemente inocente, era, na verdade, repleta de incorreção e inexatidão.[494] Contra a divisão entre domínio direto e domínio útil, ele propunha que o direito de propriedade se aplicasse tanto aos móveis quanto aos imóveis.[495] Além disso, destacou que o interesse particular podia facilmente estar em oposição ao interesse geral no exercício do direito de propriedade, como no caso do proprietário de minas, florestas e objetos semelhantes. No caso, ele destacou o seguinte: "Nas nossas grandes cidades, importa zelar pela regularidade da beleza dos edifícios que a decoram. Um proprietário não

---

[490] FENET, P.A. **Recueil complet des travaux préparatoires du Code Civil. Tome onzième**. Paris: Videcoq, Librairie, Place du Panthéon, 1836. p. 112. Disponível em books.google.com. Disponível em: 30 abr.2016.

[491] FENET, P.A. Id. p. 113.

[492] FENET, P.A. Id. p. 115.

[493] FENET, P.A. Id. p. 120.

[494] FENET, P.A. Id. p. 118.

[495] FENET, P.A. Id. p. 121.

tem a liberdade de contrariar, por suas construções particulares, os planos gerais da administração pública".[496]

Por sua vez, Faure procurou expor os limites do direito de propriedade. A primeira delas seria o dever do dono de uma floresta de conservá-la, como também o dever de não construir de forma a obstruir a via pública ou jogar alimentos que, por sua natureza, trazem doenças, bem como a proibição de venda de objetos perigosos. Também o proprietário de uma mina deve observar os regulamentos, porque é de interesse de toda a nação.[497] Em suma, segundo esse tribuno "uma boa legislação sobre as propriedades é mais belo título de glória para o Estado que a possui; ela quer permitir, por seu intermédio, as mais brilhantes conquistas, porque ela atrai e reúne, sob sua égide, todos aqueles que são felizes de partilhar suas vantagens preciosas".[498]

Dessa forma, o Código Civil francês foi promulgado em 1804 com os artigos 544, 545 e 546, que versam sobre a propriedade:

> Art. 544. A propriedade é o direito de gozar e dispor das coisas da maneira mais absoluta possível, contanto que não seja um uso proibido pelas leis ou pelos regulamentos.

> Art. 545. Ninguém será obrigado a ceder sua propriedade, salvo em caso de utilidade pública e com o pagamento de uma justa e prévia indenização.

> Art. 546. A propriedade de uma coisa, seja mobiliária, seja imobiliária, dá o direito sobre tudo o que ela produzir, e sobre o que a ele se une acessoriamente, seja natural ou artificialmente. Este direito denomina-se direito de acessão.

Constata-se, pois, que os artigos sobre propriedade no Código Civil francês apresentam-se como reação a todas as limitações decorrentes do

---

[496] FENET, P.A. Id. p. 125.
[497] FENET, P.A. Id. p. 135-136-139.
[498] FENET, P.A. Id. p. 152.

feudalismo, ao declarar que se trata de um direito que consolida todos os poderes na figura do proprietário, sem reparti-los entre senhor e servo. Mostra-se também como reação à ideia de domínio eminente do Estado, decorrente do absolutismo, de interferir na esfera do indivíduo, permitindo-se essa situação somente em casos excepcionais. Supera a restrição da propriedade aos móveis, estendendo-se esse conceito também aos imóveis. Porém, é justamente nesse aspecto, de afirmação do indivíduo contra a opressão do Estado por meio da consagração do direito de propriedade, que surgirá a dificuldade de conciliação entre os interesses individual e coletivo, quando o objeto deste direito for um bem cultural.

4. A formação do conceito de direito de propriedade no Brasil

A história do Brasil está diretamente ligada à ocupação territorial, desde a concessão de Capitanias Hereditárias, cujos donatários se obrigavam a fundar vilas e a conceder sesmarias. Porém, durante esse período, o regime jurídico da terra era a posse. Além disso, havia a relação de domínio entre senhor e escravo. A Resolução nº. 76, do Desembargo do Paço, de 17 de julho de 1822, motivada pelo pedido de Manoel José dos Reis para que fosse conservado na posse das terras em que vivia por vinte anos, estabeleceu que ficasse o suplicante na posse das terras, mas ordenava a suspensão de concessão de novas sesmarias até a futura convocação da Assembleia Geral Constituinte. Com efeito, nessa época, sesmaria era sinônimo de propriedade imóvel.

A Constituição do Império, de 25 de março de 1824, seguia as tendências da época e inseriu uma Declaração de Direitos em sua parte final, no art. 179. Nela se garantia a propriedade, conforme segue:

> Art. 179. A inviolabilidade dos Direitos Civis, e Politicos dos Cidadãos Brazileiros, que tem por base a liberdade, a segurança individual, e a propriedade, é garantida pela Constituição do Imperio, pela maneira seguinte:
> XXII. É garantido o Direito de Propriedade em toda a sua plenitude. Se o bem publico legalmente verificado exigir o uso, e emprego da Propriedade do Cidadão, será elle préviamente indemnisado do valor della.

A Lei marcará os casos, em que terá logar esta unica excepção, e dará as regras para se determinar a indemnisação.

Vale notar que, ao contrário da Constituição francesa de 1793, que consagrava a igualdade, a Constituição brasileira não o fazia. Assegurava-se a garantia da propriedade, quando a maior parte da população nem sequer fazia parte da sociedade política, como os indígenas e africanos. Além disso, a propriedade limitava-se aos móveis, porque o regime de ocupação das terras era regido pelas sesmarias. Por isso, a implantação de um regime jurídico de propriedade deu-se somente com a Lei de Terras (Lei nº. 601, de 18 de setembro de 1850), passando para domínio do Estado as terras devolutas, que eram aquelas não ocupadas até aquele momento.

Na Consolidação das Leis Civis, Teixeira de Freitas sistematizou a propriedade sob a terminologia de domínio no art. 884, segundo o qual "Consiste o domínio na livre faculdade de usar, e dispor, das cousas, e de as-demandar por acções reaes". A Lei Hipotecária de 1864 (Lei n.º 1.237, de 24 de setembro de 1864) previa, no art. 2º, § 1º a hipoteca de "escravos e animaes pertencentes às propriedades agrícolas" e o penhor de escravos, nos termos do art. 6º, § 6º desta mesma lei.

Em termos doutrinários, Lourenço Trigo de Loureiro apresentou o conceito de domínio no início de sua obra, logo após ter analisado a divisão das coisas, deixando o estudo das servidões, usufruto, uso, habitação, penhor e hipoteca na parte correspondente às sucessões, o que indica a dificuldade de situá-las como direitos reais. As explicações por ele trazidas correspondem, no fundo, aos debates da Comissão do Código Civil francês. Ele, contudo, distinguia o domínio universal, ou eminente, atribuído à nação sobre todas as coisas em seu território, assegurando-lhe o poder de tributar e de desapropriar, do domínio particular, atribuído à pessoa. Outra distinção era entre domínio direto, atribuído ao senhorio de bem de raiz a si, seus herdeiros ou sucessores, quando afora o bem, e o domínio útil, adquirido por quem afora a coisa.[499] Lafayette Rodrigues Pereira, apoiando-se na Constituição do

---

[499] LOUREIRO, Lourenço Trigo de. **Instituições de direito civil brasileiro. v. 1**. Brasília: Senado Federal, Conselho Editorial: Superior Tribunal de Justiça, 2004. p. 228.

Império, definiu o direito de propriedade em sentido amplo, como todos os direitos reduzíveis a valor pecuniário que constituem o patrimônio da pessoa. Em sentido estrito, consistia no direito sobre objetos corpóreos, ou vínculo legal que submete a coisa corpórea e seus acessórios ao poder absoluto da vontade humana. Quanto ao seu conteúdo, o domínio atribuía a faculdade de gozar, com exclusividade, mas dentro dos limites da lei ou do senhor, de todas as vantagens e utilidades da coisa, sem limites, dentro das leis da natureza[500] e reproduzia as mesmas discussões travadas acerca do Código Civil francês.[501]

Já o Código Civil de 1916 dispôs sobre a propriedade nos seguintes termos:

> Art. 524. A lei assegura ao proprietário o direito de usar, gozar e dispor de seus bens, e de reavê-los do poder de quem quer que injustamente os possua.

Clóvis Beviláqua, em sua obra "Direito das Coisas", definiu propriedade como poder assegurado pelo grupo social à utilização dos bens da vida psíquica e moral.[502] Analisou as teorias de Grotius, Hobbes e Locke, e sustentou adotar uma teoria organo-psíquica da propriedade, que consiste em fazer dela meio de satisfação do instinto de conservação.[503] Destacou que o art. 524 do Código Civil não previa a limitação ao direito de propriedade, embora fosse prevista no projeto primitivo. Por isso:

> Não devemos afirmar que o domínio ou direito de propriedade tenha os caracteres de absoluto e ilimitado, embora seja a reunião mais com-

---

[500] PEREIRA, Lafayette Rodrigues. **Direito das coisas. Ed. Fac-similar**. Brasília: Senado Federal: Superior Tribunal de Justiça, 2004. p. 97-98-99.

[501] PEREIRA, Lafayette Rodrigues. Id. p. 117-118.

[502] BEVILÁQUA, Clóvis. **Direito das Coisas. Volume 1**. 5. ed. Rio de Janeiro: Forense, 1958. p. 111.

[503] BEVILÁQUA, Clóvis. Id. p. 114.

pleta de poderes de uma pessoa sobre uma coisa, mas sempre segundo os preceitos regulamentares da lei[504]

Dando-se um salto de décadas, a Constituição Federal de 1988, antecipando-se ao Código Civil brasileiro, previu a propriedade como um direito fundamental no art. 5º, XXII e, no inciso XXIII, mas estabeleceu que "a propriedade atenderá a sua função social". É bastante interessante a coexistência dessas cláusulas pétreas, porque, sendo o art. 5º uma Declaração de Direitos Individuais, o inciso XXIII estabelece um dever fundamental e não, um direito fundamental. Da mesma forma, previu-se, no art. 170, como princípios da ordem econômica o "II – propriedade privada" e "III – função social da propriedade". Na sequência do texto constitucional, ainda se encontram os arts. 182, § 2º, que trata da função social da propriedade urbana e o art. 186, que trata da função social da propriedade rural.

No início do século XXI, tem-se o art. 1.228 do Código Civil, que alia o direito de propriedade à função social da propriedade, entendida como finalidade econômica e social do instituto:

> Art. 1.228. O proprietário tem a faculdade de usar, gozar e dispor da coisa, e o direito de reavê-la do poder de quem quer que injustamente a possua ou detenha".
>
> § 1º O direito de propriedade deve ser exercido em consonância com as suas finalidades econômicas e sociais e de modo que sejam preservados, de conformidade com o estabelecido em lei especial, a flora, a fauna, as belezas naturais, o equilíbrio ecológico e o patrimônio istórico e artístico, bem como evitada a poluição do ar e das águas.
>
> § 2º São defesos os atos que não trazem ao proprietário qualquer comodidade, ou utilidade, e sejam animados pela intenção de prejudicar outrem.

---

[504] BEVILÁQUA, Clóvis. Id. p. 118.

§ 3º O proprietário pode ser privado da coisa, nos casos de desapropriação, por necessidade ou utilidade pública ou interesse social, bem como no de requisição, em caso de perigo público iminente.

§ 4º O proprietário também pode ser privado da coisa se o imóvel reivindicado consistir em extensa área, na posse ininterrupta e de boa-fé, por mais de cinco anos, de considerável número de pessoas, e estas nela houverem realizado, em conjunto ou separadamente, obras e serviços considerados pelo juiz de interesse social e econômico relevante.

§ 5º No caso do parágrafo antecedente, o juiz fixará a justa indenização devida ao proprietário; pago o preço, valerá a sentença como título para o registro do imóvel em nome dos possuidores.

Assim, o direito de propriedade no Brasil tem, atualmente, a função social da propriedade em sua estrutura, tanto pela Constituição Federal quanto pelo Código Civil, o que será analisado adiante de forma pormenorizada.

5. Reflexões contemporâneas sobre a propriedade privada
Stefano Rodotà, em suas reflexões acerca do direito de propriedade, colocou que este instituto, nos dias atuais, continua associado à liberdade da pessoa, não como aquela do individualismo, que concebia a propriedade ligada à pessoa, mas sim, como meio de participação na organização e desenvolvimento da vida econômica.[505] Contudo, nem sempre a relação entre indivíduo e coisa será mediada pela lógica proprietária, porque nem todos os bens devem ser apropriados.[506] Restaria impossível um conceito unitário de propriedade, mas, sim a existência de diversos estatutos de propriedade.[507] Este autor dá o exemplo de

[505] RODOTÀ, Stefano. **Il terribile diritto: studi sulla proprietà privata**. Bologna: Il Mulino, 1990. p. 16.
[506] RODOTÀ, Stefano. Id. p. 23.
[507] RODOTÀ, Stefano. Id. p. 53.

que terras cultiváveis são adequadas como objeto de apropriação, mas não se adequam a uma lógica proprietária para fins de preservação do meio ambiente.[508]

Em síntese, Rodotà prescreve uma "agenda permanente" relativa à questão proprietária, a qual foi sintetizada pelo próprio autor, que consiste na redefinição de quais bens são *in commercium* e *extracommercium*, as novas relações entre os titulares dos direitos e a distribuição dos bens entre eles em termos de bens públicos, privados, públicos não estatais, coletivos e sociais, a reconformação do conteúdo do direito de propriedade, a possibilidade de intervenção de sujeitos não titulares do direito na coisa; por fim, o reconhecimento de uma rede de controles por meio de regras, cláusulas ou parâmetros, que possibilitaria uma larga legitimação social na tomada de decisões sobre os bens.[509]

Ricardo Luiz Lorenzetti também apresentou críticas contundentes ao direito de propriedade atual. Permite que se produzam cada vez mais bens, mas grande parte das pessoas não tem acesso aos mesmos, porque o atual sistema não foi concebido, levando em conta esse problema. Ao contrário, a lógica proprietária seria baseada na lei da oferta e da procura, por meio da qual se torna proprietário quem tem como pagar o preço fixado pelo vendedor, o que é intolerável em termos jurídicos. Por isso se desenvolveram políticas de acesso aos bens fundamentais, como a casa própria.[510]

Luciano de Camargo Penteado, em sua obra "Direito das Coisas", fez levantamento das diversas acepções contemporâneas do conceito de propriedade, tais como "titularidade de direito ou sinônimo de direito subjetivo";[511] titularidade de "qualquer direito patrimonial", em geral, associada a empresário ou beneficiário;[512] ou "qualquer direito real",

---

[508] RODOTÀ, Stefano. Id. p. 63.

[509] RODOTÀ, Stefano. Id. p. 27.

[510] LORENZETTI, Ricardo Luis. **Fundamentos do direito privado**. São Paulo: Revista dos Tribunais, 1998. p. 86-99-101.

[511] PENTEADO, Luciano de Camargo. **Direito das coisas**. São Paulo: Revista dos Tribunais, 2008. p. 137.

[512] PENTEADO, Luciano de Camargo. Id. p. 141.

de modo que propriedade fosse usada como sinônimo de usufrutuário, enfiteuta, superficiário ou titular de direito real de aquisição;[513] "direito real pleno", entendido como direito à coisa ou ao produto de uma jazida;[514] "autoria", em termos de direito de autor,[515] e, por fim, propriedade com o significado de "coisa", por exemplo, propriedade rural.[516] Além disso, este mesmo autor destacou que a propriedade está na tensão entre o acesso aos bens e a titularidade dos bens, na qual, de um lado, existem situações em que pessoas não proprietárias buscam a propriedade, como no caso da usucapião, e, de outro lado, outras pessoas desejam proteger os bens de seu patrimônio, ao requerer a proteção ao bem de família, a defesa da posse e a apreensão de bens.[517]

Dessa forma, o direito de propriedade consubstanciou-se como o uso, fruição e disposição e reivindicação de determinada coisa, cujos conteúdos são definidos pelos próprios Códigos Civis e por outras leis. Embora não se mencione a exclusividade no exercício desses poderes, esta prerrogativa se manifesta na exclusão das demais pessoas do acesso à coisa, com o direito de seu titular de vê-la restituída da detenção alheia.

---

[513] PENTEADO, Luciano de Camargo. Id. p. 142.
[514] PENTEADO, Luciano de Camargo. Id. p. 144.
[515] PENTEADO, Luciano de Camargo. Id. p. 145-146.
[516] PENTEADO, Luciano de Camargo. Id. p. 147.
[517] PENTEADO, Luciano de Camargo. Id. p. 167.

CAPÍTULO 5
A Função Social da Propriedade

Quando se analisa o conceito de propriedade, incluindo os seus antecedentes históricos, desde a concepção de que cada coisa é atribuída a alguém com o respeito do que é de cada um, bem como quem tem poder sobre o que pertence a outrem, passando pelo uso, fruição e abuso da coisa, até se chegar à ideia que reúne essas características afirmadas como garantia do indivíduo, observa-se a existência de uma inevitável tensão entre o dono da coisa e terceiros ou entre aquele e o Estado, que estressa a estrutura desse instituto jurídico. Se é certo que, desde longa data, o uso do controle do acesso à terra foi um instrumento de dominação social, esses problemas agravaram-se, quando pessoas não tinham mais o que ocupar. No século XIX, com a transformação do capitalismo, que passou a ser industrial, restou a grande número de pessoas alienar a força de trabalho a outrem. Questionamentos foram dirigidos contra o direito de propriedade, por este ter assumido uma característica individualista, que não levava em consideração o interesse das demais pessoas. Assim, nesse momento, surgiram as análises funcionais do direito da propriedade.

1. As críticas ao direito de propriedade
Com a prevalência do individualismo, do liberalismo econômico e, consequentemente, de um Estado liberal e um direito igualmente liberal

no século XIX, as relações jurídicas consolidaram distorções sociais, o que ensejou críticas nesse período. Uma dessas críticas foi formulada por Proudhon, em seu livro "O que é a propriedade?". Para ele, eram todas equivocadas as teorias do direito civil que justificavam a propriedade na ocupação, no trabalho ou na lei. Do mesmo modo que a escravidão estava para o homicídio, a propriedade estava para o roubo. Por isso, afirmou: a propriedade é um roubo![518] Colocou que o povo havia consagrado a propriedade nas Declarações de Direitos, mas que Deus os perdoasse, porque não sabiam o que faziam e, mais impressionante ainda era o fato de a voz do povo ser a voz de Deus, ao buscar a liberdade com o fim do antigo regime, para, novamente, escravizar-se pela propriedade.[519]

Para Proudhon, o uso e o abuso da propriedade necessariamente se confundiam. As limitações ao direito de propriedade pela lei e pelos regulamentos eram ilusórias, porque, de fato, não limitavam nada. Ao contrário, serviam para garantir que o outro proprietário pudesse exercer seu direito de forma absoluta.[520] Caso o consenso universal justificasse a propriedade, isso também era falso, porque nem todos concordariam com isso, a começar por ele mesmo, em evidente sátira quanto a essa ideia.[521] No entender dele, a ocupação impedia a propriedade e o direito ao trabalho destruía a propriedade.

Desenvolvendo mais essas ideias, ele colocou que a ocupação encontrava fundamento na lei e não no direito natural, pois consistiria na consagração do egoísmo. Enquanto os povos eram nômades, não havia a preocupação de fixar o patrimônio. A ideia de conservação da propriedade pela intenção de ser dono surgiu com a necessidade dos guerreiros encontrarem o que era deles, após se ausentarem durante as batalhas.[522] Já o fundamento da propriedade no trabalho também era falso, pois essa teoria estava em desacordo com o Código Civil francês, porque este não

---

[518] PROUDHON, J.P. **Que é a propriedade? Estudos sobre o princípio do Direito e do Estado.** Tradução: Raul Vieira. São Paulo: Edições Cultura Brasileira, s.d. p. 7.

[519] PROUDHON, J. P. Id. p. 27.

[520] PROUDHON, J. P. Id. p. 34.

[521] PROUDHON, J. P. Id. p. 79.

[522] PROUDHON, J. P. Id. p. 64-65.

justificava a aquisição da propriedade por acessão, por sucessão, ou doação.[523] Não só isso: se o trabalho atribuísse a propriedade, não se poderia admitir que apenas um pequeno número de pessoas tivesse propriedades e a multidão dos trabalhadores não fosse de proprietários.[524] Logo:

> O operário civilizado que vende as suas forças por um pedaço de pão, que constrói um palácio e dorme numa estrebaria, que fabrica os tecidos mais custosos e anda maltrapilho, que produz tudo e não tem nada, não é livre. O patrão para quem trabalha, não sendo seu associado, pela troca de salário e de serviço que se efetua entre eles, é seu inimigo.[525]

Na segunda parte de seu livro, Proudhon apresentou proposições sobre a impossibilidade da propriedade. Na opinião dele, a propriedade era impossível, porque, do nada exigiria algo em troca, como no caso do arrendamento. Seria homicida, porque despoja o trabalhador pela usura. Também seria incompatível com a igualdade política e civil, sendo mãe da tirania, posto que quem tem mais, manda mais. Do mesmo modo, a propriedade, se consumida, aniquila a produção; se usada como reserva de valor, anula-a; se usada como capital para a percepção de juros, é contrária à produção.[526]

No século XIX, a sociologia ainda estava em formação, mas as ideias dos denominados precursores dessa ciência social causavam impactos nos demais campos do saber, entre os quais, o direito. Tornaram-se objeto de estudos as novas classes sociais, antagonizadas entre capitalistas e operários, além das mudanças nos modos de vida individual e social provocados pela revolução industrial.

Os trabalhos de Karl Marx versavam, em grande parte, sobre economia, mas estes são aproveitados em teorias sociológicas e histórico-metodológicas. No prefácio à "Contribuição à crítica da economia política", Marx explicou que seu interesse inicial era pelo direito, por

---

[523] PROUDHON, J. P. Id. p. 74.
[524] PROUDHON, J. P. Id. p. 93.
[525] PROUDHON, J. P. Id. p. 113.
[526] PROUDHON, J. P. Id. p. 134-150-175-177-179.

meio do estudo dos "Princípios da Filosofia do Direito", de Hegel. Curiosamente, ele estudava em Paris e disse ter sido expulso por Guizot, razão pela qual terminou seu curso em Bruxelas. Com esse trabalho, ele relatou ter chegado à conclusão de que a essência da sociedade burguesa estava na economia política e resumiu uma de suas ideias principais:

> O resultado geral a que cheguei e que, uma vez obtido, serviu-me de guia para meus estudos, pode ser formulado, resumidamente, assim: na produção social da própria existência, os homens entram em relações determinadas, necessárias, independentes de sua vontade; essas relações de produção correspondem a um grau de determinado de desenvolvimento das forças produtivas materiais. A totalidade dessas relações de produção constitui a estrutura econômica da sociedade, a base real sobre a qual se eleva uma superestrutura jurídica e política e à qual correspondem formas sociais determinadas de consciência. O modo de produção da vida material condiciona o processo de vida social, política e intelectual. Não é a consciência dos homens que determina o seu ser; ao contrário, é o seu ser social que determina sua consciência. Em uma certa etapa de seu desenvolvimento, as forças produtivas materiais da sociedade entram em contradição com as relações de produção existentes, ou, o que não é mais que sua expressão jurídica, com as relações de propriedade no seio das quais elas se haviam desenvolvido até então. De formas evolutivas das forças produtivas que eram, essas relações convertem-se em entraves. Abre-se, então, uma época de revolução social.[527]

Marx, portanto, não seguia as ideias contratualistas, de que as pessoas aderiam livremente à sociedade política, trazendo consigo suas propriedades. Ao contrário, a propriedade e a mercadoria eram relações sociais decorrentes das forças materiais de produção. O direito garante essas relações materiais, ao funcionar como uma superestrutura ou "estrutura da estrutura econômica". À medida que se modifi-

---

[527] MARX, Karl. Prefácio. *In*: MARX, Karl. **Contribuição à crítica da economia política**. Tradução: Florestan Fernandes. 2. ed. São Paulo: Expressão Popular, 2008. p. 47.

cam as relações de produção, alteram-se as relações de propriedade e, consequentemente, as superestruturas jurídicas.

Auguste Comte, por sua vez, preocupou-se bastante com a organização social, e quis fundar a denominada "religião da humanidade". Os lemas do positivismo comteano eram "ordem e progresso" e "viva pelo outro", que se relacionavam entre si como "O amor por princípio; a ordem por base; e o progresso como fim".[528] Para Comte, as três partes essenciais da existência humana eram a atividade, o sentimento e a inteligência. A atividade material domina a ordem humana e, desse fato, decorre a propriedade pessoal, que exige seu desenvolvimento. O crescimento natural do sentimento social, em termos de solidariedade, dá-se com a família. As comunicações afetivas e intelectuais decorrem da evolução da estética, da ciência e da técnica.[529] Dentro de sua religião da humanidade, os administradores da riqueza humana seriam, moralmente, verdadeiros funcionários públicos em favor de todas as pessoas.[530]

Com o "fantasma" do comunismo rondando a Europa, tornaram-se insustentáveis as distorções provocadas pelo liberalismo jurídico, o que levou a Igreja Católica a posicionar-se sobre o tema, com a promulgação da Encíclica *Rerum Novarum*,[531] de 1891, na qual o Papa Leão XIII teceu considerações sobre as condições dos operários.[532] Explorados pelos

---

[528] COMTE, Auguste. **Système de Politique Positive ou Traité de Sociologie. Tome deuxième**. Osnabrück: Otto Zeller, 1967. p.1. Disponível em gallica.bnf.fr.

[529] COMTE, Auguste. Id. p. 263.

[530] COMTE, Auguste. Id. p. 277.

[531] LEÃO XIII. **Carta Encíclica "Rerum Novarum" do Sumo Pontifice Leão XIII a todos os nossos veneráveis irmãos os patriarcas, primazes, arcebispos e bispos do orbe católico, em graça e comunhão com a Sé apostólica sobre a condição dos operários**. Disponível em: <http://w2.vatican.va/content/leo-xiii/pt/encyclicals/documents/hf_l-xiii_enc_15051891_rerum-novarum.html> Acesso em: 30 abr.2016.

[532] A Encíclica "Reurm Novarum" teve grande impacto dentro do direito do trabalho. Por essa razão, escreveram-se outras encíclicas que comemoravam os aniversários dela, como as Encíclicas Quadragesimo Anno (1931), Octagesima Adeveniens (1971) e Centesimus Annus (1991), além de outras, como a Mater et Magistra (1961), Pacem in Terris (1963), Gaudium et Spes (1965), Populorum Progressio (1967), Este conjunto de encíclicas deu origem à denominada "Doutrina Social da Igreja", que consiste na manifestação da Igreja

patrões, eles poderiam aderir ao socialismo, subvertendo a ordem existente. Poder-se-ia dizer que esta Encíclica teria abordado o conceito de função social do contrato de trabalho – mas em momento algum usa esse termo – ao recomendar que os patrões não tratassem os operários como escravos, respeitando a dignidade e o corpo deles, não devendo impor-lhes trabalho superior às forças da pessoa. Nesse mesmo texto, discutiu-se a finalidade da propriedade privada. Com nítida inspiração tomista, Leão XIII afirmou que esta consistiria no instrumento para prover as necessidades da vida e conservar o produto do trabalho humano. Em certa passagem, afirma-se uma compatibilidade entre o interesse individual do proprietário e o interesse social, ao ter apontado a ideia formulada por Aristóteles e retomada por São Tomás de Aquino: "não é das leis humanas, mas da natureza, que emana o direito de propriedade individual; a autoridade pública não o pode, pois, abolir; o que ela pode é regular-lhe o uso e conciliá-lo com o bem comum".

2. A formulação do conceito de função social

Como visto, é bastante antiga a ideia da pessoa que tem uma coisa, ser obrigada a levar em consideração o interesse das demais. Situações como essa foram frequentes desde os tempos de Hamurábi, em cujo código há normas que puniam o não uso da terra,[533] como também no caso da Lei das Sesmarias em Portugal, transcrita nas Ordenações Afonsinas, editada por causa da "peste negra" em meados do século XIV, que exterminou entre um terço e metade da população. Devido à carestia de alimentos, o Rei D. Fernando I ordenou que todos aqueles que tivessem propriedades rurais ("herdades") fossem constrangidos a produzir, ou, se não pudessem, que colocasse lavradores ou cedesse a terra em foro ou pensão. Vale ressaltar que, nessa lei, registrou-se

Católica acerca de questões sociais.
[533] CÓDIGO DE HAMURÁBI. Id. p. 18. "Art. 42. Se um homem arrendou um campo para cultivá-lo e não produziu grão no campo, comprovarão contra ele que não trabalhou o campo convenientemente e ele dará ao proprietário grãos correspondentes à produção do seu vizinho". "Art. 43. Se ele não cultivou o campo e o deixou árido, dará ao seu proprietário o grão correspondente à produção do seu vizinho, e além disso, afofará a terra e destorrorará a terra que deixou baldia e a devolverá ao proprietário do campo".

expressamente que o abandono das terras cultiváveis devia-se ao fato de que os senhores estavam realizando outras atividades, o que não era proveitoso para o bem comum.[534] São Tomás de Aquino retomou a ideia aristotélica quanto à licitude da propriedade das coisas, mas estas deveriam ser usadas simultaneamente para o atendimento das necessidades dos demais. No mesmo sentido, o Código Civil francês de 1804 impôs deveres ao proprietário, ao dispor que este poderia fruir e dispor da coisa, desde que não estivesse em desacordo com as leis e regulamentos, assim como Leão XIII, que retomou a tradição aristotélico-tomista na Encíclica *Rerum Novarum*.

Porém, Karl Renner - que foi presidente da Áustria por duas vezes - apresentou, a partir de Marx, o conceito de função social dos institutos jurídicos. Ele estudou a maneira pela qual as forças econômicas provocavam alterações nos institutos jurídicos, entre os quais a propriedade, o contrato, a hipoteca, o casamento e as sucessões. Os conceitos jurídicos seriam substancialmente irrelevantes para a economia. O melhor exemplo disso seria a propriedade rural: o proprietário exerce seu direito plantando milho ou tabaco, produzindo riqueza, como também o exerce, deixando a terra inculta, usando-a como reserva de valor.[535]

Essa ideia de função social, embora se assente na ideia marxista de infraestrutura e superestrutura, está relacionada ao conceito matemático de função, pois, de acordo com Renner, a função econômica dentro da economia tinha seu correspondente no direito em termos de função

---

[534] PORTUGAL. **Ordenações Afonsinas. Livro IV. Título LXXXI. Das Sesmarias.** "El Rey Dom Fernando, de louvada e eSclarecida memória, em Seu tempo fez Ley em esta forma, que Se Segue. (...) Consirando como por todas as partes de noſſos Regnos ha desfalicimento de mantimento de trigo, e de cevada, de que antre todalas Terras, e províncias do Mundo ſoyan ſeer muy abastadas, e eſtas couſas ſom poſtas em tamanha careſtia, que aquelles, que ham de manteer fazenda ou eſtado de qualquer graao de honra, non podem chegar aver eſſas couſas, sem mui desabarato do que ham; e eſguardando como antre todalas razooes, per que eſte desfalicimento e carestia vem, mais certa e eſpecial he per mingua das lavras, que os homees leixam, e ſe partem delas, entendendo em outras obras, e em outros meſteres, que non ſon tam proveitoſos para o bem commum". Disponível em: <http://www1.ci.uc.pt/ihti/proj/afonsinas/l4ind.htm/> Acesso em: 30 abr.2016.

[535] RENNER, Karl. **The institutions of private law and their social functions.** New Brunswick and London: Transaction Publishers, 2010. p. 49.

social.[536] No caso, para Renner, a propriedade permite a manutenção e continuidade da população.[537] Também os imóveis residenciais, que eram unidades de produção no passado – daí se falar em *oikos nomos* – tornaram-se edifícios residenciais nas cidades. Do ponto de vista jurídico, não houve alterações substanciais, mas estas aconteceram do ponto de vista econômico. O contrato de trabalho teria surgido para que o operário fosse proprietário, mas isso acabou não surtindo os efeitos pretendidos, porque propriedade se tornou poder de comando do dono do capital sobre os trabalhadores com fundamento no contrato.[538] A propriedade também teria a função de organização do trabalho, porque este precisa ser concentrada nas mãos de poucos – a famosa "contradição do capital" apontada por Marx – para não causar anarquia social.[539]

Além de Karl Renner, Leon Duguit foi o precursor do sociologismo jurídico, ao defender transformações no conceito de direito subjetivo. Uma de suas obras mais conhecidas intitula-se "As transformações gerais do direito privado desde o Código Napoleão", que consiste no conjunto de conferências por ele realizadas na Faculdade de Direito de Buenos Aires. Inspirando-se em Auguste Comte, Duguit sustentou que o individualismo jurídico, consagrado na Declaração dos Direitos do Homem e no Código Napoleão, não era mais adequado à realidade social da época, que caminhava para um direito de cunho social, sem que isso significasse a adesão aos valores defendidos pelo partido comunista à época. O direito subjetivo, conceito basilar do sistema jurídico, entendido como o poder da vontade de impor sua vontade perante os demais, seria um conceito metafísico, porque não se pode apreender a vontade humana; artificial, porque nunca existiu o "homem natural" que adere à sociedade, e caduco, porque não explica a interdependência social e que todo direito é relação entre dois sujeitos.

Na primeira conferência de Buenos Aires, Leon Duguit sustentou uma nova categoria jurídica em substituição a de direito subjetivo, que pudesse,

---

[536] RENNER, Karl. Id. p. 57.
[537] RENNER, Karl. Id. p. 85.
[538] RENNER, Karl. Id. p. 105.
[539] RENNER, Karl. Id. p. 109.

inclusive, contornar as dificuldades inerentes à aplicação do conceito de abuso no exercício dos direitos subjetivos. Em vez de direito, falar-se-ia no dever de todas as pessoas de desenvolver-se como seres humanos em termos físicos, intelectuais e morais. O ser humano não tem o poder de ficar inerte, nem o direito à inatividade ou à preguiça.[540] A propriedade, revestida de função social, implica que o proprietário, detentor da riqueza, tem um dever a cumprir. Enquanto estivesse usando-a adequadamente, por exemplo, cultivando a terra, cuidando de seu imóvel, receberia proteção estatal. Quando isso não acontece, o Estado teria legitimidade para forçá-lo a cumprir com essa função social.[541]

Na sexta conferência naquela cidade, Leon Duguit argumentou que a propriedade, tal como existia, atendia a uma necessidade econômica, de atribuir riquezas a um indivíduo ou a um grupo e proteger socialmente essa atribuição. Destacou que a propriedade na Europa era diferente da propriedade na América do Sul. Colocou que, pelo conceito de propriedade, o proprietário poderia usar, fruir e dispor da coisa, como também podia não usar, nem fruir tampouco dispor da coisa, permitindo-lhe que pudesse deixar terras incultas, terrenos urbanos sem construção, casas sem locação ou uso e manter o capital improdutivo. Essas situações não deveriam mais ser permitidas, porque o proprietário tem o dever de empregar a riqueza para a manutenção da interdependência social.[542] Assim, para Leon Duguit, a função social não significava o outro extremo do individualismo jurídico, em que o proprietário perderia a coisa para a sociedade. Ao contrário, função social consistiria na coexistência dos dois interesses, tanto individual quanto coletivo, porque a riqueza, no caso, deveria atender às necessidades pessoais para lograr o pleno desenvolvimento de seus atributos físicos, intelectuais e morais, além de empregar a coisa à satisfação de necessidades comuns da coletividade. Inclusive, para Duguit, o proprietário impedido de usar a coisa para desenvolver-se, deveria ser protegido juridicamente e, se lesado, poderia fazer jus a

---

[540] DUGUIT, Leon. **Les transformations genérales du droit privé depois le Code Napoléon**. Paris: Librairie Félix Alcan, 1912. p. 20.

[541] DUGUIT, Leon. Id. p. 21.

[542] DUGUIT, Leon. Id. p. 148-150-153-157.

reparação dos danos sofridos.[543] Em suma, a função social da propriedade seria uma propriedade com afetação.[544]

3. A função social da propriedade no direito positivo

A transformação da função social em norma jurídica – embora sem fazer referência a este termo – surgiu em dois diplomas legais do início do século XX. A Constituição mexicana de 1917, ainda em vigor – estabelece no art. 27 que:

> A nação terá a todo tempo o direito de impor à propriedade privada as modalidades que ditem o interesse público, assim como o de regular o aproveitamento dos elementos naturais suscetíveis de apropriação, para fazer uma distribuição equitativa da riqueza pública e para cuidar de sua conservação, lograr o desenvolvimento econômico do país e a melhoria das condições de vida da população rural e urbana.[545]

E a Constituição Alemã de 1919 – a "Constituição de Weimar" – estabelecia no art. 153 que "A propriedade obriga. Seu uso deve estar simultaneamente a serviço do bem comum".[546] Em ambas as normas há, com efeito, a ideia de que a propriedade vai além do direito de usar, fruir, dispor de determinada coisa e reavê-la de quem injustamente a detenha.

O corporativismo também adotou o conceito de função social, sem fazer-lhe referência. A "Carta del Lavoro",[547] de 21 de abril de 1927, a qual apresenta os princípios do fascismo, trata das funções sociais do trabalho e da livre iniciativa, ao estabelecer-se no item II que "o trabalho, em todas as suas formas organizativas e executivas, intelectuais, técni-

---

[543] DUGUIT, Leon. Id. p. 165-166.

[544] DUGUIT, Leon. Id. p. 171.

[545] MEXICO. **Constitución política de los Estados Unidos Mexicanos**. 5 de febrero de 1917. Disponível em: <http://www.ordenjuridico.gob.mx/Constitucion/cn16.pdf> Acesso em: 30 abr.2016.

[546] ALEMANHA. **Constituição de Weimar**. Disponível em: <http://www.zum.de/psm/weimar/weimar_vve.php#Fifth Chapter: The Economy>. Acesso em: 30 abr.2016.

[547] ITALIA. **Carta del Lavoro**. Disponível em: <http://www.historia.unimi.it/sezione/fonti/codificazione/cartalavoro.pdf> Acesso em: 30 abr.2016.

cas, manuais, é um dever social. A esse título é tutelado pelo Estado". Mais adiante, estatuiu no item VII, que "o Estado corporativo considera a iniciativa privada no campo da produção como o instrumento mais eficaz e útil no interesse da nação". De acordo com Guido Alpa e Mario Bessone, cogitou-se a inserção da função social da propriedade no Código Civil italiano de 1942 como poder do Estado de intervir na propriedade privada, no interesse da coletividade.[548]

O conceito de função social da propriedade estava previsto desde a Constituição brasileira de 1934, sem usar esses termos, mas notadamente inspirado na Constituição de Weimar. O art. 113 declarava os direitos individuais e estabelecia no item 17 a garantia do direito de propriedade nos seguintes termos: "É garantido o direito de propriedade, que não poderá ser exercido contra o interesse social ou coletivo, na forma que a lei determinar".

A Constituição brasileira de 1937 afirmava o direito de propriedade na parte dos direitos e garantias individuais, cujo conteúdo e limites seriam definidos em lei regulamentar, conforme disposto no art. 122, item 14. Em matéria econômica, esta Constituição seguia a "Carta del Lavoro" e estabelecia a "função social do trabalho" no art. 136: "O trabalho é um dever social. O trabalho intelectual, técnico e manual tem direito a proteção e solicitude especiais do Estado". Orlando Gomes destacou o desencanto com a função social, pelo fato de que a funcionalização dos direitos foi incorporada por Estados totalitários, entre os quais a Itália na época do fascismo.[549]

A Constituição brasileira de 1946 também assegurava o direito de propriedade nos direitos e garantias individuais. A questão da função social aparece no capítulo sobre a ordem econômica. O art. 145, caput, prescrevia que a "ordem econômica deve ser organizada conforme os princípios da justiça social, conciliando a liberdade de iniciativa com a valorização do trabalho humano", para, em seguida, estabelecer, no

---

[548] ALPA, Guido; BESSONE, Mario. **Poteri dei privati e statuto della proprietà. II. Storia, funzione sociale, pubblici interventi.** Pavoda: CEDAM, 1980. p. 101.

[549] GOMES, Orlando. A função social da propriedade. **Boletim da Faculdade de Direito da Universidade de Coimbra, numero especial, estudos em homenagem a A. Ferrer-Correia.** Coimbra. n.2. p.423-437. 1989. p. 428.

parágrafo único, que "a todos é assegurado trabalho que possibilite existência digna. O trabalho é obrigação social", como nítido resquício da ordem anterior. O art. 147 desta Constituição estabelecia o seguinte em relação à propriedade: "O uso da propriedade será condicionado ao bem-estar social. A lei poderá, com observância do disposto no art. 141, § 16, promover a justa distribuição da propriedade, com igual oportunidade para todos".[550]

O uso do termo "função social" em uma constituição surgiu na Itália, em 1947. A Constituição Italiana[551] dispõe no art. 42 que "a propriedade privada é reconhecida e garantida pela lei, que determina os modos de aquisição, de fruição, limitados ao escopo de assegurar a função social e torná-la acessível a todos". Além disso, no art. 44, estabeleceu-se regra sobre a função social da propriedade rural:

> Constituição Italiana
> Com o fim de conseguir o aproveitamento racional do solo e estabelecer relações sociais equitativas, a lei impõe obrigações e vínculos à propriedade privada rural, fixa limites à extensão conforme as regiões e zonas agrárias, promove e impõe o "bonifica" da terra, a transformação do latifúndio e a reconstituição das unidades produtivas, ajuda a pequena e média propriedade.

Em 1949, a Constituição Alemã – ou "Lei Fundamental de Bonn" – de 1949, manteve a regra do art. 153 da Constituição de Weimar no art. 14, 2: "A propriedade obriga. Seu uso deve servir ao bem público".[552]

Uma vez consolidado o termo "função social" nas constituições usou-se o termo "função social da propriedade" na Encíclica *Mater et Magistra* de 1961:

---

[550] Em 9 de novembro de 1964, emendou-se esta Constituição (Emenda Constitucional nº. 10) para inserir seis parágrafos ao art. 147, com o intuito de prever a desapropriação da propriedade rural para fins de reforma agrária, mediante pagamento do preço em títulos da dívida pública.

[551] ITALIA. **Costituzione della Repubblica Italiana**. Disponível em: https://www.senato.it/documenti/repository/.../costituzione.pdf . Acesso em: 20 dez.2018.

[552] ALEMANHA. Deutscher Bundestag. **Basic Law for the Federal Republic of Germany**. Disponível em: <https://www.btg-bestellservice.de/pdf/80201000.pdf>. Acesso em: 30 abr.2016.

19. A propriedade privada, mesmo dos bens produtivos, é um direito natural que o Estado não pode suprimir. Consigo, intrinsecamente, comporta uma função social, mas é igualmente um direito, que se exerce em proveito próprio e para bem dos outros.[553]

Em ambos os casos, conservou-se a ideia tomista da destinação da coisa, mas que também se deveria usá-los não apenas para satisfação das necessidades pessoais, mas também para a satisfação das demais pessoas.[554]

No Brasil, a legislação consagrou o termo "função social da propriedade" no Estatuto da Terra (Lei nº. 4.504, de 30 de novembro de 1964), porque, substancialmente, a ementa desta lei é a regulamentação deste princípio. Assim, o art. 2º, caput, estabelece que o acesso à terra está condicionado à função social e o art. 12 declara que "À propriedade privada da terra cabe intrinsecamente uma função social e seu uso é condicionado ao bem-estar coletivo previsto na Constituição Federal e caracterizado nesta Lei". O art. 2º, § 1º, elenca os requisitos para o cumprimento da função social da propriedade. O mesmo art. 2º, § 2º, "b", define o dever do Estado de zelar para que a propriedade rural cumpra com sua função social, e o art. 13 estabelece que o "Poder Público promoverá a gradativa extinção das formas de ocupação e de exploração da terra que contrariem sua função social".

---

[553] JOÃO XXIII. **Carta Encíclica *Mater et Magistra* de Sua Santidade João XXIII aos veneráveis irmãos patriarcas, primazes, arcebispos, bispos e outros ordinários do lugar, em paz e comunhão com a Sé Apostólica, bem como a todo o clero e fiéis do orbe católico sobre a recente evolução da questão social à luz da doutrina cristã.** Disponível em: <http://w2.vatican.va/content/john-xxiii/pt/encyclicals/documents/hf_j-xxiii_enc_15051961_mater.html>. Acesso em: 30 abr.2016.

[554] No mesmo sentido, na Encíclica *Gaudium et Spes*, de 1965, afirmou-se que: "Sejam quais forem as formas de propriedade, conforme as legítimas instituições dos povos e segundo as diferentes e mutáveis circunstâncias, deve-se sempre atender a este destino universal dos bens. Por esta razão, quem usa desses bens, não deve considerar as coisas exteriores que legitimamente possui só como próprias, mas também como comuns, no sentido de que possam beneficiar não só a si mas também aos outros". (PAULO VI. **Constituição Pastoral "Gaudium et Spes" sobre a Igreja no Mundo atual.** Disponível em: <http://www.vatican.va/archive/hist_councils/ii_vatican_council/documents/vat-ii_const_19651207_gaudium-et-spes_po.html> Acesso em: 30 abr.2016.

Ademais, o art. 18 estabelece que a desapropriação por interesse social tem por fim o condicionamento do uso da terra à função social e o art. 47 elencou a tributação progressiva da terra e do imposto de renda, a colonização pública e particular, a assistência e proteção à economia rural e ao cooperativismo e o uso e posse temporários da terra como instrumentos destinados ao desestímulo ao exercício do direito de propriedade sem observância da função social e econômica da terra.

A Constituição brasileira de 1967 estabeleceu a função social da propriedade como um dos princípios da ordem econômica (art. 157, III), prevendo a desapropriação da propriedade rural que contrariasse os princípios da ordem econômica. A Emenda Constitucional n.º 1, de 1969, também estabelecia a função social da propriedade como um dos princípios da ordem econômica (art. 160, III), mas era dúbia quanto à possibilidade de desapropriação por descumprimento da função social (art. 161, § 2º).

Reconhece-se ainda a função social da propriedade do acionista controlador, que se confunde, neste caso específico, com a função social da empresa. Conforme disposto no art. 116, parágrafo único, da Lei n.º 6.404, de 15 de dezembro de 1976, o poder de controle deve ser usado para que a companhia cumpra com seu objeto e a ele estão relacionados deveres e responsabilidades para com os demais acionistas, seus funcionários e com a comunidade.

Na Constituição Federal de 1988, a função social da propriedade ganhou importante destaque, porque foi elevada a direito fundamental, ao declarar-se no art. 5º, XXIII que "a propriedade atenderá à sua função social". Também está prevista como um dos princípios da ordem econômica (CF, art. 170, III). Tratou-se ainda da função social da propriedade rural com clareza no art. 186.[555] Do mesmo modo, a função

---

[555] "Art. 186. A função social é cumprida quando a propriedade rural atende, simultaneamente, segundo critérios e graus de exigência estabelecidos em lei, aos seguintes requisitos: I – aproveitamento racional e adequado; II – utilização adequada dos recursos naturais disponíveis e preservação do meio ambiente; III – observância das disposições que regulam as relações de trabalho; IV – exploração que favoreça o bem-estar dos proprietários e dos trabalhadores". Note-se que, neste artigo, estão mesclados critérios relativos à função social da propriedade e à função social da empresa agrária, porque não há relação direta entre propriedade rural e observância das normas trabalhistas.

social da propriedade urbana no art. 182, § 2º, quando se afirmou que esta é atendida quando "atende às exigências fundamentais de ordenação da cidade expressas no plano diretor".

Em 2001, o art. 39 do Estatuto da Cidade (Lei n.º 10.257/01) fez referência à função social da propriedade, em parte reproduzindo o art. 182, § 2º, da Constituição Federal, e em outra parte, destacando que a propriedade deve também atender às necessidades dos cidadãos quanto à qualidade de vida, justiça social e desenvolvimento das atividades econômicas.

Por fim, em 2002, no Código Civil usou-se apenas uma vez a expressão "função social da propriedade" no art. 2.035, parágrafo único, que cuida das Disposições Finais e Transitórias, quando se estabeleceu que "Nenhuma convenção prevalecerá se contrariar preceitos de ordem pública, tais como os estabelecidos por este Código para assegurar a função social da propriedade e dos contratos". Todavia, enquanto regra geral, está prevista no Código Civil de 2002 está no art. 1.228, § 1º, sem referência expressa a esse termo:

> Art. 1.228. (...)
> § 1º O direito de propriedade deve ser exercido em consonância com as suas finalidades econômicas e sociais e de modo que sejam preservados, de conformidade com o estabelecido em lei especial, a flora, a fauna, as belezas naturais, o equilíbrio ecológico e o patrimônio histórico e artístico, bem como evitada a poluição do ar e das águas.

O legislador, em vez de construir a função social da propriedade como princípio jurídico, preferiu definir os deveres inerentes ao proprietário, entre os quais o dever de preservar o patrimônio histórico e artístico. Isso não significa que bens culturais que não sejam qualificados como históricos ou artísticos fiquem sem proteção. Evidentemente, a terminologia da época, baseada no Decreto-lei nº 25, de 1937, somente se referia a patrimônio histórico e artístico. Logo, essas figuras do art. 1.228, § 1º, necessitam ser interpretadas de acordo com o atual estado da arte, que cuida do gênero intitulado patrimônio cultural.

4. A função social da propriedade na doutrina

Guido Alpa e Mario Bessone levantaram os possíveis significados de função social da propriedade na doutrina italiana. Consistiria numa expressão polissêmica, de conteúdo variável, que não podia ser considerada em abstrato, como meros limites definidos por lei em face do proprietário, mas deveria ser analisada no caso concreto em homenagem ao princípio da solidariedade. Por seu intermédio, exterioriza-se a propriedade privada, ao mesmo tempo em que é um limite interno ao direito de propriedade, significando utilidade social e valorização da pessoa humana.[556]

Stefano Rodotà teceu críticas ao conceito de "função social", porque todo direito teria um aspecto social e, portanto, esse termo seria mera tautologia.[557] Para este autor, uma das concepções ainda está ligada a de bem comum, na perspectiva aristotélico-tomista, em que a destinação da coisa transcende ao indivíduo, razão pela qual se faz o temperamento do direito de propriedade por meio da imposição de limites. Contudo, essa fórmula seria muito genérica, o que a torna sujeita a críticas.[558] Uma segunda acepção para este autor seria a configuração da função econômica da propriedade, ou o modo de operação desse instituto jurídico.[559] Uma terceira acepção de função social da propriedade seria a ausência de determinadas faculdades jurídicas ao proprietário, ou um complexo de condições para o exercício dessas mesmas faculdades. Com isso, a função social da propriedade seria a face externa da propriedade, reservada à propriedade. Em outras palavras, consistiria no modo como a coletividade participa do acesso à coisa.[560]

Orlando Gomes colocou que a função social da propriedade trouxe "a privação de determinadas faculdades", a "criação de um complexo de condições para que o proprietário possa exercer seus poderes" e "a obrigação de exercer certos direitos elementares ao domínio".[561] Todavia, nem todos

---

[556] ALPA, Guido; BESSONE, Mario. Id. p. 177-179-181-183-185-193.

[557] RODOTÀ, Sfefano. Id. p. 219.

[558] RODOTÀ, Sfefano. Id. p. 216-218-220.

[559] RODOTÀ, Sfefano. Id. p. 222.

[560] RODOTÀ, Sfefano. Id. p. 239.

[561] GOMES, Orlando. Id. p. 426.

os bens teriam função social e, para tanto, seria necessário distingui-los por meio de classificação e consequente modificação das normas relativas a seu uso. No caso, ele referia-se à distinção entre bens de produção e bens de consumo, e somente aqueles teriam função social. Para ele, "só apedeutas estendem aos bens de uso o princípio da função social, falando em função social da propriedade edilícia ou, até mesmo, na de bens duráveis".[562]

Esse mesmo autor apontou que existem dois problemas relevantes relacionados à função social da propriedade. O primeiro deles era definir se a propriedade era uma função social ou se tinha uma função social. O segundo era se a função social era uma limitação ao direito de propriedade ou um princípio geral aplicável na interpretação de normas sobre propriedade. No primeiro caso, dizer que a propriedade tem função social, implica esta ser do indivíduo e ocasionalmente atribuir-lhe função social, enquanto dizer que propriedade é função social, importa afirmar que o proprietário somente o é em razão do interesse público.[563] Em sua opinião, Orlando Gomes sustentou que a propriedade seria uma função social.[564] No segundo caso, a função social da propriedade poderia ser uma limitação a esse direito, pois só seria intrínseca ao instituto jurídico em caso de nova concepção de propriedade. Porém, na opinião dele, a função social da propriedade não seria nem uma coisa nem outra, porque se trata de princípio sem valor normativo.[565]

Luiz Edson Fachin tratou da função social da propriedade, ao colocar que esta se relaciona com o uso da propriedade, alterando-se o seu exercício. Contudo, este autor enfatizou mais a função social da posse, porque esta tem mais função social do que a propriedade, uma vez que esta última corresponde a limitações fixadas no interesse público, conferindo à propriedade um aspecto mais dinâmico, ao eliminar dela o que houver de eliminável, enquanto a função social da posse revelaria o imprescindível ao ser humano.[566]

---

[562] GOMES, Orlando. Id. p. 426.
[563] GOMES, Orlando. Id. p. 430.
[564] GOMES, Orlando. Id. p. 431.
[565] GOMES, Orlando. Id. p. 431-432.
[566] FACHIN, Luiz Edson. **A função social da posse e a propriedade contemporânea (uma perspectiva da usucapião imobiliária rural)**. Porto Alegre: Sergio Antonio Fabris

Gustavo Tepedino sustentou a função social da propriedade como conceito histórico e adaptável ao sistema de cada época. No século XIX, a função social estava ligada à liberdade e a propriedade cumpria sua função pela apropriação em si com o intuito de concorrer ao desenvolvimento humano. Posteriormente, este mesmo conceito serviria como critério de redistribuição da renda. No contexto da Constituição Federal de 1988, a função social serviria para consagrar a dignidade da pessoa humana, como também a promoção da redistribuição da renda, por meio da afirmação da igualdade substancial entre as pessoas.[567] Noutro texto deste mesmo autor, ele reafirmou essas mesmas ideias, mas as completou, ao explicar que a função social da propriedade não era muito aceita, porque representaria a subversão da propriedade privada, sobretudo na década de 1970 pela "função social de combate", na qual a propriedade deveria ser o próprio instrumento de transformação social. Dessa forma, ele defendeu que a aplicação direta da função social da propriedade não poderia implicar sacrifício de liberdades privadas. Por outro lado, deveria ser aplicada numa perspectiva internalizada e não, externa e, portanto, limitadora da liberdade do proprietário.[568]

Otavio Luiz Rodrigues Junior, em ensaio em que levantou normas sobre propriedade em uma centena de constituições dos países, rebateu as críticas atribuídas aos civilistas de que estes sustentavam uma concepção de propriedade como poderes absolutos e individualistas, porque, se houve abusos, deveu-se à jurisprudência e não aos "contributos da boa dogmática civil dos últimos cem anos". Retornando às ideias de Orlando Gomes, ele analisou se a função social da propriedade era interna ou externa a esta, isto é, se a propriedade era direito-função, ou se era uma limitação ou condicionamento à propriedade. Em sua opinião, o suporte fático da

---

Editor, 1988. p. 19-20.

[567] TEPEDINO, Gustavo. A nova propriedade (o seu conteúdo mínimo, entre o Código Civil, a legislação ordinária e a Constituição). **Revista Forense**. Rio de Janeiro. v.85. n.306. p.73-78. abr./jun. 1989. p. 74-75.

[568] TEPEDINO, Gustavo. A função social da propriedade e o meio ambiente. **RTDC: Revista Trimestral de Direito Civil**. Rio de Janeiro. v.10. n.37. p.127-148. jan./mar. 2009. p. 137-141.

propriedade era delimitado e, por isso, os elementos relacionados à função social da propriedade lhe seriam externos.[569]

João Alberto Schützer Del Nero defendeu a pertinência da função social da propriedade. Para ele, embora as sociedades tenham conservado o Estado de Direito, no qual não se sacrificam as esferas jurídicas de autonomia pessoais, tampouco se responsabilizam as pessoas pela satisfação das necessidades coletivas em termos de produção e bem-estar, há de se reconhecer, por outro lado, que o poder do proprietário contemporâneo, ainda que menor do que o do século XIX, continua a servir como instrumento de autonomia do indivíduo, porque ele ainda seria capaz de, no seu exercício, restringir a liberdade de ação de outra pessoa, que, no caso da propriedade, consiste em exigir que todos se abstenham de perturbar o uso e fruição de certa coisa.[570]

Alcides Tomasetti Junior, em análise de acórdão em que, com fundamento na função social da propriedade, foi denegada reintegração de posse em área não ocupada no bairro do Morumbi, em São Paulo, por mais de vinte anos, na qual se havia edificado uma comunidade, denominada de "Favela do Pullman", expôs que discussões polêmicas sobre o conceito de direito subjetivo estavam superadas e que se deveria adotar novas construções teóricas, como a de posição jurídica subjetiva ativa complexa, que compreende faculdades, pretensões, poderes formativos e imunidades. No caso da Constituição Federal, que assegura a propriedade, esta pode ser entendida de três maneiras. A primeira delas, como garantia da dignidade da pessoa humana, protegendo-a de interferências de terceiros; a segunda delas é a de pertinência de bens de consumo; a terceira, o reconhecimento dos bens de produção, os quais dão suporte à livre iniciativa prevista no art. 170, para assegurar a todos existência digna, conforme os ditames da justiça social.

---

[569] RODRIGUES JUNIOR, Otavio Luiz. Propriedade, função social e constituição – Exame crítico de um caso de constitucionalização do direito civil. **Revista da Faculdade de Direito da Universidade de Lisboa.** Lisboa. v.51. n.1/2. p.207-236. 2010. p. 219-227-228-230.

[570] DEL NERO, João Alberto Schützer. **O significado jurídico da expressão função social da propriedade.** Revista da Faculdade de Direito de São Bernardo do Campo. São Bernardo do Campo. n.3. p.79-97. 1997. p. 82-85.

Ademais, este mesmo autor vislumbrou outros tipos de propriedades, ao lado daquela tradicional, como o compromisso de compra e venda não registrado. Embora esteja elíptico no texto dele, esta propriedade decorreria da função social da propriedade. Dessa forma, a propriedade seria um feixe de relações entre o proprietário com os vizinhos, terceiros e como o poder estatal.[571] Seria, pois, a função social da propriedade um elemento intrínseco ao direito de propriedade e consistiria em uma "expressão sintetizante de valores, econômicos e não econômicos, assimilados pelo ordenamento jurídico".[572]

Rodrigo Xavier Leonardo prosseguiu com as ideias de Alcides Tomasetti Junior e coloca que a função social da propriedade surgiu como mais uma tentativa de estabelecer critérios de distribuição e manutenção da terra. Com a funcionalização da propriedade, houve a ampliação de posições jurídicas ativas e passivas atribuídas ao proprietário, e uma ruptura da unicidade da propriedade, com a distinção entre direito de propriedade de quem a tem, e direito à propriedade de quem não a tem. Neste último caso, a função social da propriedade é uma garantia ao acesso aos bens. Também, com essa ruptura, não se podem tratar todos os proprietários da mesma maneira, o que inviabilizaria um estatuto único da propriedade, posto o reconhecimento da diversidade de tipos de bens, como os bens de produção, bens de consumo, bens materiais e bens imateriais, bens móveis e bens imóveis, sendo que a própria Constituição Federal reconhece essa distinção.[573]

5. A função social da propriedade no conceito de propriedade

O termo "função" é bastante conhecido, porque é imprescindível dentro da matemática. Nesse campo do conhecimento humano, função

---

[571] TOMASETTI JUNIOR, Alcides. Procedimento do direito de domínio e improcedência da ação reivindicatória. Favela consolidada sobre terreno urbano loteado. Função social da propriedade. **Revista dos Tribunais**. v.85. n.723. p.204-223. jan. 1996. p. 211-212-213-214-215-216-219-220.

[572] TOMASETTI JUNIOR, Alcides. Id. p. 221.

[573] LEONARDO, Rodrigo Xavier. A função social da propriedade. **Revista da Faculdade de Direito de São Bernardo do Campo**. São Bernardo do Campo. v.8. n.10. p.271-289. 2004. p. 271-279-281.

consiste na relação entre elementos entre dois conjuntos, cujos valores são relacionados pelas variáveis e resultado de uma equação.[574] No âmbito do direito, Norberto Bobbio, com sua habitual clareza, explicou o conceito de função em oposição à estrutura. Embora esse jurista estivesse fazendo referência ao direito como um todo, infere-se de seu pensamento que a análise da estrutura do instituto jurídico consiste em explicar como este foi criado e a análise da função consiste em explicar para que serve esse mesmo instituto jurídico, pois dizer que algo tem função, exige que se indague em função de que isso se opera.[575]

Assim, é conveniente a análise do direito de propriedade e a sua relação com a função social da propriedade, para que se identifique com mais clareza esse equilíbrio de interesses entre o proprietário e a coletividade, de tal modo que o atendimento ao interesse coletivo não signifique a destruição do poder do proprietário e vice-versa, como se fosse uma relação binária e irredutível sobre qual interesse deve prevalecer. Ao contrário, deve haver a harmonização dos interesses: o proprietário exerce seu direito de propriedade em harmonia com a sociedade, e esta, ao exigir do proprietário a satisfação de seus interesses relativos ao bem, em harmonia com o interesse do proprietário.

Considerando, preliminarmente, a função social da propriedade como o atendimento aos interesses da sociedade em harmonia com o direito de propriedade, observa-se que, em se tratando de propriedade rural no Brasil, esses interesses são de fácil identificação, porque a Constituição Federal os define; quando se trata de propriedade urbana, remete-se ao plano diretor e este, por ser municipal, pode estabelecer nenhuma obrigação, poucas obrigações, obrigações em quantidade moderada ou obrigações excessivamente onerosas. Ademais, o art. 216 da Constituição Federal de 1988 definiu os bens que compõem o patrimônio cultural brasileiro e que, portanto, têm função social. O Código Civil de 2002 estabeleceu a preservação do meio ambiente, como tam-

---

[574] BOULOS, Paulo. **Introdução ao cálculo**. São Paulo: Edgard Blücher, Brasília, 1974. p. 3.

[575] BOBBIO, Norberto. **Da estrutura à função: novos estudos de teoria do direito**. Tradução: Daniela Beccaria Versiani. Barueri: Manole, 2007. p. 53.103

bém a preservação do patrimônio histórico e artístico. Num segundo momento, cabe discutir qual a intensidade desses deveres.

Para a identificação da relação entre propriedade e função social, merece ser retomada a análise descritiva elaborada por Wesley Newcomb Hohfeld.[576] De acordo com este autor, as relações jurídicas são descritas como oposições entre direitos e deveres.[577] No entanto, o termo "direito" é usado de forma ambígua, designando-se, com o mesmo termo, situações diferentes, como direito em sentido estrito, privilégio, poder e imunidade. Por isso, ele procurou agrupar as situações de acordo com o quadro abaixo:[578]

CONCEITOS JURÍDICOS OPOSTOS	DIREITO	PRIVILÉGIO	PODER	IMUNIDADE
	NÃO-DIREITO	DEVER	INCAPACIDADE	RESPONSABILIDADE

CONCEITOS JURÍDICOS CORRELATOS	DIREITO	PRIVILÉGIO	PODER	IMUNIDADE
	DEVER	NÃO-DIREITO	RESPONSABILIDADE	INCAPACIDADE

Quadro 1: Quadro de Wesley Newcomb Holfeld

O direito em sentido estrito consiste na faculdade de exigir de outrem que faça ou deixe de fazer algo. Quem tem direito, tem essa faculdade; quem não tem, não tem direito. Está, portanto, em oposição ao dever, que consiste numa ação ou omissão obrigatória.

O privilégio significa ter acesso a algo, como também a liberdade de fazer ou não fazer algo. O exemplo dado por Hohfeld é o da pessoa ocupar a terra: logo, não tem o dever de abster-se de fazer isso. Quem tem privilégio, caso este seja violado, tem a faculdade de exigir sua manutenção e a outra parte tem o dever de cessar essa lesão, abstendo-se ou indenizando.[579]

---

[576] HOHFELD, Wesley Newcomb. Some Fundamental Legal Conceptions as Applied in Judicial Reasoning. **The Yale Law Journal**, v. 23. n. 1 (nov. 1913) p. 16-59.
[577] HOHFELD, Wesley Newcomb. Id. p. 28.
[578] HOHFELD, Wesley Newcomb. Id. p. 30.
[579] HOHFELD, Wesley Newcomb. Id. p. 32 e 35

O poder é o controle volitivo da pessoa apto a criar e extinguir direitos; não ter poder é não ter competência, nem autorização. Pode-se estabelecer que o exercício do poder implica a responsabilidade, como no caso da oferta contratual: há o poder de criá-la, mas há a responsabilidade de honrá-la.[580]

Já a imunidade é a liberdade de não se submeter ao poder alheio.[581] Quem tem imunidade, está livre. Quem não a tem, responde ou suporta o exercício do poder alheio.

Aplicando-se essas categorias, a propriedade não é isoladamente um direito ou um poder sobre determinada coisa. É, com efeito, um feixe de privilégios (de uso e de fruição), porque se confere ao proprietário a faculdade de usar ou de não usar, fruir ou não fruir. Nesse sentido, a sociedade não tem o direito de impedir que o proprietário faça uso e gozo da coisa e tem o dever de respeitar a propriedade privada.

Conferem-se direitos em sentido estrito, decorrentes da exclusividade no uso e fruição, não ser esbulhado ou turbado na posse, bem como de ser indenizado em caso de violação desse direito do proprietário, porque as demais pessoas não têm o direito de tomar para si o que não lhe pertence.

Também reúne poderes (de disposição), ao permitir a transmissão dos direitos sobre a coisa. Existe a responsabilidade pelo pagamento de tributos, por não ter imunidade diante do poder do Estado de desapropriá-la ou requisitá-la em caso de perigo público, tampouco de opor-se à imposição de impostos cujo fato gerador é a propriedade da coisa. Tem, ademais, o dever de não fazer uso anormal da propriedade e respeitar as regras relativas ao direito de vizinhança, por exemplo.[582]

A função social da propriedade consiste, pois, no reequilíbrio das situações jurídicas estruturantes do direito de propriedade, mediante a redução de direitos, privilégios, poderes e imunidades, como também,

---

[580] HOHFELD, Wesley Newcomb. Id. p. 49.

[581] HOHFELD, Wesley Newcomb. Id. p. 55.

[582] De acordo com Alf Ross (**Direito e Justiça**. Tradução: Edson Bini. Bauru: Edipro. 2000. p. 197), "O dono de uma propriedade tem o privilégio de caminhar por sua terra. Desfruta da liberdade de fazê-lo e, ao mesmo tempo, tem uma faculdade [direito] de afastar os outros".

em contrapartida, pelo aumento dos deveres, incapacidades e responsabilidades para o proprietário de determinado bem. É intrínseca ao conceito jurídico de propriedade. Logo, não se trata de limitação externa ao direito de propriedade. Se fossem limitações externas, exigir-se-iam meras abstenções. Não são também meros deveres adicionais, porque o proprietário sofre reduções de seus direitos, privilégios, poderes e imunidades. Em uma sociedade liberal, pode-se falar de função social, porque prevalecerão obrigações legais de não fazer, como a obrigação de abstenção de causar dano a outrem, como no caso da poluição causada por produtos tóxicos ou por resíduos sólidos. Em sociedades cuja presença do Estado é mais intensa, a função social consistirá no cumprimento de obrigações legais de dar e fazer, como, por exemplo, a de exigir que o bem seja usado obrigatoriamente no benefício da comunidade.

Caso estejam desequilibrados e se tornem excessivamente onerosos, é plenamente admissível revê-los ou acrescentar ao feixe de situações jurídicas da propriedade um direito ou uma imunidade adicional ao proprietário: o de ser auxiliado pela comunidade no cumprimento de seus deveres, dentro do quadro da solidariedade social e condizente com o princípio da boa-fé.

Tampouco se pode dizer que o direito de propriedade é reconhecido sob condição resolutiva até o dia em que ocorrer o descumprimento da sua função social. Essa afirmação, todavia, não tem amparo legal. Inclusive o art. 156, § 1º, da Constituição Federal, tinha como redação original que o Imposto Predial e Territorial Urbano – IPTU poderia ser progressivo, nos termos de lei municipal, para assegurar o cumprimento da função social. Este foi revogado pela Emenda Constitucional nº 29, de 2000. Inclusive no caso do imóvel rural que não está cumprindo com sua função social, o art. 184 prevê-se a desapropriação, mediante prévia e justa indenização em títulos da dívida agrária. Mesmo sendo discutíveis esses títulos, não se trata da extinção do direito de propriedade, porque o proprietário não foi expropriado da vantagem econômica que obtinha com a terra improdutiva.

CAPÍTULO 6
A Função Social da Propriedade dos Bens Culturais

Considerando que o bem cultural é objeto do direito de propriedade e tem uma função social a cumprir, requer-se, preliminarmente, o cumprimento de duas etapas. A primeira delas é o seu reconhecimento como tal e formalizá-lo juridicamente. Como consequência, produzir-se-ão os efeitos decorrentes da função social da propriedade.

1. Como um bem se torna cultural?

No início desse trabalho, propôs-se uma definição de bem cultural como aquele bem, material ou imaterial, que tem a aptidão para contribuir com o desenvolvimento pessoal de quem o vê, por meio da sua contemplação, observação, contato e experimentação. É geralmente selecionado como documento histórico de época acerca de determinado modo de vida, arte ou técnica ou, por ser suporte da memória coletiva ou ícone de identidades coletivas. Também se destacou, naquela parte, que o reconhecimento de um bem como bem cultural passa por dois processos. O primeiro deles consiste no seu reconhecimento como bem cultural. O segundo deles é a formalização da decisão, no âmbito político-jurídico, de proteger ou não esse bem cultural. Em todos esses casos, há uma disputa de poder de fazer valer a pretensão de ver reconhecido determinado bem como cultural e, em momento posterior, de pretender a sua conservação para contemplação pelas gerações atuais e futuras.

1.1. Primeiro processo: os interesses envolvidos na proteção de um bem cultural

Quando se trata da intenção de qualificar determinado bem como bem cultural, é porque neste ato se reconhecem interesses que se deseja estarem protegidos. Alguns deles merecem tutela e outros merecem cautela na sua apreciação.

O primeiro interesse a ser protegido é aquele relacionado à educação, ou à "paideia" contemporânea, correspondente aos valores culturais da sociedade, por meio do qual se destacam e impõem-se práticas e comportamentos, permitindo a promoção do desenvolvimento pessoal das pessoas com a ampliação de conhecimentos e refinamento de juízos estéticos. Esse interesse é atendido por meio do acesso aos bens culturais, tanto os antigos quanto os contemporâneos já fabricados com essa finalidade. Bens culturais são dessa forma considerados pela pretensão de visualizá-los, contemplá-los por longo tempo, o que exige sua duração no tempo em harmonia com o interesse do proprietário de usá-lo, fruir dele e de dispor do mesmo. A função social da propriedade, em nosso entender, é o instituto jurídico apto a harmonizar o uso e fruição do proprietário com o uso pela coletividade, ao menos, em termos de visualização para contemplação.

O segundo interesse a ser protegido é a formação e preservação de identidades coletivas. O bem cultural permite que o indivíduo se reconheça como membro do grupo, o que exige sua conservação, para que a tradição a ele associada não se perca, ou que essa identidade se mantenha com a continuidade da existência do bem. Ainda relacionado à identidade existe o interesse de veneração, mais facilmente observável em objetos móveis, mas também em imóveis. Assim como se cultuavam templos e estátuas, contemplam-se, nos dias atuais, estes mesmos objetos, móveis e imóveis, além de objetos que não foram concebidos originalmente com a função de culto religioso. Por meio deles, a pessoa exerce sua imaginação e sente como se estivesse "voltando no tempo", ligando-se com pessoas do passado, reconstruindo mentalmente seus passos. Pela função social da propriedade, exige-se que, no exercício do direito de propriedade, não se apague esse elemento de identidade, provocando tristeza, aborrecimento, consternação e, no limite, um dano moral coletivo.

O terceiro interesse a ser protegido é o da historiografia, ao fazer do bem cultural um documento de época, por meio do qual se permite explicar e compreender o passado com a máxima objetividade possível. São os casos de artefatos antigos ou de edifícios cujo estilo arquitetônico de determinada época. Ainda que se pudesse construir uma réplica do imóvel, com relativa facilidade e com materiais de melhor qualidade, deseja-se conservar a sensação do ineditismo. A função social da propriedade permite que se possa usar e fruir do bem: apenas veda o *jus abutendi* no sentido de destruí-lo quando não houver risco de ruína.

Por outro lado, podem existir interesses reconhecidos como legítimos, mas que merecem cautela quanto ao seu reconhecimento, para que não se imponham ao proprietário mais deveres sem fundamentos razoáveis e justificados.

O primeiro interesse que merece cautela está relacionado à construção da memória coletiva, por meio do qual a comunidade, o país e até a humanidade concretiza esse vínculo com o passado, produzindo e formando identidades individuais e coletivas, a produção de sentido para o tempo presente, ou até mesmo o alívio para a insatisfação para com o cotidiano, pelo cultivo da nostalgia do passado. Os bens culturais podem ser lugares de memória, sendo conservados como relíquias cultuadas e relembradas, uma vez que esses objetos existem simultaneamente no passado e no presente. Permitem a comemoração ou a recordação de períodos da vida ou de pessoas que já passaram pelo mundo e deixaram suas marcas por meio da construção desses objetos.

Como visto anteriormente, nem sempre essa memória corresponde à verdade: nela há inexatidões factuais e lacunas completadas com o exercício da imaginação. Essa contingência não diminui a importância da memória coletiva, tampouco autoriza a sua perda, porque se trata de produto cultural, tão importante quanto o objeto que lhe serve de suporte material. Sendo uma construção social, é constantemente reconstruída e distorcida, hipervalorizando e esquecendo eventos e aspectos positivos e negativos, conforme o interesse coletivo, além do preenchimento das lacunas da memória pela imaginação individual ou coletiva. Pela memória coletiva, atribuem-se como muito antigos eventos tradicionais que são relativamente novos, além desta ser manipulável de acordo com interesses políticos e ideológicos por meio dos livros, da escola e dos meios de comunicação. O conhecimento histórico sobre os fatos narrados pela memória coletiva pode fazer com que, na verdade, se queira esquecer o que se deseja valorizar e preservar. Por isso, torna-se crítico o aumento de deveres e perda de privilégios com fundamento em uma "estória" inverossímil. Na composição desses interesses, aplica-se corretamente a função social da propriedade quando não se admite o aumento de sua intensidade esse fato em desfavor do proprietário.

O segundo interesse que merece cautela está na tendência à valorização de determinados grupos sociais por meio do reconhecimento como bem cultural. Por isso, em uma sociedade democrática e multicultural, não se deve usar a função social da propriedade dos bem culturais para privilegiar determinadas culturas em detrimento de outras.

O terceiro interesse que merece cautela decorre da ignorância da dicotomia entre valor de antiguidade e valor histórico, sintetizada por Alois Riegl e prevista nas cartas patrimoniais de restauro. É preciso definir se o dever de conservação corresponde ao de apenas retardar a sua deterioração e seu perecimento, porque os materiais de sua construção estão sujeitos à decomposição, ou se exige a sua restauração, com a substituição de materiais. Os princípios de restauração contidos nas cartas patrimoniais, refletem mais o valor de antiguidade do que o valor histórico. Por exemplo, em uma restauração, até por uma questão de boa-fé, faz-se de modo a destacar o que é original e o que foi colocado posteriormente, para que não se pense que o imóvel nunca se deteriorou, transmitindo uma informação falsa acerca da realidade. Não se pode querer recuperar o irrecuperável, porque seria hipótese de onerosidade excessiva sem fundamento jurídico.

O exercício dos privilégios inerentes ao direito de propriedade não pode, pois, prejudicar o interesse da sociedade de satisfazer suas necessidades culturais com a preservação de seu patrimônio, razão pela qual a propriedade do bem cultural tem consigo a função social da propriedade, que, no caso, consiste em respeitar esse interesse coletivo. Por outro lado, o exercício do direito à preservação dos bens culturais não pode ser exercido de forma abusiva pela coletividade, por meio do

Estado, mediante a imposição excessiva de deveres ou pela produção de invasões à esfera jurídica do proprietário que inviabilizam o exercício dos privilégios a ele atribuídos. Podem-se e devem-se harmonizar os interesses individuais com os interesses sociais, até porque não são excludentes, quando valorizados de maneira correta. À medida que se avança sobre os privilégios do titular do direito sobre o bem, limita-se substancialmente a esfera jurídica do proprietário, contra os quais não tem imunidade. São os casos em que este não pode mais usar ou fruir do bem cultural, pelo fato de as obrigações de cuidar da coisa se terem tornado excessivamente onerosas, ou porque a sociedade pretende dar o privilégio a todas as pessoas de usar a coisa, ao transformá-la num local aberto ao público, privando o proprietário do direito de excluir as demais pessoas de seu acesso. Por isso, ou se indeniza o dano sofrido com a violação do direito sofrido (ou pela perda da faculdade de usar o bem), permanecendo com o mesmo, ou o Estado desapropria, exercendo o direito de adquiri-lo independentemente da vontade do seu titular, cabendo ao particular sofrer os efeitos da alienação forçada ou desapropriação, mediante o recebimento do preço, qualificado como indenização prévia e justa.

Françoise Choay tem uma posição radical para com o patrimônio histórico. Na opinião dela, a preservação do patrimônio é um comportamento narcisista, uma síndrome, fazendo dos objetos verdadeiras próteses para o combate do desequilíbrio das identidades provocadas pelas transformações sociais dos últimos tempos:[583]

> Para esse fim, é necessário sondar a imagem patrimonial com um olhar crítico ou clínico que nos faça separar e dissociar os materiais heterogêneos com os quais a construímos. É necessário que paremos de confundir as realizações arquitetônicas e urbanas pré-industriais com o conjunto das construções que se lhes sucederam até hoje. Em outras palavras, é preciso sair da ficção narcisista. Precisamos denunciar o amálgama no qual ela nos enleia, e que nos faz também confundir história e memória, uma construção conceitual do tempo e o poder,

[583] CHOAY, Françoise. Id. p. 241-243.

inerente à nossa condição corporal, de mobilizar e estruturar a duração, que, como já vimos, é requerida pelos monumentos 'intencionais'.[584]

Com efeito, não é necessário ser radical, porque a preservação do patrimônio cultural é fundamental para a sociedade. Mas é incorreto permitir que se pretenda o tombamento mediante alegações formuladas sem maiores reflexões, de que se o bem é "histórico" ou "cultural", sem perquirir como esses elementos se constroem na sociedade, acreditando-se inocentemente na memória alegada e ignorando o fato de que o bem cultural não tem uma qualidade intrínseca – o que transformaria seu tombamento em espécie de ato vinculado – quando não o é, por ser uma qualidade atribuída e projetada pelo Estado ou pela sociedade, por meio de um cidadão ou do órgão do Ministério Público, defendendo a memória coletiva e, com isso, impor deveres infundados ao proprietário do bem qualificado como cultural. Inevitável será, portanto, o questionamento da legitimidade social para a imposição de deveres e perda de privilégios em face do proprietário. Por outro lado, o imóvel inviabilizado pela qualificação inadequada como bem cultural também faz com que não se cumpre a sua função social, porque somente restariam os deveres.

1.2. Segundo processo: a formalização do reconhecimento do bem cultural

Para que um bem cultural receba proteção, o seu reconhecimento pela comunidade já seria suficiente para tanto. O proprietário, quando é consciente dessa importância, pode fazer a devida conservação por conta própria. Por outro lado, pode-se exigir a sua conservação por decisão judicial, quando se apontará o descumprimento da função social da propriedade, geralmente, por meio de ação civil pública. Na grande maioria dos casos, a qualificação do bem como bem cultural dá-se pela formalização pela lei ou pelo processo administrativo do tombamento, no qual há a participação de especialistas, sobretudo arquitetos e historiadores, com o intuito de analisar a pertinência histórica ou arquitetônica da coisa como documento ou as origens e

---

[584] CHOAY, Françoise. Id. p. 241-243.

desenvolvimento da memória coletiva. Nesse processo, asseguram-se ao proprietário da coisa tombada as garantias constitucionais do contraditório e da ampla defesa. As leis preveem conselhos de patrimônio histórico, que representam a sociedade nessa matéria.

A importância da formalização do reconhecimento do bem cultural é que, a partir de então e sem dúvida, o bem passa a ter sua função social modificada, em comparação com outro bem similar.

É discricionária a decisão, deliberação ou votação, conforme o caso, que tomba determinada coisa, porque decorre de juízo de valor de quem proporá a medida ou fará a análise. Ainda que determinada coisa possa ser materialmente um bem cultural, existe uma tomada de decisão conforme critérios de conveniência e de oportunidade, cabendo o esclarecimento das motivações que ensejam ou não o tombamento da coisa, tornando-a, formalmente, um bem cultural. A lei que faz o tombamento, apenas consubstancia a vontade popular em termos formais. Do ponto de vista estritamente jurídico, embora se possa imaginar, em primeira leitura, que se trata de questão relativa a direito de propriedade, sendo, portanto, matéria de direito civil, cuja competência legislativa é exclusiva da União nos termos do art. 22, I, da Constituição Federal, pode-se sustentar, noutra leitura, que a função social da propriedade justifica o tombamento. O Estado, por meio do Poder Legislativo, apenas declararia ou qualificaria determinado bem, material ou imaterial, como bem cultural.

Admite-se o uso da lei para a promoção do tombamento geral de uma cidade, como, de fato, tem ocorrido antes mesmo da promulgação do Decreto-lei n.º 25, de 1937. Continuou sendo usada como instrumento para o tombamento e também para o destombamento. É interessante o disposto no Decreto n.º 26.670, de 12 de maio de 1949, que cancelou parcialmente o tombamento do Aqueduto da Carioca, o qual já havia sido tombado pelo então SPHAN. Porém, sob a alegação de relevante interesse público para facilitar o escoamento de tráfego para a zona sul do Rio de Janeiro, solicitou-se a remoção de um pilar e provou-se que outro pilar já havia sido retirado em 1872. A Lei nº. 1.618-A, de 6 de junho de 1952, considerou monumentos nacionais os edifícios e logradouros remanescentes das cidades de São Vicente, SP, e Porto Calvo, AL. Por sua vez, o Decreto n.º 58.077, de 24 de março de 1966, converteu em monumento nacional a cidade de Parati, devido ao seu acervo arquitetônico, o qual estava em ameaça iminente de sofrer danos irreparáveis; do mesmo modo, o Decreto n.º 68.045, de 13 de janeiro de 1971, converteu a cidade de Cachoeira, na Bahia, em monumento nacional, devido a episódio de luta à época da Independência do Brasil, e o Decreto n.º 72.107, de 18 de abril de 1973, converteu Porto Seguro em monumento nacional pelo fato do descobrimento do Brasil. Vale lembrar que a Constituição Federal de 1988, no art. 216, § 5º, fez o tombamento de "todos os documentos e os sítios detentores de reminiscências históricas dos antigos quilombos".

Nada obsta que o tombamento seja feito por meio de lei. Contudo, quando eleita esta via, este deve ser realizado com cautela, porque as motivações que levam à elaboração da lei podem estar fundamentadas na memória coletiva e não na história. Tanto o autor do anteprojeto de lei, quanto os parlamentares que aprovaram o projeto e o chefe do Poder Executivo, por si mesmos ou por atenderem à vontade da população, podem concordar com a aprovação do texto sem a observância dos critérios objetivos exigidos na produção historiográfica, porque, muito provavelmente, as motivações se sustentam na memória coletiva.

O Supremo Tribunal Federal julgou a questão relativa à iniciativa de propositura de projeto de lei sobre tombamento em ação direta de inconstitucionalidade[585] da Lei n.° 1.713/97, do Distrito Federal, que subdividia o Plano Piloto de Brasília em prefeituras comunitárias e associações de moradores, que se encarregariam da zeladoria local e autorizava a restrição de acesso às vias de circulação interna das quadras locais. Entendeu-se ser esta lei inconstitucional por violação à separação de poderes, a indivisão do Distrito Federal e violação das garantias de ir e vir e da liberdade de associação. Como a lei era de Brasília, cujo projeto arquitetônico é tombado – e acerca do qual se voltará a discutir adiante – afirmou-se, ainda que sem maior aprofundamento em razão do aspecto secundário para a solução da lide, que o tombamento é ato do Poder Executivo, sem também esclarecer se a referência era ao chefe do Poder Executivo em termos de iniciativa de lei ou se era aos órgãos

[585] BRASIL. Supremo Tribunal Federal. Ação Direta de Inconstitucionalidade n.° 1706. Relator: Min. Eros Grau. Tribunal Pleno. Julgado em 9 abr.2008.

de proteção do patrimônio cultural, vinculados ao Poder Executivo - e a lei, portanto, não poderia inovar nesse sentido, sob pena de violação da separação dos poderes.

Anos depois, o entendimento relativo a essa questão relativa à iniciativa da lei foi aperfeiçoado pelo Supremo Tribunal Federal, quando, em caso de lei do município do Rio de Janeiro que ordenava a instalação de câmeras nas escolas, julgou ser de repercussão geral a tese de que não ofende a separação dos poderes a lei de iniciativa do Poder Legislativo que, embora tenha criado despesas para o Poder Executivo, não alterava a estrutura administrativa nem previa a criação de cargos públicos.[586] Em caso similar relativo à projeto de lei sobre tombamento, julgou-se ação direta de inconstitucionalidade de lei do município de São Luis do Paraitinga, que tombou a capela dedicada a Nossa Senhora Aparecida do Alto Grande e as correspondentes festas e celebrações. A ação foi julgada parcialmente procedente, porque reconheceu a possibilidade de tombamento por meio da lei, mas considerou inconstitucional a ordem para que se disponibilizassem recursos do orçamento para a manutenção do local.[587]

Para um bem individualizado, o Poder Judiciário tem-se manifestado em sentido contrário, reconhecendo a inconstitucionalidade de leis com esse objeto, pelo fato de que se estaria invadindo a competência do Poder Executivo. No Estado de São Paulo, julgou-se inconstitucional a lei que tombava a "Igreja de Sant'Anna" em Pindamonhangaba, com fundamento doutrinário de que o tombamento é ato privativo do Chefe do Poder Executivo.[588] Anteriormente, entendeu-se inconstitucional lei municipal de São José do Rio Preto, que tombava a "Feira Livre do Bairro Boa Vista", bem imaterial, incluindo o registro dela no

---

[586] BRASIL. Supremo Tribunal Federal. ARE 878911 (Repercussão Geral). Relator: Min. Gilmar Mendes. Julgado em 29 set 2016.

[587] BRASIL. Tribunal de Justiça do Estado de São Paulo. Ação Direta de Inconstitucionalidade n.º 2248069-55.2017.8.26.0000. Relator: Des. Borelli Thomaz. Órgão Especial. Julgado em 25 abr. 2018.

[588] BRASIL. Tribunal de Justiça do Estado de São Paulo. Ação Direta de Inconstitucionalidade n.º 2173468-83.2014.8.26.0000. Relator: Des. Roberto Mortari. Órgão Especial. Julgado em 29 abr. 2015.

livro do tombo local, sob a alegação de violação do princípio da separação dos poderes.[589] No Estado do Rio de Janeiro, também se julgou inconstitucional lei municipal da capital que tombava os Centros Integrados de Educação Pública – CIEPS, porque o município teria competência para legislar de maneira ampla, mas não de maneira específica nessa matéria.[590]

Em Minas Gerais, no entanto, encontrou-se divergência de entendimento entre julgados. Em caso relativo a lei municipal que tombava a "Banda 14 Bis" como bem integrante do patrimônio imaterial do Juiz de Fora, o Tribunal de Justiça daquele Estado entendeu que o conteúdo desta lei é meramente declaratório e, portanto, não estaria sujeito ao controle de constitucionalidade.[591] Cabe destacar, todavia, a arguição de inconstitucionalidade de lei municipal que tombava o "Café Galeria", em Juiz de Fora. Pelo voto vencedor no acórdão, considerou-se ser inconstitucional a lei, por violação ao princípio da separação dos poderes.[592]

O Poder Judiciário pode tombar um bem cultural, porque, neste caso, se assegurará ao proprietário o contraditório e a ampla defesa, ao mesmo tempo em que se exigirá do pretendente ao tombamento a demonstração cabal da relevância histórica, artística e arquitetônica da coisa. Porém, não se podem admitir alegações vagas e argumentos retóricos típicos de arrazoados forenses, nos quais se atribui um caráter de relíquia ao bem que se pretende proteger. O autor da ação pode ter conhecimentos jurídicos sobre o fato de a Constituição Federal prever

---

[589] BRASIL. Tribunal de Justiça do Estado de São Paulo. Ação Direta de Inconstitucionalidade n.º 179.304-0/0-00. Relator: Des. José Roberto Bedran. Órgão Especial. Julgado em 18 nov. 2009.

[590] BRASIL. Tribunal de Justiça do Estado do Rio de Janeiro. Ação Direta de Inconstitucionalidade n.º 0036506-19.2013.8.19.0000. Relator: Des. Edson Scisinio Dias. Décima-quarta Câmara Cível. Julgado em 1º set. 2014.

[591] BRASIL. Tribunal de Justiça do Estado de Minas Gerais. Ação Direta de Inconstitucionalidade n.º 1.000.12.063418-3/000. Relator: Des. Wander Marotta. Órgão Especial. Julgado em 31 jul. 2013.

[592] BRASIL. Tribunal de Justiça do Estado de Minas Gerais. Ação Direta de Inconstitucionalidade n.º 1.0000.12.130705-2/00. Relator: Des. Antonio Servulo. Órgão Especial. Julgado em 24 jul. 2013.

a proteção do patrimônio cultural e impor sua preservação pelo fato de determinado artigo de lei estar supostamente sendo infringido, mas não necessariamente tem conhecimentos técnicos suficientes para a avaliação do bem que pretende preservar, ou sobre o tipo de intervenção correta que se deve fazer no bem tombado.

Em relação ao tombamento por meio de decisão judicial, podem-se destacar dois casos de uma mesma cidade. O primeiro caso consistiu no tombamento do denominado "Palacete Levy", construído em 1881 no município de Limeira, SP. Associações de Moradores propuseram ação civil pública para obrigar a Prefeitura a tombar este imóvel, que seria a "expressão nítida da elite cafeeira da época", pertencente à memória cultural e histórica local, e cujo mau estado de conservação e o ataque dos cupins o estaria levando à ruína. A sentença reconheceu o pedido e condenou a Prefeitura à restauração do imóvel. O Tribunal de Justiça manteve a decisão, mas o voto vencido questionou o entendimento, alegando que o Poder Judiciário estaria invadindo competência do Poder Executivo, inclusive criando despesa não prevista no orçamento.[593] O segundo caso refere-se a ação civil pública para obrigar ao tombamento do imóvel antigamente pertencente à Companhia Prada Indústria e Comércio, sob a alegação de que "não dá para pensar em Limeira sem que a história da Companhia Prada seja lembrada, pois uma faz parte da outra e sem uma delas a outra deixaria de existir". Em primeiro grau, julgou-se improcedente a pretensão, mas o Tribunal de Justiça reformou a sentença, entendendo que "conclui-se que por não ser privativo do órgão Legislativo, ou Executivo, a identificação de um valor social, tem o Judiciário poder para se pronunciar a respeito".[594]

---

[593] BRASIL. Tribunal de Justiça do Estado de São Paulo. Apelação com Reexame Necessário nº 0113172-13.2006.8.26.0000. Relator: Des. Ferreira Rodrigues. 4ª Câmara de Direito Público. Julgado em 10 out. 2011.

[594] BRASIL. Tribunal de Justiça do Estado de São Paulo. Apelação nº 0005567-23.2003.8.26.0320. Relator: Des. Claudio Marques. 3ª Câmara Extraordinária de Direito Público. Julgado em 16.dez. 2014.

2. A função social da propriedade dos bens culturais

Uma vez qualificado como bem cultural, altera-se o conteúdo da função social da propriedade, procedendo-se a um rearranjo dos componentes desse instituto jurídico. Para a proteção do bem cultural, portanto, alteram-se os privilégios de usar e fruir da coisa, o poder de dispor dela, o direito de reavê-la de quem injustamente a detenha, o poder do Estado de desapropriá-la ou de requisitá-la em caso de iminente perigo público e tributar o proprietário por esse fato, além do dever de cumprir com os deveres de uso da coisa de acordo com a finalidade econômico-social, sem prejudicar os vizinhos nem a comunidade, a preservação da flora, fauna, belezas naturais, equilíbrio ecológico, garantir a acessibilidade à pessoa com deficiência e abster-se de poluir o ar e as águas.

O fundamento para a imputação de deveres, incapacidades e responsabilidades, bem como o de redução de direitos, privilégios, poderes e imunidades do proprietário do bem cultural está no art. 5º, XXIII, 170 e 182, § 2º, da Constituição Federal, como também no art. art. 1.228, § 1º do Código Civil brasileiro. No caso, o Código Civil de 2002 apenas estabeleceu o dever do proprietário de preservar o patrimônio histórico e artístico, em razão do estado da arte jurídica da época ser o Decreto-lei n.º 25, de 1937. Dessa forma, o art. 1.228, § 1º é completado atualmente pelo art. 216, I a V, da Constituição Federal, que impõe o dever de preservação dos "conjuntos urbanos e sítios de valor histórico, paisagístico, artístico, arqueológico, paleontológico, ecológico e científico", das "das obras, objetos, documentos, edificações e demais espaços destinados às manifestações artístico-culturais", das "criações científicas, artísticas e tecnológicas", dos "modos de criar, fazer e viver" e das "formas de expressão". A Lei Brasileira de Inclusão da Pessoa com Deficiência (Lei n.º 13.146, de 6 de julho de 2015) impõe a acessibilidade aos imóveis, inclusive naqueles considerados bens culturais. Os arts. 56 e 57 desta Lei estabelece que edificações abertas ao público, tanto públicas quanto privadas de uso coletivo, devem ser construídas, reformadas, ampliadas ou com uso alterado devem atender aos critérios de acessibilidade. Por sua vez, o art. 42, I, estabelece o direito da pessoa com deficiência à acessibilidade aos bens culturais.

O proprietário, então, continua com os privilégios de usar e fruir da coisa. Porém, como principal efeito da função social da propriedade do bem cultural, tem-se a redução de dois desses privilégios, decorrentes da atribuição do privilégio à coletividade de ter a visualização e contemplação externas, do mesmo modo que se usam bens expostos em um museu. Não é um uso, portanto, como possuidor. Caso a sociedade pretenda usá-lo direta e intensamente, pode ser necessária será a desapropriação, porque, neste caso, se mutilará o direito de exclusão irrestrito das demais pessoas do acesso ao bem. Em suma, neste caso, o proprietário não tem o privilégio de impedir tal visualização; tem o dever de suportar esse fato. Ademais, o proprietário não tem o privilégio – tem o não-direito - de reformá-lo de maneira inadequada, sem autorização do órgão competente, pois tal fato pode concorrer para sua destruição precoce ou sua descaracterização por imperícia do agente.

Impõem-se, ainda, duas incapacidades adicionais ao proprietário: I – suportar obras de conservação ou reparação, independentemente de comunicação do proprietário quanto à necessidade de realizá-las; (art. 19, § 3º) e II – suportar vistorias e inspeções do IPHAN (art. 20). Há o dever do proprietário de zelar pela sua conservação pelo maior tempo possível, evitando sua destruição precoce, inclusive pela alteração de seu regime jurídico de bem consumível para inconsumível, pelo fato de que se tem contra o dono do direito de exigir o cumprimento desse dever.

Tampouco se nega o privilégio para destruir, demolir ou mutilar sem prévia autorização. Isso não significa que não se possa fazê-lo: apenas se exige autorização para tanto, tendo em vista o princípio da legalidade. Havia a incapacidade de alienação sem conferir o direito de preferência do Estado, mas este foi suprimido com a promulgação do Código de Processo Civil de 2015.

No Decreto-lei nº 25, de 1937, tem-se uma lista de deveres, conforme segue:

I   dever de registrar a alienação da coisa no Registro de Imóveis (art. 13, § 1º);

II   dever de comunicação de extravio ou furto da coisa em até cinco dias, a contar da data do conhecimento do fato (art. 16);

III   dever de abstenção de retirada da coisa móvel tombada do país, salvo por curto prazo, sem transferência de domínio e para fins de intercâmbio cultural, mediante autorização prévia do IPHAN (art. 14);

IV dever de conservação do imóvel, mediante abstenção da prática de atos de destruição, demolição ou mutilação (art. 17);
V dever de comunicação prévia ao IPHAN de atos de reparo, pintura ou restauro (art. 17);
VI dever de abstenção de atos de reparo, pintura ou restauro, quando não autorizados (art. 17);
VII dever de reforma ou restauração do imóvel de acordo com as orientações do IPHAN;
VIII dever de comunicação ao IPHAN sobre a necessidade de obras de conservação e reparação, quando o proprietário não dispuser de recursos (art. 19);
IX dever de garantir a acessibilidade da coisa (Estatuto da Pessoa com Deficiência (art. 42, I).

Confere-se ao proprietário um poder adicional: "I – requerer o cancelamento do tombamento da coisa em caso de falta de providências da União para o custeio de obras de conservação ou reparação da coisa" (art. 19, § 2º), uma imunidade: I – receber auxílio na conservação, mediante redução do IPTU; e um direito: II – receber auxílio mediante benefícios.

Questão complexa e delicada é a área do entorno do imóvel tombado. Justifica-se pelo fato de que este é um monumento e, como tal, precisa destacar-se no espaço. Do ponto de vista arquitetônico, o imóvel corresponde ao texto e o entorno é o contexto. Com efeito, trata-se da única limitação ao direito de propriedade decorrente do tombamento, porque não recai sobre a coisa qualificada como bem cultural, mas sobre as demais coisas que estão ao seu redor (arts. 18 e 19 do Decreto-lei n.º 25, de 1937), que não são bens culturais. Tem, portanto, a mesma natureza jurídica do direito real de servidão, porque corresponde ao conteúdo previsto na primeira parte do art. 1.378 do Código Civil brasileiro: "A servidão proporciona utilidade para o prédio dominante, e grava o prédio serviente, que pertence a diverso dono (...)". A única diferença, portanto, está na sua constituição: em vez de ser voluntariamente criada pelos proprietários por declaração expressa ou testamento, constitui--se por lei, decisão judicial ou processo administrativo. Todavia, não se pode analisar essa questão em termos absolutos. É preciso verificar se as construções do entorno fazem ou não fazem parte do contexto do imóvel tombado. Não podem os imóveis do entorno causar externalidades negativas a este último, e este não pode causar externalidades negativas, impedindo o seu regular uso, fruição e disposição.

3. Necessidade de atualização da classificação dos bens no Código Civil

Com a modificação da configuração do direito de propriedade por meio da função social, o estatuto jurídico dos bens culturais requer alterações quanto à sua classificação e natureza jurídica.

Os Códigos Civis, entre os quais o Código Civil brasileiro, trazem regras acerca da classificação dos bens, seguindo, de certo modo, o legado do direito romano nesse tema. Poder-se-ia imaginar a desnecessidade dessa matéria nos dias atuais pelo seu suposto caráter taxonômico, significando espécie de invasão da dogmática jurídica dentro da legislação. No entanto, a classificação dos bens é de suma importância para o direito como um todo, porque, com poucas regras, estabelecem-se verdadeiros estatutos ou regimes jurídicos para os bens, com repercussões de ordem prática. Por exemplo, a classificação de um bem como móvel ou imóvel. A importância não está na relevância da definição de que são imóveis o solo e tudo quanto se lhe incorporar natural ou artificialmente, mas, sim, que, ao classificar-se um bem como imóvel, ficam previstos os modos de aquisição da propriedade desse tipo de bem, a maneira pela qual se faz a publicidade da relação de pertinência entre a coisa e a pessoa, ou até mesmo a necessidade de litisconsórcio processual. Do mesmo modo, os direitos reais sobre imóveis. Sendo estes naturalmente incorpóreos, são, contudo, considerados imóveis pela lei. Isso significa que a alienação desse direito seguirá as mesmas regras de alienação de uma coisa imóvel, exigindo-se, no Brasil, a escritura pública, quando o valor dessa alienação for superior a trinta salários mínimos, nos termos do art. 108 do Código Civil. Ou, ainda, a herança indivisa, que é considerada imóvel. Caso o herdeiro pretenda fazer a cessão de direitos hereditários, esta será realizada como se estivesse alienando o próprio imóvel.[595]

---

[595] Animais também podem ser considerados imóveis, nos termos do art. 522 e 524 do

Nos Códigos Civis, a principal classificação dos bens é entre imóveis e móveis, que se explica pelo fato de a terra ser importante riqueza em diversos países, entre os quais o Brasil, na qual se valorizam os denominados "bens de raiz" como conquista social – como no caso do "sonho da casa própria", ou investimento, para fruição com aluguéis ou para revenda no futuro. Existem outras classificações importantes, como a de bens fungíveis e bens infungíveis, bens consumíveis e bens inconsumíveis, divisíveis e indivisíveis, singulares ou coletivos, principais e acessórias, mas não são todos os textos legais que as contêm.[596] Com efeito, a classificação dos bens no Código Civil brasileiro, desde o Código Civil de 1916, é realmente primorosa pelo seu caráter lógico, quando comparada a mesma sistematização em outros Códigos Civis.

Alguns Códigos, como o brasileiro, espanhol e o italiano, classificam os bens quanto à sua titularidade. Dessa forma, os bens podem ser privados ou públicos. Com efeito, no art. 98 do Código Civil brasileiro classifica-se a titularidade entre bens públicos e bens particulares. Já

Código Civil francês. Materiais provisoriamente separados de um prédio para nele se reempregarem, continuam submetidos ao regime jurídico dos imóveis, nos termos do art. 81, II, do Código Civil brasileiro. Navios e aviões são naturalmente móveis, mas podem ser considerados imóveis. Nesse caso, não se imobilizam, evidentemente: apenas seguirão as regras previstas para os imóveis. No Brasil, navios não são imóveis (Código Comercial, art. 478, ainda vigente), mas podem ser objeto de hipoteca, nos termos do art. 1.473, VI, do Código Civil. Aviões são definidos como móveis nos termos do art. 106, parágrafo único, do Código Brasileiro de Aeronáutica (Lei nº. 7.565, de 19 de dezembro de 1986) mas são objeto de hipoteca nos termos deste mesmo parágrafo único. Já no Código Civil da Lituânia de 2002, o art. 1.98, 3, dispõe que: "Navios e aeronaves de registro legal obrigatório nos termos da lei, são também considerados imóveis. Qualquer outra propriedade também pode ser considerada imóvel para fins legais".

[596] Por exemplo, os Códigos Civis francês e italiano somente tratam de forma sistemática da divisão entre bens móveis e imóveis, deixando os bens fungíveis e infungíveis, consumíveis e inconsumíveis, previstos ao longo do texto legal. Augusto Teixeira de Freitas sistematizou os bens no Brasil no art. 42 da Consolidação das Leis Civis em bens móveis, imóveis e ações exigíveis. No art. 44 e seguintes deste mesmo trabalho, ele classificou os imóveis pela sua natureza (prédios urbanos e rústicos, todas as árvores e frutos, enquanto aderentes ao solo), pelo seu destino (instrumentos de agricultura, utensílios das fábricas, alambiques, gados dos engenhos e outros estabelecimentos, enquanto se acham a eles unidos e não podem ser separados sem interrupção dos respectivos trabalhos) ou pelo objeto a que se aplicam (usufruto dos imóveis, servidões, ações reivindicatórias).

no Código Civil espanhol, o art. 338 define que "os bens são de domínio público ou de propriedade privada".

Na Consolidação das Leis Civis, Teixeira de Freitas apresentou a classificação dos bens públicos vigente no Brasil oitocentista. Dividiu-os como de domínio nacional, subdivididos em coisas de uso público (art. 52, § 1º), coisas de domínio do Estado (art. 52, § 2º) e os bens da coroa (art. 52, § 3º). Ao lado destes bens, ele definiu, com base na Lei de Terras, o art. 53, que define as terras devolutas; no art. 54, os terrenos de marinhas; no art. 58 os bens do evento, que são o gado ou bestas cujo dono se desconhece. Também ele mencionou os bens próprios nacionais (art. 59), os bens próprios provinciais (art. 60) e os bens próprios municipais (art. 61). Por sua vez, os bens do domínio particular, nos termos do art. 62, eram divididos em bens alodiais e bens enfitêuticos, como no caso dos terrenos de marinha existentes até os dias atuais.[597]

No Código Civil de 2002, e também no Código Civil de 1916 com pequenas variações na redação,[598] define-se no art. 98 que bens públicos são "os bens do domínio nacional pertencentes às pessoas jurídicas de direito público interno; todos os outros são particulares, seja qual for a pessoa a que pertencerem".[599]

Floriano Peixoto de Azevedo Marques Neto denominou essa classificação como sendo o "critério civilista",[600] segundo o qual se estabelece

---

[597] Cf. art. 2.038 do Código Civil de 2002.

[598] Cf. arts. 65 e 66 do Código Civil de 1916.

[599] O Código Civil espanhol classifica os bens de acordo com a pessoa a que pertencem. O art. 338 dispõe que "os bens são de domínio público ou de propriedade privada". No caso, pelo art. 344 deste mesmo Código, estes bens de "propriedade privada" pertencem ao Estado, às Províncias ou ao Município (equivalente aos bens dominicais no Brasil), ou aos particulares, individual ou coletivamente. O recente Código Civil argentino dispõe no art. 2.339 que "as coisas são bens públicos do Estado geral que forma a Nação, ou dos Estados particulares de que ela se compõe, segundo a distribuição dos poderes feita pela Constituição Nacional; ou são bens privados do Estado Geral ou dos Estados Particulares". Por sua vez, o art. 2.347 dispõe que "as coisas que não são bens do Estado ou dos Estados, das Municipalidades ou das igrejas, são bens particulares sem distinção das pessoas que sobre elas tenham domínio, ainda que sejam pessoas jurídicas".

[600] MARQUES NETO, Floriano Peixoto de Azevedo. **O regime jurídico das utilidades públicas: função social e exploração econômica dos bens públicos**. 2008. Tese (Pro-

o regime do bem como sendo de direito privado ou de direito público em razão de seu titular, enquanto, pelo direito administrativo, os bens públicos deveriam ser qualificados de acordo com sua função, independentemente de quem seja o seu titular. Nesse sentido, vale retomar o conceito de domínio eminente, em que o Estado, no exercício de sua soberania, tem privilégios sobre todos os bens existentes em seu território, podendo interferir inclusive em bens particulares e sujeitá-los ao atendimento de interesse público, quando necessário.

De qualquer modo, a classificação dos bens nos Códigos Civis pode ser objeto de atualização. Sem dúvida, por ser um texto relativo ao direito brasileiro, a objeção volta-se a este, embora possa servir para os demais códigos civis. Não se trata, aqui, de apontar erros na legislação brasileira. Como mencionado anteriormente, é primorosa a disposição legal acerca dos bens no Código Civil brasileiro – inclusive desde o Código Civil de 1916 – e que é notadamente superior a de outros códigos. Apenas se destaca a necessidade de contemplarem-se novas categorias classificatórias, ou, em certo caso específico, reinseri-las com vestimentas contemporâneas. Por exemplo, não se pode afirmar que a classificação de uma coisa como fungível ou infungível se limite apenas a bens móveis, porque há imóveis fungíveis e consumíveis, como, por exemplo, aqueles que ainda não foram alienados pelo incorporador imobiliário.[601]

Existem três classificações de bens que poderiam ser inseridas no Código Civil. A primeira delas seria a de bens de produção e bens de consumo;[602] a segunda delas seria a de bens socioambientais, de acordo

---

fessor Titular) - Universidade de São Paulo. Faculdade de Direito. São Paulo. 2008. p. 118.

[601] Por exemplo, o Código Civil lituano de 2002 distingue corretamente os objetos de direito civil no art. 1.97, em categorias próprias, como entre coisas, moeda (não é coisa, mas meio de pagamento), valores mobiliários (não é o papel, mas o que ele representa), outros direitos de propriedade resultantes de atividades intelectuais, informações, ações e resultados deles derivados, como também qualquer outro valor material ou não material (incluindo-se a clientela, os direitos da personalidade e os direitos de autor, superando-se a dificuldade de classificar estes últimos como propriedade).

[602] Baseado em Adolf Berle de Gardiner G. Means (Cf. BERLE, Adolf A. Propriedade, produção e revolução. Prefácio à edição revista. *In*: BERLE, Adolf A; MEANS, Gardiner G. **A moderna sociedade anônima e a propriedade privada**. Tradução: Dinah de Abreu Azevedo. 2. ed. São Paulo: Nova Cultural, 1987), tem-se a proposta de Fabio Konder

com a qual faria com que se afastasse delas o caráter de *res derelictae*,[603] de modo a responsabilizar o poluidor. Por fim, a terceira classificação refere-se aos bens culturais e aos bens não culturais. Qualificando-se determinado bem, material ou imaterial, como cultural, a este se atribuirá estatuto jurídico adicional e específico devido à sua natureza jurídica. Poder-se-ia pensar no seguinte artigo para o Código Civil: "São bens culturais aqueles que destinados à contemplação e contemplação pelo caráter histórico-documental ou de identidade coletiva". Além disso, poder-se-ia definir que "os bens culturais têm função social".

Assim como os bens de produção têm maior função social em comparação com os bens de consumo, o mesmo ocorre com os bens culturais: têm maior função social em comparação com os demais bens. Sem dúvida, a adoção dessa classificação reforçaria a proteção dos bens culturais, porque se irradiaria na formação dos estudantes de direito, do mesmo modo que a alteração das regras sobre capacidade de agir, promovidas pela Lei de Inclusão da Pessoa com Deficiência, contribuiu para o aumento da percepção da comunidade jurídica para o problema. Adotando-se esta classificação, consequências jurídicas advirão, conforme se verá a seguir.

4. Continuação: a natureza jurídica dos bens culturais

Ademais, ao qualificar-se e reconhecer formalmente o bem como cultural, este passa a ter regime jurídico próprio, modificando sua natureza jurídica.

O primeiro aspecto está no reconhecimento formal de um bem como bem cultural está na sua titularidade. Na opinião de Massimo Severo Giannini, os bens culturais, mesmo de propriedade dos particulares, são bens públicos, por terem uma fruição pública, não necessariamente uma pertinência. Essa fruição, feita pela coletividade, consistiria na

---

Comparato (COMPARATO, Fabio Konder. Função social da propriedade dos bens de produção. **Revista de Direito Mercantil, Industrial, Econômico e Financeiro**. São Paulo. v.25. n.63. p.71-79. jul.set. 1986).

[603] LEMOS, Patricia Faga Iglecias. **Resíduos sólidos e responsabilidade civil pós-consumo**. São Paulo: Revista dos Tribunais, 2011. p. 96.

integridade do bem, não no seu uso. Embora seja público, o poder do Estado é limitado pelo poder do particular.[604]

No Brasil, bens públicos são os bens de uso comum do povo, os bens de uso especial e os bens dominicais ou dominiais. Por conservarem resquícios dos conceitos de *res extracommercium*, bem como do *ager publicus*, são insuscetíveis de alienação e de usucapião. Não se pode afastar ninguém do seu acesso. Qualquer pessoa, por pertencer à sociedade, pode usá-los, mas não pode fazê-lo com exclusividade. Já os bens particulares são considerados por exclusão. Porém, é aqui que se encontra outro problema relacionado ao regime jurídico dos bens particulares. Isso significa que os bens particulares são aqueles destinados ao uso, fruição e disposição de acordo com a vontade e interesse do seu titular, podendo reaver de quem injustamente o detenha.

Dessa forma, como alternativa a essa ideia de que bens culturais de propriedade do particular são bens públicos, cabe aqui apontar a possibilidade de existência de uma classificação dos bens particulares entre bens particulares de uso especial, bens particulares dominicais ou dominiais e bens particulares de uso comum do povo.

Bens particulares de uso especial seriam aqueles usados pela própria pessoa, como, por exemplo, os seus objetos pessoais e o imóvel residencial. Outro exemplo é o imóvel da pessoa jurídica usado para o exercício de suas atividades. No entanto, esses bens particulares de uso especial não são usados com exclusividade pelo seu proprietário.[605] Em um imóvel usado como domicílio, nele vivem pessoas que não são titulares do mesmo, mas que o usam e desfrutam como se fossem titulares dele. As visitas ou os hóspedes também o usam. Os empregados e clientes de uma empresa individual ou sociedade empresária também usam o bem que não é de sua propriedade. Somente quando estiver sendo injustamente usado ou fruído, como no caso do visitante inconveniente, daquele que a tomou emprestado sem concordância do

---

[604] GIANNINI, Massimo Severo. Id. p. 30, 31, 32.

[605] Essa situação somente existe na hipótese da pessoa estar isolada, o que tornaria inútil o próprio direito, uma vez que "ubi societas, ibi ius" e não existiria conflito intersubjetivo de interesses para ser dirimido pelo direito – no máximo, no estado de natureza, em que essa pessoa tivesse que lutar com um animal por comida.

seu proprietário ou por aquele que violou direito ao deixar de cumprir com a obrigação contratual, é que se permite reavê-la, de modo a excluir determinada pessoa do acesso à coisa. Além dessas situações jurídicas, existem outras legalmente previstas, como no caso do condomínio, em que mais de uma pessoa tem acesso à mesma coisa. Estes bens cumprem sua função social ao serem usados corretamente por todas essas pessoas.

Os bens particulares dominicais ou dominiais seriam aqueles que fazem parte do patrimônio da pessoa, sem uma destinação especial. O bem imóvel dominial, parado, pode cumprir com sua função econômica, nos termos em que Karl Renner a definira, ao ver nisso um meio de reserva de valor ou um investimento, mas pode não cumprir com sua função social, quando se impede que a pessoa sem uma moradia continue nessa situação, enquanto outra, titular do bem imóvel, o mantém sem uso.

Ainda existiriam os bens particulares de uso comum do povo. As calçadas são exemplos dessa situação jurídica. Pertencem ao proprietário do imóvel, mas são usadas por todos. Ninguém pode impedir qualquer pessoa de andar pela mesma. Independentemente da classificação que se pretenda dar para a natureza jurídica da calçada – de limitação ao direito de propriedade ou de servidão administrativa, caso estas fossem exatas, o proprietário do imóvel deveria permanecer inerte, seja porque seu direito é limitado, seja porque o Estado usará e fruirá do imóvel do qual se serve. Em ambos os casos, a responsabilidade pela conservação da calçada seria do Poder Público. No entanto, não é o que ocorre: a responsabilidade pela conservação da calçada é do particular.[606] Admitindo-se a possibilidade de qualificar-se um bem como bem particular de uso comum do povo, o proprietário deverá tolerar que a comunidade tenha acesso a eles, sem que isso signifique encargo exces-

---

[606] De acordo com o art. 99, I, do Código Civil, são bens públicos de uso comum as ruas. Estas, por sua vez, pertencem ao município, pelo que se infere do art. 22 da Lei nº. 6.766, de 19 de dezembro de 1979: "Art. 22. Desde a data de registro do loteamento, passam a integrar o domínio do Município as vias e praças, os espaços livres e as áreas destinadas a edifícios públicos e outros equipamentos urbanos, constantes do projeto e do memorial descritivo".

sivo, impedindo-lhe seu uso e fruição. A função social da propriedade destes bens consiste na satisfação dos interesses do proprietário e da sociedade, por meio de uma obrigatória harmonização do uso, fruição e disposição da coisa pelo proprietário e pelas demais pessoas, o que, contudo, não se fará da mesma forma para ambos.

O fato de determinado bem ser de uso comum do povo não implica apropriar-se do mesmo ou excluir as demais pessoas em termos de acesso. Por exemplo, usa-se uma praça ou praia para lazer, mas não se pode morar nela. O mesmo vale para a calçada, a qual deve ser usada para transitar, mas não para ficar parado, na frente do imóvel de alguém. Evidentemente, a qualificação do bem como cultural implica a harmonização do conflito de interesses entre o proprietário e a sociedade, em termos de acesso aos bens. Sendo o Estado ou um particular o seu titular, a pretensão jurídica é a mesma: usá-los pela sua visualização e reivindica-los de quem injustamente os detenha, como no caso de furto ou tráfico ilícito, satisfazendo, harmônica e simultaneamente, as necessidades de desenvolvimento pessoal, ampliação de conhecimentos, refinamento de juízos estéticos, formação de identidades sociais, memórias coletivas e preservação como documento ou relíquia.

Exemplo de situação em que se permite o uso da sociedade de um bem cultural imóvel sem desapropriá-lo está na cidade de Lyon, França, em que há os denominados *traboules* (do latim trans ambulare – passar através), que consistem no acesso dos transeuntes à área externa dos edifícios que ali se encontram. Foram constituídos no passado para facilitar o acesso das pessoas que moravam na parte da alta ao rio que corta a cidade. Hoje em dia estão protegidos como patrimônio da humanidade[607] e pede aos turistas que não atrapalhem o sossego dos moradores. Dessa forma, os imóveis daquela cidade cumprem sua função social, proporcionando moradia aos habitantes da cidade, como também satisfazem os turistas em termos de contemplação desse conjunto de bens culturais.

Outra característica do bem cultural é sua qualificação como inconsumível, para que o uso não impeça o seu desaparecimento nem seu perecimento, tendo em vista a necessidade de contemplação. Evidente-

---

[607] UNESCO. Site historique de Lyon. Disponível em: https://whc.unesco.org/en/list/872/ Acesso em: 20 dez. 2018.

mente, não se pode pretender que bens culturais de material orgânico tenham vida útil eterna, mas se pode prolongar a existência deles para que se evite seu desaparecimento precoce com o devido tratamento conservativo, ou, ainda, que se evite ao máximo a sua mutilação ou destruição, quando puder ser adotada uma saída que também contemple o interesse coletivo.

5. Efeitos da função social da propriedade dos bens culturais
5.1. Inalterabilidade do bem cultural

Retomando a distinção proposta por Walter Benjamin, bens são criados para ter valor de uso, destinando-se ao consumo, pouco importando se são consumíveis ou inconsumíveis em termos jurídicos, ou se são destinados a ter valor artístico, a fim de que atendam às necessidades de contemplação e deleite, promovendo o desenvolvimento do gosto estético, o enriquecimento cultural e a afirmação das identidades individual e coletiva. Bens com valor de uso podem tornar-se bens culturais, quando se convertem em documento de época. Um imóvel, por exemplo, atende a diversas finalidades, sendo as principais as de moradia e de exercício de atividades econômicas e não econômicas. Contudo, é inevitável que determinado bem tenha cumprido com sua finalidade em um momento, mas, noutro momento, não cumpre mais, parcial ou totalmente. A função social da propriedade dos bens culturais não impõe a inalterabilidade da finalidade do bem: ao contrário, permite e até justifica essa alteração, reciclando-o para novo uso.

O proprietário tem, em geral, o bem para uso, não para exposição artística. Ele tem o privilégio de conservá-lo sem uso por questões de memória sentimental pessoal, retirando-o de circulação, para que, por seu intermédio, possa cultuá-lo ou cultuar a memória de um antepassado que ali viveu ou que a construiu, por exemplo, sem que se possa acusá-lo de violar a função social da propriedade. Seria anormal a sociedade exercer o direito, exigindo que o proprietário não use o bem. É imprescindível analisar a memória coletiva alegada e se é ou não um interesse juridicamente relevante, indagando-se se haveria *damnatio memoriae* caso a coisa deixasse de existir, gerando dano moral coletivo. Deve-se promover a harmonização do exercício do poder do proprietário com o interesse da sociedade, que, no caso, consiste na união dos valores de uso e artístico: o proprietário usa o bem, frui ou dispõe dele; permite-se que ele possa alterá-lo para preservar sua funcionalidade; este, por sua vez, leva em conta que está o objeto de sua propriedade é o suporte fático de interesses coletivos. Caso se pretenda transformar o proprietário em curador de museu e este se recusar, a saída é a desapropriação. Em se tratando de coisas móveis, estas dificilmente serão alteradas nos dias atuais. Uma obra de arte móvel, como uma escultura, não será refeita por terceiros, por ser violação de direito de autor.[608] No máximo, poderá ser restaurada.

Quanto aos imóveis, assim como não se admite a modificação de um documento em papel, não se deveria admitir, em tese, a alteração de um imóvel, devendo este permanecer intacto não apenas nos dias atuais, mas também para as gerações seguintes. Pelo senso comum, a primeira finalidade da coisa deveria ser mantida, ainda que incompatível com o tempo presente. Modificá-la, consistiria em uma espécie de interpolação no texto, que altera o sentido, o que é vedado pelas cartas patrimoniais de restauro. Por isso, são comuns as ações civis públicas para manter a inalterabilidade. Vale destacar que a legislação não proíbe sua modificação: apenas exige a prévia comunicação para que esta seja feita de acordo com critérios científicos, harmonizando-se a finalidade original com a finalidade atual.

Bens têm uma trajetória de existência, que consiste, sobretudo, na história da relação deste com as pessoas. Considerando, aqui, os imóveis, podem surgir duas situações: ou se promovem alterações para que este continue a atender à finalidade original, ou esta é alterada para adquirir nova finalidade, em vez de ser destruído. Tomando-se por base um templo religioso ou um palácio, construído para que tenha grande duração no tempo, este precisa sofrer alterações em termos de instalações elétricas e hidráulicas, tratamento acústico, instalação de ar condicionado e, nos últimos tempos, a acessibilidade a pessoas com deficiência. O mesmo vale para outros edifícios, públicos ou privados, como uma

---

[608] A Lei nº. 9.610, de 14 de fevereiro de 1998, define no art. 24, IV, que é direito moral do autor "assegurar a integridade da obra, opondo-se a quaisquer modificações ou à prática de atos que, de qualquer forma, possam prejudicá-la ou atingi-lo, como autor, em sua reputação ou honra".

escola, para que continue a atender à sua finalidade original. Por outro lado, podem ser feitas alterações em edifícios para que adquiram novas finalidades. Em São Paulo, pode-se dar o exemplo da Sala São Paulo,[609] projetada como parte da gare da Estrada de Ferro Sorocabana ("Estação Julio Prestes") e que, atualmente, é uma respeitadíssima sala de concertos, que compartilha o espaço com a estação de trem, a qual continua em funcionamento. Nesse caso, além da preservação em termos históricos, atribuiu-se uma finalidade cultural adicional ao local. Ao lado, os antigos escritórios e depósitos desta mesma ferrovia foram usados por décadas como Delegacia de Ordem Política e Social, prisão e local de tortura, para, atualmente, sediar o Museu da Resistência.[610]

Quanto a bem de propriedade de particular, pode-se dar o exemplo em que, no município de Barretos, propôs-se ação popular em que se requereu o tombamento do imóvel conhecido como "Sobrado da Alegria", no qual a violeira Rose Abrão morou entre 1984 a 1993, e ali foram realizadas reuniões festivas com artistas ligados à música de raiz. Entendeu-se ser improcedente o tombamento, porque este festival realizado por ela também era realizado em outros imóveis, tampouco tinha objetivo de fomentar a cultura musical naquela cidade. Embora se reconhecesse o valor da artista, esse valor não se estendia ao imóvel em que ela morou.[611] Caso se tivesse reconhecido o tombamento, este prejudicaria o seu uso pelo proprietário, implicando violação da função social desta propriedade em especial. Em nossa opinião, caso fosse realmente um lugar de memória, bastaria uma placa, indicando o fato.

Talvez o caso mais radical de pedido de manutenção da inalterabilidade da coisa, fundado na memória coletiva, tenha ocorrido em Ouro Preto. Durante o século XIX, esta cidade conviveu com a ameaça de

---

[609] SALA SÃO PAULO. "A Sala São Paulo". Disponível em: <http://www.salasaopaulo. art.br/paginadinamica.aspx?pagina=asalasaopaulo>. Acesso em: 30 abr.2016.

[610] MEMORIAL DA RESISTÊNCIA. "Sobre o Memorial da Resistência". Disponível em: <http://www.memorialdaresistenciasp.org.br/memorial/default.aspx?mn=4&c=83&s=0>. Acesso em: 30 abr.2016.

[611] BRASIL. Tribunal de Justiça do Estado de São Paulo. Apelação com Reexame Necessário nº. 0008654-21.2013.8.26.0066. Relator: Des. Ricardo Dip. 11ª Câmara de Direito Público. Julgado em 7 out. 2014.

perda de status de capital para outra localidade, sob a alegação de que seu relevo íngreme dificultava a locomoção e que sua arquitetura estava ultrapassada, em comparação com a modernidade que se verificava em Paris. Por outro lado, na cidade foram fundadas a Escola de Farmácia e a famosa Escola de Minas, em 1876. Em 1886, criou-se a Sociedade Artística Ouro-Pretana, mantenedora do "Liceo de Artes e Officios". O prédio do Liceu foi inaugurado em 1897, seguindo os preceitos da arquitetura moderna, para que fosse um edifício destacado dentro da antiga capital, com o intuito de promover a transformação da paisagem da cidade, o qual deveria abrigar eventos e manifestações dentro da cidade. Contudo, este prédio foi considerado estranho dentro da arquitetura local. Em 1938, este edifício foi tombado em nível federal. O Liceu enfrentou dificuldades políticas e financeiras ao longo de sua trajetória no ensino, até que, em 1946, tentou-se sua reorganização interna, inclusive pelo pedido de ajuda ao SPHAN.[612] Em 1953, o Liceu encerrou formalmente suas atividades e, em 1957, houve leilão do edifício, o qual foi adquirido para abrigar um cinema, o que foi aprovado pelo IPHAN após certo tempo. Este cinema foi o único da região, até que foi fechado em 1985. Em 1986, a Universidade Federal de Ouro Preto adquiriu o espaço, o qual foi novamente tombado e tem sido, desde então, usado como cinema, teatro e local de eventos, além de ter sido reformado e reinaugurado em 2007.[613] O Ministério Público Federal propôs ação civil pública para obrigar a Universidade Federal de Ouro Preto restaurar o edifício em seu formato original.[614] Neste caso, julgou-se improcedente em primeira instância; o Tribunal Regional Federal da 1ª Região e o

---

[612] SILVA, Lucilio Luís. **Educação e Trabalho para o Progresso da Nação: o Liceu de Artes e Ofícios de Ouro Preto (1886-1946).** Belo Horizonte. 2009. Mestrado (Educação Tecnológica) - Disponível em: <http://www2.et.cefetmg.br/permalink/a50c934f-14cd-11df-b95f-00188be4f822.pdf>. Acesso em: 30 abr.2016. p. 75-86-91-109.

[613] PREFEITURA DO MUNICIPIO DE OURO PRETO. **Cine Teatro Vila Rica.** Disponível em: <http://www.ouropreto.mg.gov.br/portal_do_turismo_2014/atrativos/lazer-e-entretenimento/cinemas/cine-teatro-vila-rica> Acesso em: 30 abr.2016.

[614] BRASIL. Tribunal Regional Federal (1ª Região). Apelação Cível nº. 2001.38.00.042417-4/MG. Relator Juiz Convocado Cesar Augusto Bearsi. 5ª Turma. Julgado em 5 set.2007 e SUPERIOR TRIBUNAL DE JUSTIÇA. Recurso Especial nº. 1.047.082/MG. Relator: Min. Francisco Falcão. 1ª Turma. Julgado em 4 set. 2008.

Superior Tribunal de Justiça não deram provimento ao recurso. Merece destaque trecho do acórdão do Tribunal Regional Federal:

> Francamente, a obrigação de conservar o bem tombado não abrange o dever de reconstruir o que já foi destruído ou descaracterizado completamente há muito no passado. Pior ainda no caso presente em que se tem um espaço comunitário de alta relevância cultural para uso das pessoas em geral, o Cine Teatro Vila Rica, mas o MPF quer fazer o relógio voltar no tempo para que se recrie no lugar o antigo Liceo de Artes e Ofícios, que deixou de existir faz meio século. Ora, o próprio Cine Teatro pelo seu tempo de existência e valor para comunidade também merece proteção na forma em que se encontra hoje. (...) Isto é o que se vê no caso concreto, pois ainda na década de 50 a então proprietária do bem o modificou completamente, dando origem a novo prédio, que, como já pontuado, também merece respeito pela sua relevância cultural. Usar dinheiro público escasso de uma Universidade Federal para recriar a forma de um prédio já desaparecida há meio século é algo sem o mínimo de razoabilidade.

Pretensões de reconstrução de imóvel nessa proporção decorrem da memória coletiva, baseadas no sentimento de nostalgia. Não se pode falar, nesse caso, que o uso posterior daquela anterior esteja violando a função social da propriedade e que o titular do prédio em que se encontra a construção, deva retomar-se o uso original. Caso a regra da inalterabilidade do bem cultural fosse absoluta, dever-se-iam demolir as igrejas cristãs do século IV para que voltassem a ser templos romanos. Ao contrário, a alteração da coisa para readequação da finalidade faz parte da própria história da coisa. O imóvel atual também tem história, cumpre sua função social, e retomar o uso original seria exemplo de *damnatio memoriae*.

5.2. Conservação do bem

O fato de a função social da propriedade conferir um privilégio à sociedade ao bem cultural, isso não implica que este possa ser exercido de forma abusiva em face do proprietário. Este não pode ser compelido a fazer o que quase nenhum outro proprietário faria, caso o bem não fosse cultural. Espera-se que o proprietário use o bem; a anormalidade é o não uso. Em termos de função social da propriedade, a sociedade tem o direito de exigir que o proprietário use-o dentro da normalidade.

No que concerne à conservação do bem, estão em jogo os valores apresentados por Alois Riegl: o valor de antiguidade, que reconhece a inevitabilidade da desintegração da mesma, exigindo-se apenas a tomada de medidas de conservação para prolongar naturalmente a sua existência, e o valor histórico, segundo o qual se devem tomar todas as medidas para que a coisa prolongue sua existência, ainda que de maneira artificial.

Em decorrência de sua função social da propriedade, a legislação impõe ao proprietário o dever de conservar o bem cultural. A sociedade, em contrapartida, tem o privilégio de ver a coisa conservada. Como visto anteriormente, é preciso ter clareza quanto à intensidade do dever atribuído ao proprietário por meio da função social, isto é, se é suficiente a tomada de medidas para que se conserve com naturalidade, eliminando-se os agentes desintegradores, como, por exemplo, o combate a insetos ou a vazamentos, sob pena de perecimento do próprio interesse protegido, ou se se exigirá o prolongamento artificial da coisa, tornando-a, dependendo do caso, numa réplica ou, pior, numa fraude.

Os bens culturais móveis mais suscetíveis de conservação são as pinturas, que, por usarem materiais orgânicos, se desintegram com o passar do tempo, perdendo a pigmentação. A atividade de restauro de um quadro ou de um afresco em uma parede é mais bem aceita por todos.[615] Quanto aos imóveis desprovidos da qualidade de bem cultural, a sociedade somente considera relevante a conservação dentro do limite da causação do dano a outrem por causa da ruína do imóvel. Essas despesas de conservação devidas pelo proprietário devem ser suficientes para o custeio dos materiais e serviços destinados à preservação do valor de antiguidade da coisa.

Caso não tenha condições de arcar pela conservação, o Estado, representando a sociedade, titular do direito à conservação, pode ser chamado a honrar com essas despesas, tal como ocorre nas legislações europeias. A questão de fundo passa pela discussão da existên-

---

[615] Por exemplo, o Museu Paulista tem por finalidade a preservação da cultura material paulista.

cia ou não de um abuso do direito por parte da sociedade, ao exigir do proprietário o cumprimento do dever de tal modo que inviabilize o exercício dos poderes inerentes à propriedade. Como disse Aloísio Magalhães,[616] o proprietário deveria ter orgulho de ter um imóvel qualificado como bem cultural, porque o direito do proprietário está em harmonia com o interesse da sociedade.

Impõe-se a discussão se este dever de conservação pode ser agravado, para que o proprietário deva ser compelido ao restauro completo da mesma, para que se assegure o valor histórico, cabendo-lhe arcar sozinho com as despesas, ou se o Estado deve ajudá-lo, por ser medida que excede ao que se espera de um proprietário qualquer em termos de conservação da coisa que lhe pertence.

Nesse sentido, julgou-se caso relativo a fazenda no município de Nova Iguaçu, RJ, cuja casa grande foi tombada em 1951 e posteriormente desapropriada. Em 1983, houve retrocessão e o espólio do antigo proprietário ingressou com ação contra a União, exigindo que esta reformasse o imóvel. Julgou-se procedente a ação em primeira instância, mas o Tribunal Regional Federal da 2ª Região reformou a sentença, com fundamento de que se trata de obrigação do proprietário. Esse entendimento foi mantido pelo Superior Tribunal de Justiça.[617] Contudo, esse entendimento vem sendo alterado com o passar dos anos. Em 2008 e 2010, o Superior Tribunal de Justiça confirmou acórdãos dos Tribunais Regionais Federais de que a União tem responsabilidade subsidiária na reforma do imóvel tombado, sendo o primeiro caso de 2008 a situação em que proprietária do imóvel não tinha comprovadamente recursos para fazer a reforma, razão pela qual se impunha a imediata atuação da União, e o segundo caso é de casarão em uma fazenda pertencente à Mitra Diocesana de Duque de Caxias, que, a despeito de reconhecer sua responsabilidade pela conservação, não tinha recursos suficientes para tanto.[618]

---

[616] MAGALHÃES, Aloísio. Id. p. 125.

[617] BRASIL. Superior Tribunal de Justiça. Recurso Especial nº. 25.371/RJ. Relator: Min. Demócrito Reinaldo. 1ª Turma. Julgado em 19 abr. 1993.

[618] BRASIL. Superior Tribunal de Justiça. Recurso Especial nº. 1.051.687/MA. Relator: Min. Francisco Falcão. 1ª Turma. Julgado em 11 nov.2008; Ag.Rg no Recurso Especial nº. 1.050.522/RJ. Relator: Min. Humberto Martins. 2ª Turma. Julgado em 18 mai. 2010.

Por outro lado, o Tribunal de Justiça do Estado de São Paulo vem firmando entendimento de que a responsabilidade seria solidária. Exemplo disso é o caso referente à "Casa Caramuru", em Ribeirão Preto,[619] a qual originalmente era uma casa dentro da Chácara Villalobos. Com o tempo, acabou incorporada à cidade e foi tombada por ser um dos dois únicos exemplares de imóveis do século XIX na cidade, a ter pinturas internas, além de servir de documento da "arquitetura do café". Na década de 1980, este imóvel sofreu deteriorações pelo seu abandono, ocorrendo, inclusive, o desabamento do telhado, ruína de forros e pisos, além de atos de vandalismo. O imóvel foi tombado em 1986 pelo órgão do patrimônio histórico municipal e em 1988 pelo CONDEPHAAT. O Ministério Público propôs ação civil pública para que o proprietário e os Poderes Públicos Estadual e Municipal respondessem solidariamente pelo restauro do bem, com fundamento no art. 216, § 1º, da Constituição Federal, no qual consta a expressão "o Poder Público, com a colaboração da comunidade". No caso, reconheceu-se a responsabilidade exclusiva do proprietário.[620] De modo semelhante, decidiu-se no caso relativo ao "Palacete dos Moutinhos", em Espírito Santo do Pinhal.[621] Embora, pessoalmente, tenhamos a opinião de que a responsabilidade deveria ser solidária, não se pode olvidar do art. 265 do Código Civil, segundo o qual "a solidariedade não se presume; resulta da lei ou da vontade das partes" e a legislação vigente, ao menos em nível federal (Decreto-lei nº. 25, de 1937) estabelece a responsabilidade subsidiária e não, solidária. Como já visto anteriormente, o Estatuto dos Museus prevê expressamente a responsabilidade solidária nesses casos. Por isso, sem disposição expressa de que a responsabilidade é solidária, esta não pode ser

---

[619] PORTAL VITRUVIUS. Casa Caramuru. **Projetos**. São Paulo, ano 13, n. 152.01. Agosto de 2013. Disponível em: <http://www.vitruvius.com.br/revistas/read/projetos/13.152/4824>. Acesso em: 30 abr.2016.

[620] BRASIL. Tribunal de Justiça do Estado de São Paulo. Apelação Cível com Revisão nº. 632.326-5/0-00. Relator: Des. Sérgio Gomes. 9ª Câmara de Direito Público. Julgado em 12 nov.2008.

[621] BRASIL. Tribunal de Justiça do Estado de São Paulo. Agravo de Instrumento nº 0010681-78.2013.8.26.0000. Relator: Des. Renato Delbianco. 2ª Câmara de Direito Público. Julgado em 27 mai. 2014.

presumida. Na perspectiva da função social da propriedade, justifica-se na função social da propriedade a pretensão ao auxílio na reforma do bem cultural, por ser um direito decorrente desta qualificação.

5.3. Não destruição do bem

Embora o proprietário tenha o poder de destruir o bem, quando este é juridicamente consumível, isso não significa que sempre se deva fazê-lo, independentemente deste ser qualificado ou não como cultural. O direito de disposição do bem seria, em uma interpretação literal, o direito de abusar, fazer mau uso dele. Não se admite tal situação, porque o mau uso da coisa é hipótese de ato ilícito, tendo em vista a célebre expressão de Planiol, de que "o direito cessa onde o abuso começa",[622] ou, como se diz, trata-se de exercício antissocial do direito. Sendo a situação normal a não destruição da coisa, é anormal que uma pessoa resolva, injustificadamente, destruir algo que lhe pertence, violando, inclusive, o seu auto interesse. Por isso, entende-se o poder de disposição como o poder de aliená-la, de livrar-se dela e não o de destruí-la.

A função social da propriedade apenas reforça o dever de não destruir o bem nem de praticar atos de vandalismo pelo fato de que a sociedade deseja que o proprietário faça bom uso e não o abuso da coisa. Por isso, a comunidade tem o direito de exigir que este continue preservado, sendo indiferente se o valor a ser considerado é o valor de antiguidade ou o valor histórico. Isso não significa, de modo algum, que o proprietário perde o poder de disposição da coisa qualificada como bem cultural. Podendo um imóvel qualquer ser demolido para evitar a ruína para não colocar em risco a vida e integridade física do proprietário ou de terceiros, o imóvel qualificado como bem cultural também pode ser demolido pelos mesmos motivos. Apenas é defeso ao proprietário o abuso, destruindo a coisa, quando se poderia encontrar uma solução que estivesse em harmonia com o interesse individual e o interesse social.

Quando o bem cultural tem a função documental e, portanto, de preservação da história, é preciso averiguar a existência ou não de outros bens que cumpram com essa mesma função, porque nem tudo precisa

---

[622] PLANIOL, Marcel. **Traité Elémentaire de Droit Civil. Tome 2.** Paris: LGDJ, 1911. p. 298.

ser preservado. Aquilo que for abundante, redundante e necessariamente secundário, pode ser registrado por fotografias, vídeos, desenhos, amostras e análises laboratoriais. Não sendo isso possível, pela raridade do bem ou pela conveniência de preservá-lo em termos históricos, o proprietário pode continuar a usá-lo, fruir dele ou aliená-lo. No entanto, não poderá destruí-lo, quando houver alternativas, como a refuncionalização ou, em último caso, a desapropriação, porque, em caso de intransigência, estaria abusando do poder de disposição em termos de consumo. Na hipótese de a pretensão à demolição do bem imóvel estar relacionada ao exercício de atividade econômica, como, por exemplo, a intenção de demolição de casarão antigo de reconhecido valor histórico ou memorial em estacionamento, é fundamental que o proprietário tenha consciência da função social da empresa, por meio da qual os benefícios da atividade não podem ser unicamente desfrutados pelo empresário, mas também se deve beneficiar a coletividade. A demolição de um imóvel qualificado como bem cultural pode ser economicamente vantajosa para o proprietário-empresário, mas não necessariamente à coletividade, que pode pretender ter ali o exercício de outra atividade empresarial que permita a preservação do bem, como o caso de uma cafeteria, restaurante, escritório ou agência bancária.

O mesmo raciocínio vale para aqueles bens relacionados à memória coletiva, que são "lugares de memória". Devido ao aspecto cultural, certos bens servem de suporte para essas lembranças, concorrendo decisivamente para a formação e preservação de identidades. Isso vale tanto para um casarão histórico quanto para um quilombo, como no caso da ação civil pública movida e julgada procedente contra o Estado para que reformasse a Igreja de Nossa Senhora do Rosário dos Homens Pretos, construída na comunidade quilombola de Ivaporunduva, em Eldorado, SP.[623] O problema da destruição do bem cultural pelo proprietário não está na sua demolição, mas na supressão do suporte físico da memória, e esse ato de disposição da coisa é ato ilícito, por ser hipótese de dano moral coletivo decorrente da lesão à memória coletiva. Em outras

---

[623] BRASIL. Tribunal de Justiça do Estado de São Paulo. Apelação Cível nº 0000717084.2000.8.26.0172. Relator: Des. Sidney Romano dos Reis. 6ª Câmara de Direito Público. Julgado em 24 mar.2014.

palavras, a demolição é ato de *damnatio memoriae* da coletividade ou de grupo tradicionalmente desprivilegiado, porque a comunidade, o País ou até mesmo a humanidade terão essa memória apagada por ato do proprietário. Basta pensar que, antes de demolir o imóvel, o proprietário poderia, às suas expensas, reproduzi-lo noutro local. Todavia, isso de nada adiantaria, porque o suporte físico da memória não seria mais o mesmo. No caso, em termos de função social da propriedade, não existe, neste caso, esse privilégio de realizar tal ato, porque existe um dever de abstenção quanto a esse ponto.

Caso polêmico e de grande repercussão na imprensa à época foi o caso da "Mansão Matarazzo", situada na Avenida Paulista, em que se tombou a residência do Conde Francisco Matarazzo, ícone da industrialização paulista, para em seguida desapropriar e transformar o imóvel no "Museu do Trabalhador". Os proprietários autorizaram a demolição do prédio e defenderam-se, alegando que o imóvel não tinha qualquer valor arquitetônico ou artístico, sendo o único motivo que levava ao tombamento era a vingança contra a elite dominante, sendo o ato eivado de desvio de poder.[624] Ao final, os decretos de tombamento e de desapropriação foram anulados e no local se ergueu um Shopping Center. Embora seja razoável a tese de ausência de elementos arquitetônicos do imóvel, é interessante destacar a questão da memória coletiva, do que representava o fato de ali ter vivido aquele vulto, ou, ainda, se se deveria criar tal museu não em sua residência, mas em algum edifício no qual suas indústrias estavam instaladas em São Paulo. Aqui se levou em consideração o fato de imporem-se o aumento dos deveres, incapacidades, limitação de direitos e perda de privilégios ao proprietário com base na memória coletiva idealizada sobre a residência de um grande industrial do início do século XX.

Outro caso merece análise, o qual foi objeto de ação civil pública[625] proposta em 2006 que pretendia à reconstrução de hangar da Tecela-

---

[624] Apud BRASIL. Tribunal de Justiça do Estado de São Paulo. Apelação Cível nº. 273.892-1/0. Relator: Des. Wallim Bellocchi. 6ª Câmara de Direito Público. Julgado em 15 set. 1997.

[625] BRASIL. Tribunal de Justiça do Estado de São Paulo. Apelação Cível n.º 0549822-09.2006.8.26.0577. Relatora Des. Heloísa Martins Mimessi. 5ª Câmara de Direito Público.

gem Parahyba em São José dos Campos, o qual teve desabamento parcial em 2002, com fundamento de que este local teria valor cultural-histórico, arquitetônico e paisagístico, requerendo-se, ademais, a proibição de realização de atividades de mineração no local e a condenação da municipalidade e proprietários do local, de forma solidária, à não-descaracterização do local, à restauração e reparo e pagamento de indenização ao Fundo Estadual de Reparação de Direitos Difusos Lesados e eventuais danos ambientais causados. Esta tecelagem foi projetada pelo arquiteto Rino Levi e ornado com paisagismo de Burle Marx. Em 1998, o CONDEPHAAT tinha excluído o hangar do processo de tombamento e em 2004 e lei municipal, ao revés, tombou o local, convertendo-se boa parte desse local no bem público denominado "Parque da Cidade".[626] O Ministério Público sustentou que a proteção ao patrimônio cultural independe de tombamento. A ação foi julgada parcialmente procedente, obrigando os proprietários do local e o município apenas a não alterarem o local, bem como ao pagamento de multa, desobrigando-os quanto à restauração, porque a ruína aconteceu antes do tombamento do bem. Em sede de apelação, manteve-se a sentença pelos seus mesmos fundamentos.

5.4. Preservação do conjunto arquitetônico
Imóveis podem ser considerados bens culturais na sua individualidade, ou, então, na sua coletividade, tal como as coisas singulares e coletivas. São os casos de bairros ou cidades inteiras tombadas, convertidos em documentos de uma determinada época em termos arquitetônicos ou urbanísticos, bem como exemplos de manifestação cultural ou monumentos a ser explorados do ponto de vista turístico. Nestes casos, a inalterabilidade, a conservação e não destruição do imóvel têm mais a função de preservação do conjunto do que o imóvel em si.[627]

Julgado em 24 abr.2017.

[626] PREFEITURA DE SÃO JOSÉ DOS CAMPOS. **Parque da Cidade. Santana (norte). Patrimônio histórico, espaço para prática de esporte, cultura e lazer.** Disponível em: https://www.sjc.sp.gov.br/servicos/esporte-e-qualidade-de-vida/parques-municipais/parque-da-cidade. Acesso em: 20 dez.2018.

[627] O tombamento de um bairro, de uma cidade ou de uma região tem sua importância histórica, porque são precursores do direito urbanístico e do direito ambiental. O tomba-

O tombamento de um bairro ou de uma cidade pode ser considerado expressão da função social da propriedade, na qual os poderes dos proprietários também devem estar em harmonia entre si. Não deixa de ser curioso o fato de que, nestes casos, há uma aproximação com o direito de vizinhança, em que o exercício dos poderes inerentes à propriedade não pode ser antissocial nem causar externalidades negativas aos demais proprietários, como na hipótese de alteração ou de não conservação ou, ainda, a refuncionalização inadequada de um dos elementos do conjunto, a qual causa dano a todos os demais elementos.

Por outro lado, as normas de direito urbanístico impõem limitações ao direito de propriedade. Não levam em consideração o imóvel em si por suas características, mas sim, por exemplo, o recuo dos lotes para servir de passeio público, o tamanho mínimo de cada lote e o coeficiente de aproveitamento do solo. São, portanto, limitações ao direito de construir. Pode-se estabelecer a ordenação da cidade, ao definir por lei se determinado bairro é residencial, comercial, industrial ou misto.

Sem dúvida, o tombamento e as normas de direito urbanístico se complementam. O tombamento reforça a observância das normas de direito urbanístico, sob o fundamento de preservação da história ou da memória da cidade, do país ou do mundo inteiro, assim como o direito urbanístico ajuda a preservar o conjunto tombado, para que uma excessiva liberdade concorra para que se destrua a memória.

É inevitável que um bairro ou uma cidade sofra alterações com o passar do tempo, até porque são produtos da cultura humana, permeada por valores que se alteram com o passar do tempo. Conflitos ocorrem quando se deseja reocupar o espaço da cidade que, por determinadas razões, se tornou um documento histórico, arquitetônico ou

---

mento de Ouro Preto em 1933, embora se justificasse do ponto de vista histórico, pelo uso político do passado em razão de ali ser um lugar de memória – valor este que não está mais presente em termos de repúdio à monarquia e louvor à república – aquelas limitações se converteram em normas de direito urbanístico à época. Do mesmo modo, o tombamento de uma cobertura vegetal era a maneira de preservá-la. Atualmente, com o desenvolvimento do direito ambiental e o advento do Código Florestal, não há por que tombar determinada área com essa finalidade. Aliás, a natureza não é um bem cultural: ela não se preserva; ao contrário, está em constante renovação. Por questões de sobrevivência de todos os seres vivos, ela precisa ser preservada da ação cultural do ser humano.

um lugar de memória. Nesses casos, pode-se falar de bairro-documento/bairro-monumento e cidade-documento/cidade-monumento. Seus habitantes, portanto, ao optarem por morar nesses locais, aderem aos deveres de respeitar a estrutura do conjunto com fundamento na função social da propriedade. Cabe discussão quanto à intensidade do dever de cada proprietário. No caso, pode-se ir até o limite em que intervenções não venham a causar danos ao conjunto, porque é preciso reconhecer a necessidade de flexibilizações para não inviabilizar o uso contemporâneo do imóvel.

A Vila de Paranapiacaba é importante local de memória para o Estado de São Paulo, porque ali se localizava a Estação Ferroviária "Alto da Serra", da "The São Paulo Railway", conhecida por "Inglesa" e posteriormente denominada "Estrada de Ferro de Santos a Jundiaí". Esta ferrovia foi importante do ponto de vista econômico, porque por esta escoava a produção cafeeira do Estado de São Paulo ao Porto de Santos. Tem importância do ponto de vista da história e, sobretudo, da memória coletiva, pelo fato de que, por esta, imigrantes chegavam de trem a capital ou a outros destinos do interior de São Paulo. Também tem importância do ponto de vista da história da engenharia anglo-brasileira, porque, em sua construção, desenvolveu-se o mecanismo de planos inclinados para que as locomotivas pudessem subir a Serra do Mar, o que foi um feito para a engenharia da época em nível mundial.

Paranapiacaba tem construções interessantes do ponto de vista cultural de acordo com o estilo inglês de arquitetura industrial, com casas de estilo nas quais viviam os empregados desta ferrovia. Trata-se, portanto, de cidade-documento, por ser exemplar de arquitetura inglesa no Brasil, como também é cidade-monumento, pelo conjunto arquitetônico da cidade, tombada desde 1990 pelo órgão municipal de proteção do patrimônio cultural. No caso, um proprietário de imóvel construiu uma garagem em um desses imóveis tombados, com características arquitetônicas peculiares. A Prefeitura do Município de Santo André, da qual Paranapiacaba é distrito, requereu a demolição da garagem, porque a referida construção descaracterizaria o local. O Tribunal de Justiça do Estado de São Paulo condenou o proprietário ao desfazimento da garagem,[628] porque a alteração desse tipo descaracterizaria o conjunto da vila. Considerando a função social da propriedade, realmente não existe, neste caso, esse privilégio de realizar tal ato, porque existe um dever de abstenção quanto a esse ponto, uma vez que a arquitetura local é peculiaríssima e alterações podem ser feitas, mas desde que realizadas com prévios estudos para não afetar o conjunto da vila.

Caso similar foi julgado pelo Superior Tribunal de Justiça referente ao município de Tiradentes, MG, o qual é tombado desde 1938 pelo então SPHAN. Trata-se de imóvel usado como pousada, no qual a proprietária fez acréscimos no imóvel, que consistiam na construção de um segundo pavimento, que ultrapassava os limites de altura e ocupação estabelecidos, sem consulta ao IPHAN. O Tribunal Regional Federal da 1ª Região condenou-a à demolição dos acréscimos não autorizados para a preservação do conjunto arquitetônico da cidade.[629] O Superior Tribunal de Justiça manteve o entendimento e não aceitou a argumentação de que, em se tratando de tombamento geral, desnecessária era a consulta ao IPHAN.[630]

O caso de Brasília é emblemático, porque neste se manifestam diversos valores. Embora a cidade tenha um valor de uso do ponto de vista político, foi concebida como uma obra de arte arquitetônica, podendo ser qualificada como cidade-monumento, em razão de seus edifícios, como o Congresso Nacional, os Palácios e a Catedral. Além disso, tem-se o conceito arquitetônico da cidade, em que há superquadras, prédios sustentados por pilotis e com vários espaços livres, incluindo a ideia de cidade aberta, sem muros ou grades, podendo ser construídos novos edifícios, desde que se respeitem as características previstas no Plano Piloto da cidade, elaborados por Lucio Costa e concebidos arquiteto-

---

[628] BRASIL. Tribunal de Justiça do Estado de São Paulo. Apelação nº. 9110270-31.2006.8.26.0000. Relator: Des. Castilho Barbosa. Julgado 1ª Câmara de Direito Público. Julgado em 10 mai.2011.

[629] BRASIL. Tribunal Regional Federal (1ª Região). Apelação Cível nº. 1990.38.00.036067-6/MG. Relator: Des. Maria Isabel Galotti Rodrigues. 6ª Turma. Julgado em 5 nov. 2007.

[630] BRASIL. Superior Tribunal de Justiça. Recurso Especial nº. 1.098.640-MG. Relator: Min. Humberto Martins. 2ª Turma. Julgado em 9 jun. 2009.

nicamente por Oscar Niemeyer. Contudo, devido à violência em Brasília, moradores cercaram os edifícios com grades, para impedir o livre acesso de qualquer pessoa aos mesmos para melhor aproveitamento do solo. O Tribunal Regional Federal da Primeira Região decidiu que a colocação de grades não violava os efeitos do tombamento. Contudo, o Superior Tribunal de Justiça, por maioria de votos, cujo voto vencedor foi proferido pelo Min. Herman Benjamin, entendeu que estas grades representariam violação ao patrimônio cultural.[631] Merecem destaque excertos da ementa do acórdão:

16. Lúcio Costa, no seu projeto visionário, concebeu uma cidade aberta, sem muros ou grades, que tem por consentâneo a manutenção de amplos espaços públicos e o trânsito desimpedido de pessoas pelo interior das superquadras e por baixo dos prédios construídos sobre pilotis.

17. Logo, o livre ir e vir sob os prédios residenciais é característica essencial de Brasília, que a torna distinta de qualquer outra grande cidade brasileira. O Projeto original somente permitiu a ocupação privada do primeiro ao sexto andar dos prédios. O piso térreo deveria ficar exposto e aberto ao público, na esperança de uma maior aproximação dos moradores entre si e deles com a Natureza à sua volta.

18. No desenho de Brasília, levou-se ao extremo a ideia de democratização da cidade, assim como o diálogo entre os bens construídos, sobretudo edifícios residenciais, e o mundo natural ou naturalizado que os cerca. Pretendeu-se, pela força criativa da arquitetura, de engenharia e do paisagismo, estabelecer espaços físicos de solidariedade, que a um só tempo combatessem o isolamento típico de outras metrópoles e viabilizassem um vasto campo de convivência coletiva.

[631] BRASIL. Superior Tribunal de Justiça. Recurso nº. 840.918/DF. Relator: Min. Eliana Calmon. 2ª Turma. Julgado em 14 out. 2008.

21. O gradeamento isola as áreas de livre circulação e mutila o projeto original da cidade e, em consequência, afeta negativamente atributos e características arquitetônicos, paisagísticos, ambientais e sociais dorsais do Projeto de Brasília, perenizados pelo tombamento e pela declaração do Plano Piloto como patrimônio cultural mundial.

22. O grave problema da violência urbana, que assola e amedronta as nossas cidades, não legitima o comportamento do patrimônio cultural brasileiro, nem autoriza a apropriação privada de espaços públicos. Segurança pública é alcançada com maior e melhor policiamento, associado a programas de inclusão social, e não com ofensa a outros bens e interesses coletivos, notadamente aqueles de que também são titulares as gerações futuras.

23. Brasília fez a escola de ser livre nos seus espaços arquitetônicos e paisagísticos. Para continuar a ser o que é ou o que deveria ser, precisa controlar o individualismo, a liberdade de construir onde e como se queira, e a ênfase de seus governantes no curto prazo, que tende a sacrificar o patrimônio público imaterial, o belo, o histórico e, portanto, os interesses das gerações futuras.

Porém, vale lembrar que a arquitetura de Brasília foi intencionalmente produzida para ser antiindividualista, vedando-se aos moradores a exibição das diferenças entre as pessoas. Como apontou James Holston, esse aspecto da moradia nessa cidade é um projeto ideológico, concebido para promover a mudança social no Brasil, servindo essa cidade de modelo para as demais. As fachadas transparentes teriam a finalidade de permitir o exame público do âmbito privado, no sentido de desfamiliarizarem-se valores públicos e privados, minimizando os indivíduos.[632]

Embora se tenha tombado o conceito arquitetônico dos edifícios residenciais, o que impede a colocação de restrições de acesso no piso térreo desses locais, há de se refletir se este é um valor socialmente gerado ou um valor imposto aos moradores locais. Pode-se questionar se esse tipo

[632] HOLSTON, James. Id. p. 191,192, 193, 196.

de proibição imposta pelo tombamento permitiria a qualquer pessoa ver nesse tipo de arquitetura a síntese da casa brasileira, ou se houve a intenção de fazer da arquitetura um instrumento de controle social, calcada em valores alheios à cultura nacional, tendo em vista a inspiração nas ideias de Le Corbusier e a semelhança arquitetônica entre Brasília e cidades do leste europeu dominadas pela União Soviética. Em que pese a conveniência de Brasília ser um bem cultural pertencente ao patrimônio cultural nacional e também da humanidade, quiçá se poderia questionar se a função social dessas propriedades estaria equilibrada, ou se o interesse coletivo de ver esse tipo de cidade está em harmonia com o interesse dos moradores locais por segurança, procurando a instalação de bloqueios de acesso que não ofendessem substancialmente o Plano Piloto da cidade. Deve-se ainda considerar que o imóvel e a cidade têm uma trajetória e até mesmo construções antigas, como os templos, foram refuncionalizados em igrejas, sofrendo interpolações ao longo do tempo. Em síntese, acréscimos ao imóvel, sendo reversíveis, estão de acordo com a função social da propriedade, ao não onerar excessivamente os moradores em face do interesse coletivo.

CONCLUSÃO

A proteção aos bens culturais no Brasil está tradicionalmente relacionada ao tombamento, instituto afeito ao direito administrativo, no capítulo que trata da intervenção do Estado na propriedade privada. Em vista dessa contingência, tal questão ficou à margem do direito civil. Os juristas limitam-se a dizer que o bem cultural, especialmente aquele qualificado como histórico pelo Estado, deve ser protegido eternamente, não podendo ser alterado em qualquer hipótese, congelando-o no tempo e, no mais das vezes, lesando os direitos do proprietário. O proprietário nada pode fazer, a não ser aceitar a supremacia do interesse público sobre o interesse particular. Essa intervenção do Estado na propriedade privada leva, infelizmente, na prática, à produção de efeitos contrários, como o abandono, ruína e destruição.

Por isso, analisou-se o problema do ponto de vista do direito civil, procurando demostrar que a propriedade tem função social e que se deve harmonizar o interesse do proprietário com o interesse coletivo, mediante a calibração dos elementos que compõem esse instituto jurídico, por meio do aumento de deveres, redução de privilégios e poderes por motivos legítimos.

A incompreensão do problema consiste, em geral, no uso de conceitos de modo superficial, e que servem de fundamento para a modificação do direito de propriedade daquele que tem um bem cultural em seu patrimônio. Importa a revisão dos conceitos de cultura, história e memória coletiva, inclusive para definir-se, com mais precisão, o que é bem cultural.

Cultura consiste naquilo que proporciona o desenvolvimento pessoal da pessoa, mediante a incorporação de repertório de valores. Relaciona-se com as identidades pessoal e coletiva pelos padrões de comportamento. Do ponto de vista material, corresponde ao acervo de bens que proporcionam essa característica. Existe uma disputa de poder na definição do que é bom e ruim em termos culturais. Antes se entendia como cultura apenas a cultura da elite e, com isso, se fazia dela um instrumento de dominação. Tem-se, nas últimas décadas, o multiculturalismo, que valoriza as diversas formas de cultura na sociedade.

Pelo fato de muitos bens culturais serem antigos, o ideário de proteção está relacionado ao patrimônio histórico, o que exige a precisão da distinção entre história e memória. Aquela não é mais a colheita de testemunhos, produção de biografias, elaboração de anais e crônicas, tampouco uma captação de dados de documentos. Trata-se de um conhecimento sobre o passado de forma objetiva, que busca, de forma problemática e crítica, explicar e compreender o que se passou. Bens culturais de interesse histórico, nos dias atuais, são apenas aqueles que servem como documento de época, gozando da mesma importância de um documento escrito.

Por outro lado, existe a memória coletiva, que é um produto cultural, construído pelas diversas contribuições individuais, importante tanto para a formação das identidades coletivas como para a atribuição de sentido à passagem do tempo. A memória coletiva não tem preocupações com a exatidão dos fatos, porque hipervaloriza os aspectos positivos e esquece os negativos, além de completar as lacunas pelos processos de imaginação. Os objetos qualificados como bens culturais são lugares de memória, porque auxiliam na recordação do passado. Sendo possível a ocorrência de manipulações, podem ocorrer usos políticos do passado, por meio da valorização da cultura elitista em detrimento da cultura popular, ou até mesmo a fabricação artificial da memória coletiva, ao atribuir-se como antigo o que não é relativamente recente. Existe o uso cultural da cultura, como no caso do turismo, que faz do bem cultural uma mercadoria como qualquer outra.

Define-se, então, bem cultural como bem, material ou imaterial, que tem a aptidão para contribuir com o desenvolvimento pessoal de quem o vê, por meio da sua contemplação, observação, contato e experimentação, geralmente selecionado como documento histórico de época acerca de determinado modo de vida, arte ou técnica ou por ser suporte da identidade coletiva ou da memória coletiva. Pode ser um monumento do passado ou até mesmo tempo presente, quando se deseja a sua conservação pelas gerações futuras. Importante destacar, nesse sentido, que existe um primeiro processo de qualificação como bem cultural, e existe um segundo processo, que consiste na decisão, no âmbito político-jurídico, de proteger ou não esse bem cultural. Em todos esses casos, há uma disputa de poder de fazer valer a pretensão de ter reconhecido determinado bem como cultural e, em momento posterior, de pretender a sua eternização para contemplação pelas gerações atuais e futuras. O conjunto desses bens culturais forma o patrimônio cultural, tal como definido na Constituição Federal. Protegem-se os bens culturais ou o patrimônio cultural pelo fato de que estes permitem o desenvolvimento pessoal em termos de aprendizado, bem como a conservação das identidades coletivas e o conhecimento do passado.

Em seguida, procurou-se resgatar de que modo se formou a ideia de proteção do patrimônio cultural. Devido à necessidade de cultura do ser humano, os templos religiosos, as estátuas que os adornavam e as demais obras de arte eram – e continuam sendo – bens importantes para os povos. Mesmo durante as pilhagens, esses bens deviam ser respeitados. A violação dessas regras gerava reações negativas, como no caso relatado por Cícero no processo em que acusou Gaius Verres, cujo nome se associou à destruição dos bens culturais. Durante a Idade Média, a insegurança, as doenças e a vida no limiar da subsistência faziam com que os bens culturais tangíveis se resumissem aos bens da Igreja Católica, como relíquias e construções de templos góticos. Com o Renascimento cultural, a própria Igreja Católica promoveu a recuperação de edifícios antigos em ruínas, como forma de restabelecer a memória do poderio de Roma.

Durante a Revolução Francesa, o ódio contra a Igreja Católica e a Monarquia fez com que seus bens fossem confiscados e destruídos por meio do vandalismo, fazendo-se tábula rasa do passado. Mesmo nesses momentos de crise, houve quem afirmasse a necessidade de preservá--los, como Henri Grégoire, ou destiná-los à instrução pública. Com os nacionalismos e a necessidade de descoberta de raízes históricas, os bens culturais antigos, reconhecidos como patrimônio histórico, passaram a receber atenção do Estado. Entraram em discussão as ideias sobre restauro, como as de tentar postergar ao máximo o perecimento do bem ou, em sentido oposto, de rejuvenescê-lo artificialmente. No século XX, os problemas do urbanismo impuseram desafios à proteção dos bens imóveis. Os arquitetos modernistas, especialmente, Walter Gropius e Le Corbusier, pretendiam fazer a ruptura com modelos da época. As cartas patrimoniais de restauro defendiam a intervenção nos imóveis, desde que se indicassem os acréscimos realizados. A Carta do Urbanismo, por sua vez, defendia novo modelo de cidade, o que exigia a retificação do que já existia.

A análise da legislação europeia permite compreender que as soluções por eles encontradas não se adaptam ao Brasil, porque boa parte dos imóveis já está em propriedade do Estado e, quando isso não ocorre, o Poder Público faz a reforma à custa do erário e prevê-se a desapropriação com mais facilidade, por reconhecer-se que existem conflitos entre o interesse particular do proprietário e o interesse coletivo, capitaneado pelo Estado.

No Brasil, salvo casos isolados, como aquele relativo ao Conde de Galveias, a ideia era evitar a perda do pouco que havia de patrimônio histórico pela crença no progresso. Por meio da iniciativa de Mário de Andrade, Rodrigo de Melo Franco e Gustavo Capanema, criou-se a estrutura de proteção do patrimônio histórico, com o SPHAN e, em seguida, pela promulgação do Decreto-lei n.° 25, de 1937, Anos após a promulgação do Decreto-lei, arguiu-se a sua constitucionalidade e o Supremo Tribunal Federal entendeu que esse texto legal não violava o direito de propriedade. Os casos mais importantes de proteção do patrimônio eram aqueles relativos à restauração de bens ligados à Igreja Católica. No entanto, devido à influência do modernismo no Brasil, houve dúvidas sobre a harmonização dos imóveis antigos com a construção de imóveis modernos. A construção de Brasília, cujas características foram inspiradas em Le Corbusier e retiradas da Carta do Urbanismo de 1933, veio a trazer questões sobre o patrimônio cultural construído no tempo presente. Os debates na Assembleia Nacional Constituinte levavam em conta uma visão ampliada do patrimônio, deixando de restringir-se ao patrimônio histórico, e abrangendo o patrimônio cultural, conforme se dispôs no art. 216 da Constituição Federal.

CONCLUSÃO

Considerando que, do ponto de vista jurídico-estrutural, o interesse individual decorre do exercício do direito de propriedade, foi importante demostrar como este, enquanto categoria jurídica, é histórico e formou-se com o passar do tempo pela reunião das diversas contribuições ocorridas desde a Antiguidade até o século XIX. Viu-se que o ser humano sempre teve coisas consigo e os direitos dos povos tinham regras de atribuição das coisas às pessoas, desde aquelas normas que puniam furtos e roubos até a determinação do que poderia ser ou não ocupado com exclusividade. Entre os romanos, havia a ideia de "meu esse" e, consequentemente, direito era "suum cuique tribuere". O "dominium" estava ligado mais à organização social da família do que a uma relação de apropriação ilimitada de pessoas e coisas. As transformações sociais durante a Idade Média fizeram com que o controle da terra fosse dividido entre o senhor e o vassalo pelo feudalismo, entre domínio direto e domínio útil. Entretanto, mesmo durante esse período, havia propriedades alodiais, que estavam, em tese, imunes às investidas do rei ou dos demais senhores. Na Idade Moderna, retomaram-se reflexões sobre a ocupação das coisas dentro do contexto de guerra justa, inclusive com menção à proibição da pilhagem e as coisas passaram a ser consideradas como propriedade da pessoa, extensão de sua pessoa, e que não poderia ser tomada do indivíduo pelo Estado. A filosofia contratualista sustentava que o Estado era criação da vontade dos indivíduos para lhes proteger, entre outros bens jurídicos, a propriedade. Essa filosofia teve destaque na Inglaterra, porque, nessa época, o poder do rei havia sido limitado, o que só aconteceu um século depois na França, com a Revolução Francesa, que aboliu o feudalismo e a Monarquia. Consequentemente, houve a afirmação da propriedade nas Declarações dos Direitos do Homem, e, na elaboração do Código Civil francês. A propriedade, entendida como absoluta em face das restrições existentes durante o feudalismo, nasceu, porém, limitada pelas leis e regulamentos. Com efeito, esse direito de propriedade, que se consolidou como uma proteção do indivíduo contra o absolutismo, trazia dificuldades para a harmonização do interesse individual com o interesse coletivo. As transformações provocadas pelo capitalismo fizeram com que os institutos de direito privado, entre os quais, a propriedade, tivessem significado pejorativo. No século XIX, surgiram críticas à propriedade, sendo que uma delas deu-se pelo conceito de função social, tanto do contrato de trabalho como da propriedade, por meio da qual se buscava um equilíbrio entre os interesses individuais e coletivos. A função social da propriedade, compreendida geralmente como o poder-dever do proprietário, é, na verdade, intrínseca ao conceito de propriedade, aliás, apontado pela doutrina, por meio de uma nova configuração ou calibração do direito de propriedade. Falar de função social significa inserir mais deveres, limitar privilégios e poderes. Devido à diversidade de propriedades, a função social será maior ou menor, de acordo com a classificação do bem, que, em última análise, define o estatuto jurídico do mesmo.

Um bem se torna cultural em duas fases. A primeira delas consiste no processo de reconhecimento deste como tal. Em seguida, tem-se um segundo processo de formalização do bem cultural, por meio da lei, por processo administrativo pelos órgãos de proteção do patrimônio cultural, ou pela via judicial. Podem ser protegidos quaisquer bens culturais, móveis ou imóveis, tangíveis ou intangíveis, antigos e novos. Porém, os conflitos mais recorrentes, decorrentes do interesse individual e do interesse coletivo, aparecem com os proprietários de bens imóveis antigos, pelo desejo de conservação por parte da sociedade em oposição à vontade do proprietário de modificá-los ou demoli-los. O tombamento de bem imaterial não gera esse tipo de conflito, porque é um bem inapropriável e consiste na declaração do Estado da sua importância para a sociedade.

Existem interesses legítimos e interesses que merecem cautela no reconhecimento de um bem como cultural, porque não é correto impor modificações no direito de propriedade do titular do bem qualificado como bem cultural com base em fundamentos injustificados e incorretos. Consideram-se legítimos os interesses proporcionados pela possibilidade de o bem cultural concorrer para o desenvolvimento pessoal de quem o contempla e visualiza; também são legítimos quando se tem a consciência de que se torna símbolo de uma identidade coletiva e, sobretudo, tem importância, quando, do ponto de vista historiográfico, o bem cultural é um documento de época, por meio do qual se permite explicar e compreender o passado. Nem todos os bens culturais necessitam ser preservados como documentos de época, até mesmo pela inviabilidade de impor-se incondicionalmente o passado ao tempo presente.

É preciso atentar-se ao fato de que se pode qualificar determinado bem como cultural com fundamento na memória coletiva e, consequentemente, a ele se atribuirá, desnecessariamente, maior função social, impondo, no limite, deveres, incapacidades, responsabilidades e redução de privilégios ao proprietário com fundamento em fatos que jamais podem ter acontecido. O turismo, por um lado, pode ser elemento importante para a comunidade do ponto de vista econômico, mas também pode ser um elemento perturbador, porque faz com que as pessoas fiquem presas ao passado. Também é preciso saber que, ao se promover a conservação do bem cultural, existem valores subjacentes, como o valor de antiguidade e o valor histórico, o que implica respeitar o próprio ciclo de existência do bem cultural, sobretudo o imóvel, evitando transformá-lo em um objeto artificial ou falsificado.

O conteúdo dos deveres, incapacidades, responsabilidades e redução dos privilégios do proprietário dos bens culturais, decorrente da função social da propriedade, está no Decreto-lei n.º 25, de 1937, como também em outras leis específicas, entre as quais o Estatuto dos Museus e a Lei Brasileira de Inclusão da Pessoa com Deficiência, e consiste em assegurar o privilégio da sociedade em visualizar a coisa e impor deveres de conservação, para que não pereça, tampouco se permite a sua destruição.

Na jurisprudência, percebe-se que a invocação da memória coletiva levou à pretensão de reconstruir o que não existe mais, congelar no tempo determinado imóvel, manter inutilizado o que já está em ruínas. Em se tratando de conjuntos arquitetônicos, devem-se analisar os interesses apresentados como legítimos para que se mantenha o imóvel na condição original, como no caso de Brasília, na qual há um aspecto ideológico que não necessariamente se coaduna com a realidade brasileira, ou, em outras palavras, protege-se e nem se sabe ao certo por quê.

Os códigos civis disciplinam a divisão entre bens móveis e imóveis, mas poderiam recepcionar a divisão entre bens de produção e de consumo, bens ambientais e não ambientais, como também a divisão entre bens culturais e não culturais. Logo, bens de produção, bens ambientais e bens culturais têm mais função social – ou função social mais intensa – do que os demais bens. No caso dos bens culturais de propriedade dos particulares, estes podem ser considerados bens particulares de uso comum do povo.

A vantagem de pensar-se nesse problema a partir da função social da propriedade, é que se consegue superar a visão equivocada de que o proprietário pode exercer seu direito sem se importar com o interesse coletivo e, por outro lado, supera-se a ideia radical de que o tombamento é um ato autoritário, que esvazia o direito de propriedade. Entendendo-se os interesses envolvidos e a estrutura do direito de propriedade, podem-se ajustar os interesses particulares e coletivos, contribuindo-se, desse modo, para a satisfação dos interesses e prejuízos pelo não uso do imóvel, assim como aqueles decorrentes da má ocupação do espaço geográfico.

REFERÊNCIAS

A) BIBLIOGRÁFICAS

ALBERTI, Leon Battisti. **De Re Aedificatoria**. Tradução: Javier Fresnillo Nuñez. Marid: Ediciones Akal, 1991.

ALEGRE ÁVLIA, Juan Manuel. **Evolución y regimen jurídico del patrimonio histórico. Tomo 1. La configuración dogmática de la propriedade histórica en la ley 16/1985, de 25 de junio, del Patrimonio HIstorico Español**. Getafe-Madrid: Ministério de Cultura, 1994.

ALPA, Guido; BESSONE, Mario. **Poteri dei privati e statuto della proprietà. II. Storia, funzione sociale, pubblici interventi**. Pavoda: CEDAM, 1980.

AMARAL, Francisco. **Direito Civil. Introdução**. 7. ed. Rio de Janeiro: Renovar, 2008.

ANDRADE, Mário de. **Cartas de trabalho: correspondência com Rodrigo Mello Franco de Andrade (1936-1945)**. Brasília: Ministério da Educação e Cultura, Secretaria do Patrimônio Histórico e Artístico Nacional, 1981.

ANDRADE, Rodrigo de Melo Franco de. **Rodrigo e o SPHAN. Coletânea de textos sobre patrimônio cultural**. Rio de Janeiro: Ministério da Cultura: Secretaria do Patrimônio Histórico e Artístico Nacional: Fundação Pró-Memória, 1987.

ANTUNES, Paulo de Bessa. **Direito Ambiental**. 16. ed. São Paulo: Atlas, 2014.

ARENDT, Hannah. **A condição humana**. Tradução: Roberto Raposo. 7. ed. Rio de Janeiro: Forense Universitária, 1995.

ARENDT, Hannah. **Entre o passado e o futuro**. Tradução: Mauro W. Barbosa de Almeida. 4. ed. São Paulo: Perspectiva, 1997.

ARISTÓTELES. **A política**. Tradução: Nestor Silveira Chaves. 4. ed. São Paulo: Atena Editora, 1955.

_____. **Ética a Nicômacos**. 3. ed. Tradução: Mário da Gama Kury. Brasília: Editora UnB, 1999.

BARDI, P.M. **Lembrança de Le Corbusier. Atenas, Itália, Brasil**. São Paulo: Nobel, 1984.

BEARD, Mary. **The Roman Triumph**. Cambridge, London: Harvard University Press, 2007.

_____; NORTH, John; PRICE, Simon. **Religions of Rome. Volume 1**. Cambridge: Cambridge University Press, 2006.

BENEVOLO, Leonardo. **História da arquitetura moderna**. Tradução: Ana M. Goldenberger. 3. ed. São Paulo: Perspectiva, 1994.

BENJAMIN, Walter. A obra de arte na época de suas técnicas de reprodução. *In*: **WALTER BENJAMIN, MAX HORKHEIMER, THEODOR ADORNO, JÜRGEN HABERMAS. Textos Escolhidos**. São Paulo: Abril Cultural, 1975 (Coleção "Os Pensadores").

BERLE, Adolf A. Propriedade, produção e revolução. Prefácio à edição revista. *In*: BERLE, Adolf A; MEANS, Gardiner G. **A moderna sociedade anônima e a propriedade privada**. Tradução: Dinah de Abreu Azevedo. 2. ed. São Paulo: Nova Cultural, 1987.

BEVILÁQUA, Clovis. **Código Civil dos Estados Unidos do Brasil. volume 1**. 3. ed. Rio de Janeiro: Francisco Alves, 1927.

_____. **Direito das Coisas. Volume 1**. 5. ed. Rio de Janeiro: Forense, 1958.

BLOCH, Marc. **A sociedade feudal**. Tradução: Liz Silva. Lisboa: Edições 70, 1987.

_____. **Apologia da história ou o ofício do historiador**. Tradução: André Telles. Rio de Janeiro: Zahar, 2001.

BOBBIO, Norberto. **Da estrutura à função: novos estudos de teoria do direito**. Tradução: Daniela Beccaria Versiani. Barueri: Manole, 2007.

BOITO, Camilo. **Os restauradores**. Tradução: Paulo Mugayar Kühl e Beatriz Mugayar Kühl. Cotia: Ateliê Editorial, 2002.

BONFANTE, Pietro. **Scritti Giuridici Varii. II. Proprietà e servitù**. Torino: UTET, 1918.

BONIFÁCIO, José. Apontamentos para a civilização dos índios bravos do império do Brasil. *In*: DOLHNIKOFF, Miriam (Org). **José Bonifácio de Andrade e Silva – Projetos para o Brasil**. São Paulo: São Paulo: Companhia das Letras: Publifolha, 2000.

_____. Representação à Assembleia Geral Constituinte e Legislativa do Império do Brasil sobre a Escravatura. [Extraído de Obra Política de José Bonifácio vol. II, p. 85-104]. *In*: DOLHNIKOFF, Miriam (Org). **José Bonifácio de Andrade e Silva – Projetos para o Brasil**. São Paulo: São Paulo: Companhia das Letras: Publifolha, 2000.

BORGES, Vavy Pacheco. **Que é história?**. 2. ed. São Paulo: Brasiliense, 1993. (Coleção Primeiros Passos)

BOULOS, Paulo. **Introdução ao cálculo**. São Paulo: Edgard Blücher, Brasília, 1974.

BRASIL. Assembleia Nacional Constituinte (Atas de Comissões). **Subcomissão de Educação, Cultura e Esportes**. Disponível em: <http://www.senado.gov.br/sf/publicacoes/anais/constituinte/constituinte.zip>. Acesso em: 30 abr.2016.

BRASIL. Ministério da Educação e Saúde. **Revista do Serviço do Patrimônio Histórico e Artístico Nacional**. Rio de Janeiro. n. 2. 1938.

_____. **Revista do Serviço do Patrimônio Histórico e Artístico Nacional**. Rio de Janeiro. n. 5. 1941.

_____. **Revista do Serviço do Patrimônio Histórico e Artístico Nacional**. Rio de Janeiro. n. 9. 1945.

_____. **Revista do Serviço do Patrimônio Histórico e Artístico Nacional**. Rio de Janeiro. n. 15. 1961.

BRAUDEL, Fernand. **Escritos sobre a História**. São Paulo: Perspectiva, s.d.

BREISACH, Ernst. **Historiography: ancient, medieval and modern**. 2. ed. Chicago: The University of Chicago Press, 1983.

REFERÊNCIAS

BURKE, Peter. **A República das Letras Europeia, 1500-2000. Estudos Avançados.** São Paulo. v. 25. n. 72. São Paulo. p. 277-288. mai/ago 2011. Disponível em: http://www.scielo.br/scielo.php?script=sci_arttext&pid=S0103-40142011000200021. Acesso em: 30 abr.2016.

BUSTAMANTE SALAZAR, Luis. **El patrimonio. Dogmatica juridica.** Santiago: Ed Juridica de Chile, 1979.

CARR, Edward Hallet. **Que é história? Conferências George Macaulay Trevelyan proferidas por E.H.Carr na Universidade de Cambridge, janeiro-março de 1961.** Tradução: Lucia Mauricio de Alverga. 5. ed. Rio de Janeiro: Paz e Terra, 1982.

CASTRO, Sandra Rabello de. **O Estado da preservação de bens culturais: o tombamento.** Rio de Janeiro: Renovar, 1991.

CENDON, Paolo (Org.). **Comentario al Codice Civile. Artt. 810-951. Beni – Pertinenze – Frutti – Demanio – Proprietà.** Milano: Giuffrè, 2009.

CERÁVOLO, Ana Lucia. **Interpretações do patrimônio: arquitetura e urbanismo moderno na constituição de uma cultura de intervenção no Brasil, 1930-1960.** São Carlos: EdUfscar, 2013.

CHALLAMEL, Jules. **Loi du 30 mars 1887 sur la conservation des monuments historiques et objets d'arte. Étude de législation comparée.** Paris: F.Pichon, Challamel etc, 1888.

CHESNEAUX, Jean. **Devemos fazer tabula rasa do passado? Sobre a história e os historiadores.** Tradução: Marcos A. da Silva. São Paulo: Ática, 1995.

CHOAY, Françoise. **A alegoria do patrimônio.** Tradução: Luciano Vieira Machado. 5. ed. São Paulo: Estação Liberdade: Editora UNESP, 2006.

CICERONE. **Il processo di Verre. Volume secondo.** Tradução: Laura Fiocchi e Dionigi Vottero. Milano: Rizzoli Libri, 1992.

COMPARATO, Fabio Konder. Função social da propriedade dos bens de produção. **Revista de Direito Mercantil, Industrial, Econômico e Financeiro.** São Paulo. v.25. n.63. p.71-79. jul.set. 1986.

COMTE, Auguste. **Système de Politique Positive ou Traité de Sociologie. Tome deuxième.** Osnabrück: Otto Zeller, 1967. p.1. Disponível em gallica.bnf.fr.

CONDE DAS GALVEIAS. **Trecho da Carta enviada em 5 de abril de 1742 pelo Conde das Galveias ao Governador de Pernambuco, Luis Pereira Freire de Andrade.** In: IPHAN. **Proteção e revitalização do patrimônio cultural no Brasil: uma trajetória.** Brasília: Ministério da Educação e da Cultura: Secretaria do Patrimônio Histórico e Artístico Nacional: Fundação Nacional Pró-Memória, 1980.

CONNERTON, Paul. **Como as sociedades recordam.** Tradução: Maria Manuela Rocha. Oeiras: Celta Editora, 1993.

CORRÊA, Sara. **A Tutela do Patrimônio Arquitetônico no Direito Romano (de Augusto a Justiniano).** 1999. Tese (Doutorado em Direito) - Universidade de São Paulo. Faculdade de Direito. São Paulo. 1999.

CORTESE, Wanda. **I beni culturali e ambientali. Profili normativi.** Padova: Cedam, 1999.

CROCE, Benedetto. **A história – pensamento e ação.** Tradução: Darcy Damasceno. Rio de Janeiro: Zahar, 1962.

CUCHE, Denys. **A noção de cultura nas ciências sociais.** Tradução: Viviane Ribeiro. 2.ed. Bauru: EDUSC, 2002.

DEL NERO, João Alberto Schützer. O significado jurídico da expressão função social da propriedade. Revista da Faculdade de Direito de São Bernardo do Campo. São Bernardo do Campo. n.3. p.79-97. 1997.

DI PIETRO, Maria Sylvia Zanella. **Direito Administrativo**. 27. ed. São Paulo: Atlas, 2014.

DOSSE, François. **A história**. Tradução: Maria Elena Ortiz Assumpção. Bauru: EDUSC, 2003.

DUGUIT, Leon. **Les transformations genérales du droit privé depois le Code Napoléon**. Paris: Librairie Félix Alcan, 1912.

EAGLERTON, Terry. **A ideia de cultura**. Tradução: Sandra Castello Branco. Revisão Técnica: Cezar Mortari. São Paulo: UNESP, 2005.

FACHIN, Luiz Edson. **A função social da posse e a propriedade contemporânea (uma perspectiva da usucapião imobiliária rural)**. Porto Alegre: Sergio Antonio Fabris Editor, 1988.

FENET, P.A. **Recueil complet des travaux préparatoires du Code Civil. Tome onzième**. Paris: Videcoq, Librairie, Place du Panthéon, 1836. p. 112. Disponível em books.google.com. Disponível em : 30 abr.2016.

FONSECA, Maria Cecília Londres. **O patrimônio em processo: trajetória da política federal de preservação no Brasil**. 3. ed. Rio de Janeiro: Editora UFRJ, 2009.

FRANÇA. **Instruction sur la manière d'inventorier et de conserver dans toute l'entendue de la République, tous les objets qui peuvent servir aux arts, aux sciences et à l'enseignement, proposée par la Commission Temporaire des Arts et adoptée par le Comitê d'Instruction Publique de la Convention National**e. Paris: De l'Imprimerie Nationale, an. II. p. 10-11. s.l: s.d.

FRANÇA. Instruction Publique. **Rapport sur les destructions opérées par le vandalisme, et sur les moyens de le réprimer. Par Grégoire. Séance du 14 Fructidor, l'an second de la République une et indivisible, suivi du Décret de la Convention Nationale**. s.l: s.d. p. 5-6-14. Disponível em: gallica.bnf.fr. Acesso em : 30 abr.2016.

_____. **Second rapport sur le vandalisme par Grégoire. Séance du 3 Brumaire, l'an III, suivi du Décret de la Convention Nationale et imprimé par son ordre**. s.l: s.d. p. 1-2-5-12. Disponível em: gallica.bnf.fr. Acesso em : 30 abr.2016.

_____. **Troisième rapport sur le vandalisme par Grégoire. Séance du 24 Frimaire. L'an IIIe de la République Française, une et indivisible. Imprimé par ordre de la Convention Nationale et envoyé par son ordre aux autorités constituées**. s.l: s.d. p. 1-2-3. Disponível em: gallica.bnf.fr. Acesso em : 30 abr.2016.

_____. Ministério da Cultura. **Centenaire de la loi de 1913**. Disponível em : http://www.culture.gouv.fr/Thematiques/Monuments-historiques-Sites-patrimoniaux-remarquables/Presentation/Focus/Centenaire-de-la-loi-de-1913. Acesso em: 20 dez.2018.

FRANCISCO DE VITORIA. **Os índios e o direito da guerra**. Tradução: Ciro Mioranza. Ijuí: Editora Unijuí: Fondazione Casamarca, 2006.

GAIUS. **Institutas**. Tradução: J. Cretella Jr. e Agnes Cretella. São Paulo: Revista dos Tribunais, 2004.

GARNSEY, Peter. **Thinking about property. From Antiquity to the Age of Revolution**. Cambridge: Cambridge University Press: 2007.

REFERÊNCIAS

_____; SALLER, Richard. **The Roman Empire. Economy, Society and Culture**. London: Duckworth, 2001.

GIANNINI, Massimo Severo. I beni culturali. **Rivista trimestrale di diritto pubblico**. Milano. Anno XXVI. p. 3-38. 1976.

GIOVANNONI, Gustavo. **Velhas Cidades e nova Construção Urbana**. *In:* KÜHL, Beatriz Mugayar (Org). **Gustavo Giovannoni. Textos Escolhidos**. Tradução: Renata Campello Cabral, Carlos Roberto M. de Andrade e Beatriz Mugayar Kühl. Cotia: Ateliê Editorial, 2013.

GLENISSON, Jean. **Introdução aos estudos históricos**. 2. ed. Rio de Janeiro e São Paulo: Difel, 1977.

GOMES, Orlando. A função social da propriedade. **Boletim da Faculdade de Direito da Universidade de Coimbra, numero especial, estudos em homenagem a A. Ferrer-Correia**. Coimbra. n.2. p.423-437. 1989.

GOMES, Orlando. **Introdução ao Direito Civil**. 12. ed. Rio de Janeiro: Forense, 1996.

GRAMSCI, Antonio. **Os intelectuais e a organização da cultura**. Tradução: Carlos Nelson Coutinho. 9. ed. Rio de Janeiro: Civilização Brasileira, 1995.

GRÉGOIRE. **Apologie de Barthelemy de las Casas, evèque de Chiapa. Lu à l'Institut National le 22 Floreal an 8**. *In :* Mémoires de lInstitut National des Sciences et Arts. Sciences morales et politiques. Tome quatrième. Paris: Baudoin, Imprimeur de l'Institut National, 1802. Disponível em: books.google.com. Acesso em : 30 abr.2016.

_____. **De la liberté de conscience et de culte à Haïti**. Paris: Baudoin Frères Librairies, 1824. Disponível em: gallica. bnf.fr. Acesso em : 30 abr.2016.

_____. **Des peines infamantes à infliger aux négriers**. Paris: Baudoin Frères, Imprimeurs-Librairies, 1822. Disponível em: gallica.bnf.fr. Acesso em : 30 abr.2016.

GROPIUS, Walter. **Bauhaus: novarquitetura**. Tradução: J. Guinsburg e Ingrid Dormien. Rev. Lucio Gomes Machado. 4. ed. São Paulo: Perspectiva, 1994.

_____. **Manifesto of the Staatliches Bauhaus. April 1919**. Disponível em: https://bauhausmanifesto.com. Acesso em 20 dez.2018.

GROSSI, Paolo. **História da propriedade e outros ensaios**. Tradução: Luiz Ernani Fritoli e Ricardo Marcelo Fonseca. Rio de Janeiro: Renovar, 2006.

GROTIUS, Hugo. **O direito da guerra e da paz**. V. 1. 2. ed. Tradução: Ciro Mioranza. Ijuí: Editora Ijuí: Fondazione Casamarca, 2005.

_____. **O direito da guerra e da paz**. V. 2. 2. ed. Tradução: Ciro Mioranza. Ijuí: Editora Ijuí: Fondazione Casamarca, 2005.

GUARINELLO, Norberto Luiz. **História Antiga**. São Paulo: Contexto, 2014.

GUIMARÃES, Lucia Maria Paschoal. **Debaixo da imediata proteção de sua Majestade Imperial: o Instituto Histórico e Geográfico Brasileiro (1838-1889)**. 1994. Tese (Doutorado em História). Universidade de São Paulo – Faculdade de Filosofia, Letras e Ciências Humanas. São Paulo. 1994.

GUIZOT. **Relatório apresentado ao rei em 21 de outubro de 1830 por Guizot, Ministro do Interior, para que se criasse o cargo de Inspetor Geral dos Monumentos Históricos na França**. Apud Choay, Françoise. Idem. p. 261 (Anexo do livro)

HALBWACHS, Maurice. **A memória coletiva**. Tradução: Beatriz Sidou. São Paulo: Centauro, 2006. p. 29.

HERÓDOTO. História. **O relato clássico da guerra entre gregos e persas**. 2. ed. Tradução: J. Brito Broca. São Paulo: Ediouro, 2001.

HOBBES, Thomas. **Leviatã ou Matéria, forma e poder de um estado eclesiástico e civil**. Tradução: João Paulo Monteiro e Maria Beatriz Nizza da Silva. 3. ed. São Paulo: Abril Cultural, 1983.

HOBSBAWN, Eric; RANGER, Terence (Orgs). **A invenção das tradições**. Rio de Janeiro: Paz e Terra, 1984.

HOHFELD, Wesley Newcomb. Some Fundamental Legal Conceptions as Applied in Judicial Reasoning. **The Yale Law Journal**, v. 23. n. 1 (nov. 1913)

HOLSTON, James. **A cidade modernista: uma crítica de Brasília e sua utopia**. Tradução: Marcelo Coelho. São Paulo: Companhia das Letras, 1993.

JAEGER, Werner. Paideia. **A formação do homem grego**. Tradução: Artur M. Parreira. São Paulo: Martins Fontes, 1995.

JOÃO XXIII. Carta Encíclica *Mater et Magistra* **de Sua Santidade João XXIII aos veneráveis irmãos patriarcas, primazes, arcebispos, bispos e outros ordinários do lugar, em paz e comunhão com a Sé Apostólica, bem como a todo o clero e fiéis do orbe católico sobre a recente evolução da questão social à luz da doutrina cristã**. Disponível em: <http://w2.vatican.va/content/john-xxiii/pt/encyclicals/documents/hf_j-xxiii_enc_15051961_mater.html>. Acesso em: 30 abr.2016.

JUSTINIANUS. **Institutas do Imperador Justiniano**. 2. ed. Tradução: J. Cretella Jr. e Agnes Cretella. São Paulo: Revista dos Tribunais, 2005.

KUHL, Beatriz Mugayar. Notas sobre a Carta de Veneza. **Anais do Museu Paulista: História e Cultura Material**. São Paulo, v. 18, n. 2, p. 287-320, Dez. 2010. Disponível em: <http://www.scielo.br/scielo.php?script=sci_arttext&pid=S0101-47142010000200008&lng=en&nrm=iso>. Acesso em: 20 dez.2018.

LE CORBUSIER. **A Carta de Atenas**. São Paulo: USP, Hucitec, 1986.

_____. **Destin de Paris**. Paris : Nouvelles Éditions Latines, 1987.

_____. **Por uma arquitetura**. Tradução: Ubirajara Rebouças. Revisão Paulo Salles de Oliveira. São Paulo: Perspectiva e EDUSP, 1973.

_____. **Urbanismo**. Tradução: Maria Ermantina Galvão Gomes Pereira. Revisão: Antonio Gio da Silva Andrade. São Paulo: Martins Fontes, 1992.

LE GOFF, Jacques. **A civilização do ocidente medieval**. Tradução: José Rivair de Macedo. Bauru: EDUSC, 2005.

_____. **História e Memória**. Tradução: Bernardo Leitão et al. 5. ed. Campinas: Ed. Unicamp, 2003.

_____; NORA, Pierre (Orgs). **História: novas abordagens**. Tradução: Henrique Mesquita. Rio de Janeiro: Francisco Alves, 1976.

_____; NORA, Pierre (Orgs). **História: Novos Problemas**. Tradução: Theo Santiago. Rio de Janeiro: Francisco Alves, 1976.

LEÃO XIII. **Carta Encíclica "Rerum Novarum" do Sumo Pontífice Leão XIII a todos os nossos veneráveis irmãos os patriarcas, primazes, arcebispos e bispos do orbe católico, em graça e comunhão com a Sé apostólica sobre a condição dos operários**. Disponível em: <http://w2.vatican.va/content/leo-xiii/pt/encyclicals/documents/hf_l-xiii_enc_15051891_rerum-novarum.html> Acesso em: 30 abr.2016.

LEMOS, Patricia Faga Iglecias. **Resíduos sólidos e responsabilidade civil pós-

-consumo. São Paulo: Revista dos Tribunais, 2011.

LEONARDO, Rodrigo Xavier. A função social da propriedade. **Revista da Faculdade de Direito de São Bernardo do Campo**. São Bernardo do Campo. v.8. n.10.

LOCKE, John. Segundo Tratado sobre o Governo. *In*: LOCKE, John. **Carta acerca da tolerância; Segundo tratado sobre o governo; Ensaio acerca do entendimento humano**. Tradução: E. Jacy Monteiro. São Paulo: Abril Cultural, 1973.

LORENZETTI, Ricardo Luis. **Fundamentos do direito privado**. São Paulo: Revista dos Tribunais, 1998.

LOUREIRO, Lourenço Trigo de. **Instituições de direito civil brasileiro**. v. 1. Brasília: Senado Federal, Conselho Editorial: Superior Tribunal de Justiça, 2004.

LOWENTHAL, David. **The past is a foreign country**. Cambridge: Cambridge University Press, 1985.

MACHADO, Paulo Affonso Leme. **Direito Ambiental Brasileiro**. 10. ed. São Paulo: Malheiros, 2002.

MACPHERSON, C.B. **A teoria política do individualismo possessivo de Hobbes até Locke**. Tradução: Nelson Dantas. Rio de Janeiro: Paz e Terra, 1979.

MAGALHÃES, Aloísio. **E Triunfo?: a questão dos bens culturais no Brasil**. Rio de Janeiro: Nova Fronteira; Fundação Roberto Marinho, 1997.

MALUF, Adriana Caldas do Rego Freitas Dabus. **Limitações Urbanas ao Direito de Propriedade**. São Paulo: Atlas, 2010.

MALUF, Carlos Alberto Dabus. **Limitações ao Direito de Propriedade**. São Paulo: Saraiva, 1997.

MARCHI, Eduardo C. Silveira; RODRIGUES, Darcio R. M; MORAES, Bernardo B. Queiroz de. **Comentários ao Código Civil Brasileiro. Estudo comparativo e tradução de suas fontes romanas. Parte Geral**. São Paulo: Atlas, 2013.

MARQUES NETO, Floriano Peixoto de Azevedo. **O regime jurídico das utilidades públicas: função social e exploração econômica dos bens públicos**. 2008. Tese (Professor Titular) - Universidade de São Paulo. Faculdade de Direito. São Paulo. 2008.

MARX, Karl. Prefácio. *In*: MARX, Karl. **Contribuição à crítica da economia política**. Tradução: Florestan Fernandes. 2. ed. São Paulo: Expressão Popular, 2008.

MEIRELLES, Hely Lopes; ALEIXO, Délcio Balestero; BURLE FILHO, José Emmanuel. **Direito Administrativo Brasileiro**. 39. ed. São Paulo: Malheiros, 2013.

MELLO, Celso Antônio Bandeira de. **Curso de Direito Administrativo**. 31. ed. São Paulo: Malheiros, 2014.

MEMORIAL DA RESISTÊNCIA. "Sobre o Memorial da Resistência". Disponível em: <http://www.memorialdaresistenciasp.org.br/memorial/default.aspx?mn=4&c=83&s=0>. Acesso em: 30 abr.2016.

MENESES, Ulpiano Toledo Bezerra de. Os 'usos culturais' da cultura: contribuição para uma abordagem crítica das práticas e políticas culturais. *In*: YAZIGI, Eduardo; CARLOS, Ana Fani Alessandri; CRUZ, Rita de Cássia Ariza da (Orgs). **Turismo: espaço, paisagem e cultura**. São Paulo: Hucitec, 1996.

MENESES, Ulpiano Toledo Bezerra de. Os usos culturais da cultura: contribuição para uma abordagem crítica das práticas e políticas culturais. *In*: YAZIGI, Eduardo; CARLOS, Ana Fani Alessandri; CRUZ, Rita de Cássia Arizza da

(Orgs). **Turismo: espaço, paisagem e cultura**. São Paulo: Hucitec, 1996.

MILARÉ, Edis. **Direito do Ambiente**. 9. ed. São Paulo: Revista dos Tribunais, 2014.

MILES, Margaret M. **Art as plunder. The ancient origins of debate about cultural property**. Cambridge: Cambridge University Press, 2010.

MILLIN, Aubin-Louis. **Antiquités nationales, ou Recueil de monumens pour servir à l'histoire générale et particulière de l'Empire françois, tels que tombeaux, inscription, statues, vitraux, fresques, etc., tirés des abbayes, monastères, châteaux et autres lieux devenus domaines nationaux. Présenté à l'Assemblée Nationale conflctuante, et favorablement accuelli par Elle, le 9 Decembre 1790**. s.l: s.d. Disponível em: gallica.bnf.fr. Acesso em: 30 abr.2016.

MIRABILIA VRBIS ROMAE. The marvels of Rome or a picture of the golden city. An English version of the medieval guide-book with a supplement of illustrative matter and notes by Francis Morgan Nichols. London: Ellis and Elvey; Rome: Spithoever, 1889. Disponível em books.google.com. Acesso em: 30 abr.2016.

MOREIRA ALVES, José Carlos. **Direito Romano**. 14. ed. Rio de Janeiro: Forense, 2007.

MOREIRA NETO, Diogo de Figueiredo. **Curso de Direito Administrativo. Parte Introdutória. Parte Geral. Parte Especial**. 12. ed. Rio de Janeiro: Forense, 2002.

NABAIS, José Casalta. Considerações sobre o quadro jurídico do património cultural em Portugal. **Revista de Direito da Cidade**, [S.l.], v. 2, n. 1, p. 1-19, abr. 2020. Disponível em: https://www.e-publicacoes.uerj.br/index.php/rdc/article/view/11285. Acesso em: 20 dez. 2018

NOIA, Fernanda da Cruz. **Efeitos do tombamento sobre a propriedade privada**. 2006. Dissertação (Mestrado em Direito do Estado) - Universidade de São Paulo. Faculdade de Direito. São Paulo. 2006.

NORA, Pierre. Entre mémoire et histoire. La problematique des lieux. *In*: NORA, Pierre. **Les lieux de mémoire**. Paris: Quarto Gallimard, 1986.

ORTIZ, Renato. **Cultura brasileira e identidade nacional**. 5. ed. São Paulo: Brasiliense, 1994.

PAIVA, Carlos Magno de Souza. **O regime jurídico do bem cultural edificado no Brasil**. Ouro Preto: UFOP, 2010.

PANOSSO NETTO, Alexandre. **O que é turismo**. São Paulo: Brasiliense, 2010.

PAULO VI. **Constituição Pastoral "Gaudium et Spes" sobre a Igreja no Mundo atual**. Disponível em: <http://www.vatican.va/archive/hist_councils/ii_vatican_council/documents/vat-ii_const_19651207_gaudium-et-spes_po.html> Acesso em: 30 abr.2016.

PELLERINO, Giovanni. **L'idea di proprietà. Storia come evoluzione**. Lecce: Pensa Multimedia, 2004. p. 60; BONFANTE, Pietro. **Scritti Giuridici Varii. II. Proprietà e Servitù**. Torino: UTET, 1918.

PENTEADO, Luciano de Camargo. **Direito das coisas**. São Paulo: Revista dos Tribunais, 2008.

PEREIRA, Lafayette Rodrigues. **Direito das coisas. Ed. Fac-similar**. Brasília: Senado Federal: Superior Tribunal de Justiça, 2004.

PEREIRA, Neli. Ter Ministério da Cultura é fruto de mentalidade patriarcal, burocrática e centralizadora, diz ex-diretor do MASP. Entrevista com Teixeira

REFERÊNCIAS

Coelho. **BBC Brasil em São Paulo**. São Paulo, 20 mai.2016. Disponível em: https://www.bbc.com/portuguese/brasil-36328218 . Acesso em: 21 mai.2016.

PHILONIS BIZANTINI. **Libelus de Septem Orbis Spetaculis**. Lipsiae, 1816. Disponível em: books.google.com. Acesso em: 30 abr.2016.

PIRES, Maria Coeli Simões. **Da proteção ao patrimônio cultural. O tombamento como principal instituto**. Belo Horizonte: Del Rey, 1994.

PLANIOL, Marcel. **Traité Elémentaire de Droit Civil. Tome 2**. Paris: LGDJ, 1911.

PLUTARQUE. **Vies parallèles**. Tradução: J. Alexis Pierron. Paris: Flammarion, 1996.

PONTES DE MIRANDA, Francisco Cavalcanti. **Tratado de Direito Privado. Parte Geral. Tomo V**. 4. ed. São Paulo: Revista dos Tribunais, 1983.

PORTAL VITRUVIUS. Casa Caramuru. **Projetos**. São Paulo, ano 13, n. 152.01. Agosto de 2013. Disponível em: <http://www.vitruvius.com.br/revistas/read/projetos/13.152/4824>. Acesso em: 30 abr.2016.

POTHIER, Robert Joseph. Traité des personnes et des choses. *In*: POTHIER, Robert Joseph. **Oeuvres de Pothier, contenant les Traités du Droit Français. Nouvelle édition mise en meilleur ordre et publiée par les soins de M. Dupin. Tome huitième**. Paris: Pichon-Béchet, sucesseur de Beché Ainé, 1825.

_____. Traité du droit de domaine de propriété. *In*: POTHIER, Robert Joseph. **Oeuvres de Pothier, contenant les Traités du Droit Français. Nouvelle édition mise en meilleur ordre et publiée par les soins de M. Dupin. Tome huitième**. Paris: Pichon-Béchet, sucesseur de Beché Ainé, 1825. p. 111. Disponível em books.google.com. Acesso em: 30 abr.2016.

POVEDA VELASCO, Ignacio Maria. Direito, jurisprudência e justiça no pensamento clássico (greco-romano). **Revista da Faculdade de Direito da Universidade de São Paulo**. São Paulo. v. 101. p. 21-32. Jan/dez 2006.

PREFEITURA DE SÃO JOSÉ DOS CAMPOS. **Parque da Cidade. Santana (norte). Patrimônio histórico, espaço para prática de esporte, cultura e lazer**. Disponível em: https://www.sjc.sp.gov.br/servicos/esporte-e-qualidade-de-vida/parques-municipais/parque-da-cidade. Acesso em: 20 dez.2018.

PREFEITURA DO MUNICIPIO DE OURO PRETO. **Cine Teatro Vila Rica**. Disponível em: <http://www.ouropreto.mg.gov.br/portal_do_turismo_2014/atrativos/lazer-e-entretenimento/cinemas/cine-teatro-vila-rica> Acesso em: 30 abr.2016.

PROUDHON, J.P. **Que é a propriedade? Estudos sobre o princípio do Direito e do Estado**. Tradução: Raul Vieira. São Paulo: Edições Cultura Brasileira, s.d.

PUFENDORF, Samuel. **Os deveres do homem e do cidadão de acordo com as leis do direito natural**. Tradução: Eduardo Francisco Alves. Rio de Janeiro: Topbooks, 2008.

QUATREMÈRE DE QUNCY. **Considerations Morales sur la Destination des Ouvrages de l'Art ou de l'Influence de leur Emploi sur le génie et le gout de ceux qui les produissent ou qui les jugent, et sur le sentiment de ceux qui en jouissent et en reçoivent les impressions**. Paris: De l'Imprimerie de Crapelet, 1815. Disponível em: gallica.bnf.fr. Acesso em : 30 abr.2016.

_____. **Lettres sur le préjudice qu'occasioneroient aux Arts et à la Science, le déplacement des monuments de l'art de l'Italie, le démembrement de ses Écoles, et la spoliation de ses Collections, Galleries, Musées, etc. Nouvelle édition, faite sur celle de Paris de 1796. Rome: 1815. Disponível em: gallica.bnf.fr. Acesso em : 30 abr.2016.

RAMOS, Paulo Oliveira. O alvará régio de 20 de agosto de 1721 e D. Rodrigo Anes de Sá Almeida e Meneses, o 1º Marquês de Abrantes. Uma leitura. Disponível em: https://repositorioaberto.uab.pt/bitstream/10400.2/4320/1/Paulo%20Ramos.pdf. Acesso em: 20 dez 2018.

REALE, Miguel. **Paradigmas da cultura contemporânea**. São Paulo: Saraiva, 1999.

RENNER, Karl. **The institutions of private law and their social functions**. New Brunswick and London: Transaction Publishers, 2010.

REYNOLDS, Susan. **Fiefs and vassals. The medieval evidence reinterpreted**. Oxford: Clarendon Press, 2001.

RICHARDSON, Carol M. **Reclaiming Rome. Cardinals in the Fifteenth Century**. Leiden, Boston: Brill, 2009.

RIEGL, Alois. **Le culte moderne des monuments. Son essence et sa genèse**. Tradução: Daniel Wieczrorek. Paris: Editions du Seuil, 1984.

RODOTÀ, Stefano. **Il terribile diritto: studi sulla proprietà privata**. Bologna: Il Mulino, 1990.

RODRIGUES JUNIOR, Otavio Luiz. Propriedade, função social e constituição – Exame crítico de um caso de constitucionalização do direito civil. **Revista da Faculdade de Direito da Universidade de Lisboa**. Lisboa. v.51. n.1/2. p.207-236. 2010.

RODRIGUES, Francisco Luciano Lima. **Direito ao patrimônio cultural e à propriedade privada. Uma análise sobre o direito à propriedade do bem com valor cultural frente ao interesse público no Estado Democrático de Direito**. 2003.Tese (Doutorado). Programa de Pós-Graduação em Direito, Universidade Federal de Pernambuco, Recife, 2003.

RODRIGUES, Silvio. Direito Civil. **Parte Geral. Volume 1**. 26. ed. São Paulo: Saraiva, 1996.

ROLNICK, Raquel. **A cidade e a lei: legislação, política urbana e territórios na cidade de São Paulo**. São Paulo: Nobel, 1997.

ROSS, Alf. **Direito e Justiça**. Tradução: Edson Bini. Bauru: Edipro. 2000.

ROUSSEAU, Jean Jacques. Discurso sobre a origem e os fundamentos da desigualdade entre os homens. In: ROUSSEAU, Jean Jacques. **Do contrato social; Ensaio sobre a origem das línguas; Discurso sobre a origem e os fundamentos da desigualdade entre os homens; Discurso sobre as ciências e as artes**. Tradução: Lourdes Santos Machado. 3. ed. São Paulo: Abril Cultural, 1983.

RUSKIN, John. **Las siete lámparas de la arquitectura**. Tradução: Carmen de Burgos. Buenos Aires: El Ateneo, 1956.

SALA SÃO PAULO. "A Sala São Paulo". Disponível em: <http://www.salasaopaulo.art.br/paginadinamica.aspx?pagina=asalasaopaulo>. Acesso em: 30 abr.2016.

SAMUEL, Rapahel. **Theatres of Memory. Vol. 1. Past and Present in Contemporary Culture**. London, New York: Verso, 1994.

SCHERER, Rebeca. Apresentação. *In*: LE CORBUSIER. **A Carta de Atenas**. São Paulo: USP, Hucitec, 1986. s.p.

SILVA, Antonio Delgado da. **Collecção da Legislação Portugueza desde a última compilação das Ordenações, oferecida a El Rei Nosso Senhor pelo**

REFERÊNCIAS

Desembargador Antonio Delgado da Silva. Legislação de 1802 a 1810. Volume 5. Lisboa: Typographia Maigrense, 1826. Disponível em: books.google.com

SILVA, José Afonso da. **Ordenação Constitucional da Cultura**. São Paulo: Malheiros, 2001.

SILVA, Lucilio Luís. **Educação e Trabalho para o Progresso da Nação: o Liceu de Artes e Ofícios de Ouro Preto (1886-1946)**. Belo Horizonte. 2009. Mestrado (Educação Tecnológica) - Disponível em: <http://www2.et.cefetmg.br/permalink/a50c934f-14cd-11df-b95f-00188be4f822.pdf>. Acesso em: 30 abr.2016.

SOUTHEY, Robert. **História do Brasil (3 volumes)**. Tradução: Luis Joaquim de Oliveira e Castro. Brasília: Senado Federal, 2010.

SUETONIO. **A vida dos doze Césares**. Tradução: Sady-Garibaldi. 2. ed. São Paulo: Ediouro, 2002.

TELLES, Antonio A. Queiroz. **Tombamento e seu regime jurídico**. São Paulo: Revista dos Tribunais, 1992.

TEPEDINO, Gustavo. A função social da propriedade e o meio ambiente. **RTDC: Revista Trimestral de Direito Civil**. Rio de Janeiro. v.10. n.37. p.127-148. jan./mar. 2009.

_____. A nova propriedade (o seu conteúdo mínimo, entre o Código Civil, a legislação ordinária e a Constituição). **Revista Forense**. Rio de Janeiro. v.85. n.306. p.73-78. abr./jun. 1989.

THEODORO, Janice. São Paulo de Ramos de Azevedo: da cidade colonial à cidade romântica. **Anais do Museu Paulista: História e Cultura Material**. São Paulo. v.4. pp. 201-208. Jan/dez 1996.

TOMÁS DE AQUINO. **Suma de Teologia. III. Parte II-II (a)**. Madrid: Biblioteca de Autores Cristianos, 1990.

TOMASETTI JUNIOR, Alcides. Procedimento do direito de domínio e improcedência da ação reivindicatória. Favela consolidada sobre terreno urbano loteado. Função social da propriedade. **Revista dos Tribunais**. v.85. n.723. p.204-223. jan. 1996.

TOMASEVICIUS FILHO, Eduardo. A função social da empresa. **Revista dos Tribunais**. São Paulo. v.92. n.810. p.33-50. abr. 2003.

_____. A função social do contrato: conceito e critérios de aplicação. **Revista de Informação Legislativa**. Brasília. v.42. n.168. p.197-213. out./dez. 2005

_____. **Entre a memória coletiva e a história de "cola e tesoura"**: as intrigas e os malogros nos relatos sobre a fábrica de ferro de São João de Ipanema. 2012. Dissertação (Mestrado em História Social) - Faculdade de Filosofia, Letras e Ciências Humanas, Universidade de São Paulo, São Paulo, 2012. doi:10.11606/D.8.2012.tde-15032013-113218.

_____. O tombamento no direito administrativo e internacional. **Revista de Informação Legislativa**. Brasília. v.41. n.163. p.231-47. jul./set. 2004.

UNESCO. Site historique de Lyon. Disponível em: https://whc.unesco.org/en/list/872/ Acesso em: 20 dez 2018.

VARNER, Eric. R. **Mutilation and Transformation: Damnatio memoriae and Roman Imperial Potraiture**. Leiden, Boston: Prill, 2004.

VEYNE, Paul. **Como se escreve a história; Foucault revoluciona a história**. Tradução: Alda Baltar e Maria Auxiliadora Kneipp. 4. ed. Brasília: Ed. UnB, 1998.

VIANA FILHO, Luis. **Anísio Teixeira: a polêmica da educação**. 3. ed. São Paulo: Ed. Unesp: Ed. UFBA, 2008.

VIANA FILHO, Luiz. Centenário de Wanderley Pinho. Bahia, 1990. Disponível em: http://www2.senado.leg.br/bdsf/bitstream/handle/id/94268/centenario%20de%20wanderley%20pinho.pdf?sequence=5 Acesso em: 30 abr.2016.

VICTOR HUGO. Guerre aux démolisseurs. p. 317-318. Disponível em: <http://docenti.unimc.it/dominique.guillemant/teaching/2015/15194/files/victor-hugo> Acesso em: 30 abr.2016.

_____. O corcunda de Notre-Dame. Tradução: Jorge Bastos. Rio de Janeiro: Zahar, 2015.

VIOLLET-LE-DUC, Eugène Emmanuel. **Restauração**. Tradução: Beatriz Mugayar Kühl. Cotia: Ateliê Editorial, 2000.

VITRUVIO. **Tratado de Arquitetura**. Tradução: M. Justino Maciel. São Paulo: Martins Fontes, 2007.

VON JHERING, Herman. Historia do Monumento do Ypiranga e do Museu Paulista. **Revista do Museu Paulista**. São Paulo. v. 1. 1895. p.9-31.

VON MARTIUS, Karl Friedrich Phillip. Como se deve escrever a história do Brazil. **Revista Trimensal de Historia e Geographia ou Jornal do Instituto Historico e Geographico Brazileiro**. Rio de Janeiro. V. 24. Janeiro de 1845.

VOVELLE, Michel. **A revolução francesa. 1789-1799**. Tradução: Mariana Echalar. São Paulo: Ed. Unesp, 2012.

WALLACE-HADRIL, Andrew. **Rome's cultural revolution**. Cambridge: Cambridge University Press, 2008.

WARD-PERKINS, Bryan. **The fall of Rome and the End of Civilization**. Oxford: Oxford University Press, 2006.

WEHLING, Arno. **Estado, História, Memória. Varnhagen e a construção da identidade nacional**. Rio de Janeiro: Nova Fronteira, 1999.

WOOD, Susan. **The proprietary church in the medieval west**. Oxford: Oxford University Press, 2008.

B) LEGISLATIVAS (CITADAS OU CONSULTADAS)

ALEMANHA. **Constituição de Weimar**. Disponível em: <http://www.zum.de/psm/weimar/weimar_vve.php#Fifth Chapter: The Economy>. Acesso em: 30 abr.2016.

_____. Deutscher Bundestag. **Basic Law for the Federal Republic of Germany**. Disponível em: <https://www.btg-bestellservice.de/pdf/80201000.pdf>. Acesso em: 30 abr.2016.

ARGENTINA. **Codigo Civil de la Nación**. Disponível em: http://servicios.infoleg.gob.ar/infolegInternet/anexos/105000-109999/109481/texact.htm. Acesso em: 20 dez.2018.

BRASIL. Anteprojeto elaborado por Mario de Andrade, a pedido do Ministro da Educação e Saúde, Gustavo Capanema. In: IPHAN. **Proteção e revitalização do patrimônio cultural no Brasil: uma trajetória**. Brasília: Ministério da Educação e da Cultura: Secretaria do Patrimônio Histórico e Artístico Nacional: Fundação Nacional Pró-Memória, 1980.

_____. **Constituição Política do Império do Brazil, de 25 de março de 1824**.

REFERÊNCIAS

Disponível em: http://www.planalto.gov.br/ccivil_03/Constituicao/Constituicao24.htm. Acesso em: 20 dez.2018.

_____. **Constituição Política do Império do Brazil, de 25 de março de 1824.** Disponível em: http://www.planalto.gov.br/ccivil_03/Constituicao/Constituicao24.htm. Acesso em: 20 dez.2018.

_____. **Constituição da República dos Estados Unidos do Brasil, de 16 de julho de 1934.** Disponível em: http://www.planalto.gov.br/ccivil_03/constituicao/constituicao34.htm. Acesso em: 20 dez.2018.

_____. **Constituição dos Estados Unidos do Brasil, de 10 de novembro de 1937.** Disponível em: http://www.planalto.gov.br/ccivil_03/constituicao/constituicao37.htm. Acesso em: 20 dez.2018.

_____. **Constituição dos Estados Unidos do Brasil, de 18 de setembro de 1946.** Disponível em: http://www.planalto.gov.br/ccivil_03/constituicao/constituicao46.htm. Acesso em: 20 dez.2018.

_____. **Constituição da República Federativa do Brasil.** Disponível em: http://www.planalto.gov.br/ccivil_03/constituicao/constituicao67.htm. Acesso em: 20 dez.2018.

_____. **Constituição da República Federativa do Brasil, de 5 de outubro de 1988.** Disponível em: http://www.planalto.gov.br/ccivil_03/constituicao/constituicao.htm. Acesso em: 20 dez.2018.

_____. Decreto n.° 9.674, de 2 de janeiro de 2019. Aprova a Estrutura Regimental e o Quadro Demonstrativo dos Cargos em Comissão e das Funções de Confiança do Ministério da Cidadania, remaneja cargos em comissão e funções de confiança, transforma cargos em comissão do Grupo-Direção e Assessoramento Superiores - DAS e Funções Comissionadas do Poder Executivo - FCPE e substitui cargos em comissão do Grupo-Direção e Assessoramento Superiores - DAS por Funções Comissionadas do Poder Executivo – FCPE. Disponível em: http://www.planalto.gov.br/ccivil_03/_ato2019-2022/2019/decreto/D9674.htm. Acesso em: 2 mai.2020.

_____. Decreto n.° 10.107, de 6 de novembro de 2019. Transfere a Secretaria Especial de Cultura do Ministério da Cidadania para o Ministério do Turismo. Disponível em: http://www.planalto.gov.br/ccivil_03/_ato2019-2022/2019/decreto/D10107.htm. Acesso em: 2 mai. 2020.

_____. Exposição de motivos elaborada por Rodrigo de Melo Franco de Andrade submetida pelo Ministro Gustavo Capanema ao Presidente Getúlio Vargas em novembro de 1937. *In:* IPHAN. **Proteção e revitalização do patrimônio cultural no Brasil: uma trajetória.** Brasília: Ministério da Educação e da Cultura: Secretaria do Patrimônio Histórico e Artístico Nacional: Fundação Nacional Pró-Memória, 1980.

_____. **Lei n.° 3.071, de 1º de janeiro de 1916. Código Civil dos Estados Unidos do Brasil.** Disponível em: http://www.planalto.gov.br/ccivil_03/leis/l3071.htm. Acesso em: 20 dez.2018.

_____. **Lei n.° 10.406, de 10 de janeiro de 2002. Institui o Código Civil.** Disponível em: http://www.planalto.gov.br/ccivil_03/leis/2002/l10406.htm. Acesso em: 20 dez.2018.

_____. Projeto de Lei do Deputado José Wanderley de Araújo Pinho. In: IPHAN. **Proteção e revitalização do patrimônio cultural no Brasil: uma trajetória.** Brasília: Ministério da Educação e da Cultura: Secretaria do Patrimônio Histórico e Artístico Nacional: Fundação Nacional Pró-Memória, 1980.

_____. Projeto de Lei do Deputado Luiz Cedro sobre Inspetoria dos Monumentos Históricos dos Estados Unidos do Brasil. *In:* IPHAN. **Proteção e revitalização do patrimônio cultural no Brasil: uma trajetória.** Brasília: Ministério da Educação e da Cultura: Secretaria do Patrimônio Histórico e Artístico Nacional: Fundação Nacional Pró-Memória, 1980.

CÓDIGO DE HAMURÁBI. *In*: **Código de Hamurábi; Código de Manu, excertos (livros oitavo e nono); Lei das XII Tábuas.** Bauru: Edipro. 2000.

ESPANHA. **Codigo Civil.** Disponível em: https://www.boe.es/eli/es/rd/1889/07/24/(1)/con. Acesso em 20 dez.2018.

_____. **Constitución de 29 de diciembre de 1978.** Disponivel em: http://www.senado.es/web/conocersenado/normas/constitucion/index.html . Acesso em: 20 dez.2018.

Ley de los monumentos de 5 de marzo de 1915. Disponível em: www.boe.es/datos/pdfs/BOE/1915/064/A00708-00709.pdf .Acesso em: 20 dez.2018.

_____. **Real Decreto-Ley de 9 de agosto de 1926 sobre protección y conservación de la riqueza artística.** Disponível em: https://www.boe.es/datos/pdfs/BOE//1926/.../A01026-01031.pdf Acesso em: 20 dez.2018.

_____. **Ley de 25 de mayo de 1933 relativa ao Patrimonio Artistico Nacional.** Disponível em: https://www.boe.es/datos/pdfs/BOE/1933/.../A01393-01399.pdf Acesso em: 20 dez.2018.

_____. **Ley 16/1985, de 25 junio, del Patrimonio Historico Español.** Disponível em: https://www.boe.es/eli/es/l/1985/06/25/16/con. Acesso em: 20 dez.2018.

FRANÇA. **Code Civil.** Disponível em: https://www.legifrance.gouv.fr/affichCode.do?cidTexte=LEGITEXT000006070721. Acesso em : 20 dez.2018.

_____. **Collection Générale des Decrets Rendus par l'Assamblée Nationale avec la mention des sanctions et acceptations donées par le Roi, depuis le mois de Mai, jusques et compris les mois de Décembre 1789. Tome 1er.** Paris: L'imprimeur de l'Assamblée Nationale, s.d. Disponível em: gallica.bnf.fr. Acesso em: 30 abr.2016.

_____. **Collection Générale des Decrets Rendus par l'Assamblée Nationale avec la mention des sanctions et acceptations donées par le Roi. Mois de Octobre 1790.** Disponível em: gallica.bnf.fr. Acesso em: 30 abr.2016.

_____. **Declaration des Droits de l'Homme et du Citoyen.** 24 de junho de 1793. Disponível em: <http://www.conseil-constitutionnel.fr/conseil-constitutionnel/francais/la-constitution/les-constitutions-de-la-france/constitution-du-24-juin-1793.5084.html> Acesso em: 30 abr.2016.

_____. **Loi du 30 mars 1887 sur la conservation des monuments historiques et des objets d'art.** *In*: CHALLAMEL, Jules. **Loi du 30 mars 1887 sur la conservation des monuments historiques et objets d'arte. Étude de législation comparée.** Paris: F.Pichon, Challamel etc, 1888.

_____. **Loi sur les monuments historiques. Le 31 décembre 1913.** Disponível em: http://www.culture.gouv.fr/content/download/75027/572280/version/1/file/JO1914_01_04.pdf. Acesso em: 20 dez.2018.

REFERÊNCIAS

_____. **Ordonnance nº. 2004-178, du 20 février 2004 relative à la partie législative du code du patrimoine**. Disponível em: www.legifrance.gouv.fr. Acesso em : 20 dez.2018.

_____. Suite des articles de la Déclaration des Droits de l'Homme et du Cityoyen, dont voici la teneur. 26 août 1789. In: **Collection Générale des Decrets Rendus par l'Assamblée Nationale avec la mention des sanctions et acceptations donées par le Roi, depuis le mois de Mai, jusques et compris les mois de Décembre 1789. Tome 1er**. Paris: L'imprimeur de l'Assamblée Nationale. s.d. Disponível em : books.google.com. Acesso em : 30 abr.2016.

ICOMOS. **Carta internacional sobre conservação e restauração de monumentos e sítios, de 23 a 31 de maio de 1964**. Disponível em: portal.iphan.gov.br/uploads/ckfinder/arquivos/Carta%20de%20Veneza%201964.pdf . Acesso em: 20 dez.2018.

_____. **Carta do Turismo Cultural (1976)**. Disponível em: portal.iphan.gov.br/uploads/.../Carta%20de%20Turismo%20Cultural%201976.pdf. Acesso em: 20 dez.2018.

ICOMOS Portugal. **Resumo Histórico da Legislação Nacional sobre o Patrimônio Arquitetônico e Arqueológico**. Disponível em: http://www.icomos.pt/index.php/recursos/legislacao-nacional . Acesso em: 20.abr.2020.

IGREJA CATÓLICA. **Corpus iuris canonici**. Graz: Akademische Druck-u. Verlagsanstalt, 1959. Electronic reproduction. Vol 1-2. New York, N.Y.: Columbia University Libraries, 2007. JPEG use copy available via the World Wide Web. Master copy stored locally on [7] DVDs for Vol. 1 #: ldpd_6029936_001 01, 02, 03, 04, 05, 06, 07 and [8] DVDs for Vol. 2 #: ldpd_6029936_002 01, 02, 03, 04, 05, 06, 07, 08. Columbia University Libraries Electronic Books. 2006. Disponível em:<http://www.columbia.edu/cu/lweb/digital/collections/cul/texts/ldpd_6029936_001> Acesso em: 30 abr.2016. p. 278.

ITALIA. **Atti della Commissione Fraceschini. Dichiarazioni I-LVII**. Disponível em www.icar.beniculturali.it/biblio/pdf/Studi/franceschini.pdf . Acesso em: 30 abr.2016.

_____. **Carta del Lavoro**. Disponível em: <http://www.historia.unimi.it/sezione/fonti/codificazione/cartalavoro.pdf> Acesso em: 30 abr.2016.

_____. **Codice Civile**. Disponível em: http://www.jus.unitn.it/cardozo/obiter_dictum/codciv/codciv.htm. Acesso em: 20 dez.2018.

_____. **Costituzione della Repubblica Italiana**. Disponível em: https://www.senato.it/documenti/repository/.../costituzione.pdf . Acesso em: 20 dez.2018.

_____. **Decreto Legislativo 22 gennaio 2004, n. 42 recante il "Codice dei beni culturali e del paesaggio", ai sensi dell'articolo 10 della Legge 6 luglio 2002, n. 137**. Disponível em: https://www.beniculturali.it/mibac/multimedia/MiBAC/documents/1226395624032_Codice2004.pdf. Acesso em: 20 dez.2018.

_____. **Legge 20 giugno 1909, n. 364**. Disponível em: www.archeologia.beniculturali.it/getFile.php?id=429. Acesso em: 20 dez.2018.

_____. **Legge 1 Giugno 1939, n. 1089. Tutela delle cose d'interesse artístico o storico**. Disponível em : https://librari.beniculturali.it/export/sites/dgbid/it/documenti/Normativa/Legge_1_giugno_1939_n_1089.pdf. Acesso em: 20 dez.2018.

LAS SIETE PARTIDAS DEL REY DON ALFONSO EL SABIO. TOMO III. Partida Quarta, Quinta, Sexta y Septima. Madrid: Imprenta Real, 1807. Disponível em: books.google.com. Acesso em: 30 abr.2016.

LEI DAS XII TÁBUAS. *In*: **Código de Hamurábi; Código de Manu, excertos (livros oitavo e nono); Lei das XII Tábuas**. Bauru: Edipro. 2000.

LITUÂNIA. **2000 Lithuanian Civil Code**. Disponível em: https://e-seimas.lrs.lt/portal/legalAct/lt/TAD/TAIS.245495. Acesso em 20 dez.2018.

MEXICO. **Constitución política de los Estados Unidos Mexicanos**. 5 de febrero de 1917. Disponível em: <http://www.ordenjuridico.gob.mx/Constitucion/cn16.pdf> Acesso em: 30 abr.2016.

NAPOLES (Reino). **Bando da parte di Sua Maestà e del suo tribunale della Regia Camera della Summaria**. 16 ottobre 1755. Disponível em: <http://online.scuola.zanichelli.it/ilcriccoditeodoro/versione-gialla/legislazione-e-tutela/> Acesso em: 30 abr.2016.

_____. **Prohibitione sopra l'estrattione di statue di marmo o di metallo figure, antichitá e simili**. 5 ottobre 1624. Disponível em: <http://online.scuola.zanichelli.it/ilcriccoditeodoro/versione-gialla/legislazione-e-tutela/> Acesso em: 30 abr.2016.

PIO II. **Bula "Cum Almam Nostram Urbem"**, de 26 de abril de 1462. Disponível em: <http://online.scuola.zanichelli.it/ilcriccoditeodoro/versione-gialla/legislazione-e-tutela/>. Acesso em: 30 abr.2016.

PORTUGAL. **Constituição de 25 de abril de 1976**. Disponível em: https://www.parlamento.pt/Legislacao/paginas/constituicaorepublicaportuguesa.aspx

_____. **Lei da separação do Estado das Igrejas, de 20 de abril de 1911**. Disponível em: https://dre.pt/application/dir/pdfgratis/1911/04/09200.pdf

_____. **Decreto n.° 1, de 29 de maio de 2011. Reorganisação dos serviços artísticos e archeologicos e das Escolas de Bellas Artes de Lisboa e Porto**. Disponível em: https://dre.pt/application/conteudo/593104

_____. **Direcção Geral da Instrucção Secundária, Superior e Especial. 1ª repartição. Decreto de 19 de novembro de 1910**. Disponível em: https://dre.pt/application/conteudo/450398

_____. **Ministério da Instrução Pública. Decreto n.° 20:985. Institue o Conselho Superior de Belas Artes e extingue os Conselhos de Arte e Arqueologia das três circunscrições**. Disponível em: https://dre.pt/application/conteudo/523016

_____. **Ministério da Instrução Pública. Lei n.° 1:700**. Disponível em: https://dre.pt/application/conteudo/562631

_____. **Ordenações Afonsinas. Livro IV. Título LXXXI. Das Sesmarias**. Disponível em: <http://www1.ci.uc.pt/ihti/proj/afonsinas/l4ind.htm/> Acesso em: 30 abr.2016.

REFERÊNCIAS

C) JURISPRUDENCIAIS

BRASIL. Superior Tribunal de Justiça. Ag.Rg no Recurso Especial n.° 1.050.522/RJ. Rel: Min. Humberto Martins. 2ª Turma. Julgado em 18 mai. 2010.

_____. Superior Tribunal de Justiça. Recurso Especial n.º 1.047.082/MG. Rel: Min. Francisco Falcão. 1ª Turma. Julgado em 4 set. 2008.

_____. Superior Tribunal de Justiça. Recurso Especial n.º 1.051.687/MA. Rel: Min. Francisco Falcão. 1ª Turma. Julgado em 11 nov.2008.

_____. Superior Tribunal de Justiça. Recurso Especial n.º 1.098.640-MG. Rel: Min. Humberto Martins. 2ª Turma. Julgado em 9 jun. 2009.

_____. Superior Tribunal de Justiça. Recurso Especial n.º 25.371/RJ. Relator: Min. Demócrito Reinaldo. 1ª Turma. Julgado em 19 abr. 1993.

_____. Superior Tribunal de Justiça. Recurso Especial nº. 840.918/DF. Relator: Min. Eliana Calmon. 2ª Turma. Julgado em 14 out. 2008.

_____. Supremo Tribunal Federal. Ação Direta de Inconstitucionalidade n.° 1706. Rel: Min. Eros Grau. Tribunal Pleno. Julgado em 9 abr.2008.

_____. Supremo Tribunal Federal. Agravo de Instrumento n.° 18.925. Relator: Min. Hahnemann Guimarães. Segunda Turma. Julgado em 20 ago.1957.

_____. Supremo Tribunal Federal. Apelação Cível n.º 7.377/DF. 1ª Turma. Relator: Min. Castro Nunes. Julgado em 19 ago.1943.

_____. Supremo Tribunal Federal. Apelação Cível n.º 7.377/DF. Relator: Min. Carvalho Mourão. Julgado em 24 nov.1941.

_____. Supremo Tribunal Federal. ARE 878911 (Repercussão Geral). Relator: Min. Gilmar Mendes. Julgado em 29 set 2016.

_____. Supremo Tribunal Federal. Mandado de Segurança n.° 19.961. Relator: Min. Xavier de Albuquerque. Tribunal Pleno. Julgado em 12 jun.1974.

_____. Supremo Tribunal Federal. Recurso Extraordinário n.° 114.468. Relator: Min. Carlos Madeira. Segunda Turma. Julgado em 31 mai.1988.

_____. Tribunal de Justiça do Estado de Minas Gerais. Ação Direta de Inconstitucionalidade n.º 1.000.12.063418-3/000. Relator: Des. Wander Marotta. Órgão Especial. Julgado em 31 jul. 2013.

_____. Tribunal de Justiça do Estado de Minas Gerais. Ação Direta de Inconstitucionalidade n.º 1.0000.12.130705-2/00. Relator: Des. Antonio Servulo. Órgão Especial. Julgado em 24 jul. 2013.

_____. Tribunal de Justiça do Estado de São Paulo. Ação Direta de Inconstitucionalidade n.° 2248069-55.2017.8.26.0000. Relator: Des. Borelli Thomaz. Órgão Especial. Julgado em 25 abr. 2018.

_____. Tribunal de Justiça do Estado de São Paulo. Ação Direta de Inconstitucionalidade n.º 2173468-83.2014.8.26.0000. Relator: Des. Roberto Mortari. Órgão Especial. Julgado em 29 abr. 2015.

_____. Tribunal de Justiça do Estado de São Paulo. Ação Direta de Inconstitucionalidade n.º 179.304-0/0-00. Relator: Des. José Roberto Bedran. Órgão Especial. Julgado em 18 nov. 2009.

_____. Tribunal de Justiça do Estado de São Paulo. Agravo de Instrumento n.º 0010681-78.2013.8.26.0000. Relator: Des. Renato Delbianco. 2ª Câmara de Direito Público. Julgado em 27 mai. 2014.

_____. Tribunal de Justiça do Estado de São Paulo. Apelação Cível com Revisão n.º 632.326-5/0-00. Relator: Des. Sérgio

REFERÊNCIAS

Gomes. 9ª Câmara de Direito Público. Julgado em 12 nov.2008.

_____. Tribunal de Justiça do Estado de São Paulo. Apelação Cível n.º 0000717084.2000.8.26.0172. Relator: Des. Sidney Romano dos Reis. 6ª Câmara de Direito Público. Julgado em 24 mar.2014.

_____. Tribunal de Justiça do Estado de São Paulo. Apelação com Reexame Necessário n.º 0113172-13.2006.8.26.0000. Relator: Des. Ferreira Rodrigues. 4ª Câmara de Direito Público. Julgado em 10 out. 2011.

_____. Tribunal de Justiça do Estado de São Paulo. Apelação com Reexame Necessário n.º 0008654-21.2013.8.26.0066. Relator: Des. Ricardo Dip. 11ª Câmara de Direito Público. Julgado em 7 out. 2014.

_____. Tribunal de Justiça do Estado de São Paulo. Apelação n.º 0005567-23.2003.8.26.0320. Relator: Des. Claudio Marques. 3ª Câmara Extraordinária de Direito Público. Julgado em 16 dez. 2014.

_____. Tribunal de Justiça do Estado de São Paulo. Apelação n.º 9110270-31.2006.8.26.0000. Relator: Des. Castilho Barbosa. Julgado 1ª Câmara de Direito Público. Julgado em 10 mai.2011.

_____. Tribunal de Justiça do Estado de São Paulo. Apelação Cível n.º 273.892-1/0. Relator: Des. Wallim Bellocchi. 6ª Câmara de Direito Público. Julgado em 15 set. 1997.

_____. Tribunal de Justiça do Estado de São Paulo. Apelação Cível n.º 0549822-09.2006.8.26.0577. Relatora Des. Heloísa Martins Mimessi. 5ª Câmara de Direito Público. Julgado em 24 abr.2017.

_____. Tribunal de Justiça do Estado do Rio de Janeiro. Ação Direta de Inconstitucionalidade n.º 0036506-19.2013.8.19.0000. Relator: Des. Edson Scisinio Dias. Décima-quarta Câmara Cível. Julgado em 1º set. 2014.

_____. Tribunal Regional Federal (1ª Região). Apelação Cível n.º 1990.38.00.036067-6/MG. Relator: Des. Maria Isabel Galotti Rodrigues. 6ª Turma. Julgado em 5 nov. 2007.

_____. Tribunal Regional Federal (1ª Região). Apelação Cível n.º 2001.38.00.042417-4/MG. Relator Juiz Convocado Cesar Augusto Bearsi. 5ª Turma. Julgado em: 5 set.2007.